Carreño, Manuel Antonio

395   Manual de urbanidad y buenas maneras : De consulta
indispensable para niños, jóvenes y adultos / Manuel A.
Carreño ; ilustraciones Juan Ramón Sierra Carrasquilla. --
Santafé de Bogotá : Panamericana Editorial, c1997.

     432 p. : il. -- (Paraeducativos)

     ISBN 978-958-30-0021-8

     1. Conducta (ética) I. tít. II. Carreño, Manuel Antonio III.
Sierra Carrasquilla, Juan Ramón, il.

MANUEL A. CARREÑO

MANUAL DE URBANIDAD Y BUENAS MANERAS

DE CONSULTA INDISPENSABLE PARA NIÑOS, JÓVENES Y ADULTOS

PANAMERICANA
EDITORIAL

Editor
Panamericana Editorial Ltda.

Dirección editorial
Conrado Zuluaga

Edición
Gabriel Silva Rincón

Ilustración de carátula
J. B. S. Chardin «Niño de la Peonza»
(Museo de Louvre, París)

Ilustraciones
Juan Ramón Sierra Carrasquilla

Diseño de carátula
José M. Delgado M.

Decimaquinta reimpresión, octubre de 2008
Primera edición en Panamericana Editorial Ltda., agosto de 1993

© Panamericana Editorial Ltda.
Calle 12 No. 34-20, Tels.: (57 1) 3603077 - 2770100
Fax: (57 1) 2373805
Correo electrónico: panaedit@panamericana.com.co
www.panamericanaeditorial.com
Bogotá D. C., Colombia

ISBN 978-958-30-0021-8

Impreso por Panamericana Formas e Impresos S. A.
Calle 65 No. 95-28, Tels.: (57 1) 4302110 - 4300355
Fax: (57 1) 2763008
Bogotá D. C., Colombia
Quien sólo actúa como impresor.

Impreso en Colombia   Printed in Colombia

CONTENIDO

Capítulo Cuarto
Del modo de conducirnos en diferentes lugares fuera de nuestra casa

Capítulo Quinto
Del modo de conducirnos en sociedad
I. De la conversación

II. De las presentaciones

III. De las visitas

IV. De las diferentes especies de reuniones

V. De la mesa

CAPÍTULO SEXTO
Diferentes aplicaciones de la urbanidad

Entre padres e hijos. Entre esposos. Entre sacerdotes y seculares. Entre magistrados y particulares. Entre superiores e inferiores. Entre abogados y clientes. Entre médicos y enfermos. Entre los preceptores y los padres de sus alumnos. Entre los jefes de oficinas públicas y las personas que entran en ellas. Entre los comerciantes y las personas que entran a sus establecimientos. Entre los ricos y los pobres. Entre la persona que exige un servicio y aquella a quien se le exige. Entre nacionales y extranjeros.

ÍNDICE DE RECUADROS

PRESENTACIÓN

Uno puede sentirse a veces como una hoja que arrastra el viento a lo largo de una calle; uno puede sentirse como un grano de arena atascado en cualquier lugar. Pero las salidas y caminos los puede encauzar el individuo que se compromete y respeta la historia que lega la humanidad.

Para los editores es grato poner a disposición de padres de familia, educadores, estudiantes y público en general, la obra que describe, analiza y refresca de manera ordenada, amena y precisa cada uno de nuestros comportamientos en el entorno social, de negocios, familiar, laboral y educativo.

El *Manual de urbanidad y buenas maneras*, de Manuel Antonio Carreño, mantiene en este tiempo una vigencia rayana, a pesar de las condiciones de movilidad social que genera cambios con una velocidad inusitada. Por tanto, la propuesta editorial pretende colmar y satisfacer la gran cantidad de expectativas comportamentales, considerando que el individuo (usuario) es quien ha de tomar conciencia de su compromiso social, regulado por una disciplina mínima, la cual será el camino para una mejor comprensión y relación con sus semejantes en todo momento y situación.

Es reconfortante para nosotros saber que aportamos no un grano sino quizás gramos a la reedificación del nuevo hombre que nos plantea la historia. Y porque la historia la hacen los hombres, son ellos a quienes les corresponde tomar parte activa en el cambio y comprometerse en la nueva relación impuesta por el mundo, que más allá de ser relaciones de Estados, de grupos o gobiernos, es relación de personas, de individuos, con unos principios morales y éticos, fraguados básicamente en su largo proceso de socialización y que persisten en los contingentes desempeños profesional, laboral, de amistad, etc.

La labor y el empeño por aprehender e integrar las recomendaciones de este libro, debe ser un proceso que se enriquezca y mejore a medida que el tiempo y la sociedad nos lo exijan.

Los cánones, reglas, principios son herramientas que con su manejo y aplicación se perfeccionarán al estimulante calor de una vida fecunda en solidaridad y respeto por nuestros semejantes.

INTRODUCCIÓN

El mundo moderno es el resultado no finito de un entramado de símbolos y diseños elaborados deliberadamente por seres humanos de todos los órdenes. Es un mundo que camina, marcha y corre velozmente por una educación, por una cultura, las cuales preparan a la humanidad para el manejo de diversos y complejos comportamientos sociales. Es un universo constituido por tramas de información y comunicación que fluyen con ruptura de espacios y tiempos preestablecidos. Las ciudades crecen, sus habitantes aumentan, las relaciones se multiplican.

Ante este panorama, parece avecinarse un caudaloso e impetuoso devenir que quisiera tomarnos por sorpresa. Afortunadamente, el hombre, a medida que hace y conoce su historia, lícitamente retoma valores que identifican su tradición social, su gentileza, su nobleza, su grandeza individual y reubica, adopta e integra legados, los cuales reconocen la pluralidad de expresiones culturales y fundamentan la riqueza solidaria de los pueblos.

Debemos, pues, prepararnos para enfrentar el nuevo modo de vivir y ello implica empezar a revalidar herramientas que supuestamente se han olvidado, pero que laten cotidianamente en el corazón de nuestras comunidades. Esas herramientas, como el legado de nuestras figuras cimeras, Nariño, Simón Rodríguez, Bolívar, Caldas, Bello, adquieren una nueva dimensión si se las observa y

11

asimila como precursoras de un renovado movimiento cultural y educativo en el cual estamos inmersos.

Esas herramientas tienen que ver con el patrimonio individual del cual cada persona hace gala y que forja el ser, a través de la relación con sus semejantes. Es más, esos elementos son el registro escrito u oral de comportamientos universalmente aceptados y engrandecedores, que llegan a nosotros por medios de comunicación masiva. Uno de ellos el libro que tenemos en nuestras manos y que ha resistido, por su gran poder de adaptación, cualquier embate del tiempo.

Estas herramientas de las que hemos venido hablando, son formas comportamentales características del individuo y que se recogen muy exitosamente en estas páginas, las cuales pretenden colaborar en la comprensión y el manejo de toda una serie de rituales sociales que a diario emergen de nuestra relación con las personas. Y es aquí, en esta obra, donde se pretende resumirlas en una disciplina cuyo nombre es ya familiar para nosotros: *urbanidad*.

El *Manual de urbanidad y buenas maneras* es un soporte necesario en estos momentos en que el consumo y la vida acelerada y altamente tecnificada quieren deshumanizar al hombre, tratando de socavar las buenas maneras. Este libro, a partir de la reflexión que generan los deberes del hombre y tomando como guía orientadora la autoridad moral, social y divina, incita a la acción consciente y responsable de la persona en su contexto micro (casa, familia) y macrosocial (barrio, municipio, comunidad, escuela, nación). Este planteamiento se refuerza en su último capítulo, donde aplica muy didácticamente casos particulares entre personas, lo cual lo hace más vital y de una utilidad a toda prueba.

En síntesis, la obra valora al ser humano y lo dota de los elementos necesarios para buscar y lograr una paz duradera consigo mismo y con los demás. Es decir, enaltece al individuo sin dejar de recordarle los compromisos y deberes que tiene para con sus congéneres.

Es el remanso que tanto anhelamos en estos momentos, para ayudar a construir lo que la historia nos plantea: un hombre nuevo, capaz, solidario, respetuoso de los compromisos, honesto, atento, digno, honrado y sincero.

DEBERES MORALES DEL HOMBRE

Capítulo Primero

DE LOS DEBERES PARA CON DIOS

Basta dirigir una mirada al firmamento, o a cualquiera de las maravillas de la creación, y contemplar un instante los infinitos bienes y comodidades que nos ofrece la tierra, para concebir, desde luego, la sabiduría y grandeza de Dios, y todo lo que debemos a su amor, a su bondad y a su misericordia.

En efecto, ¿quién sino Dios ha creado el mundo y lo gobierna, quién ha establecido y conserva ese orden inalterable con que atraviesa los tiempos la masa formidable y portentosa del universo, quién vela incesantemente por nuestra felicidad y la de todos los objetos que nos son queridos en la tierra, y por último, quién sino Él puede ofrecernos, y nos ofrece, la dicha inmensa de la salvación eterna? Sómosle, pues, deudores de todo nuestro amor, de toda nuestra gratitud, y de la más profunda adoración y obediencia; y en todas las situaciones de la vida, tanto en medio de los placeres inocentes que su mano generosa derrama en el camino de nuestra existencia, como en el seno de la desgracia con que en los juicios inescrutables de su sabiduría infinita prueba a veces nuestra paciencia y nuestra fe, estamos obligados a rendirle nuestros homenajes, y a dirigirle nuestros ruegos fervorosos, para que nos haga merecedores de sus beneficios en el mundo, y de la gloria que reserva a nuestras virtudes en el cielo.

Dios es el ser que reúne la inmensidad de la grandeza y de la perfección; y nosotros, aunque criaturas suyas y destinados a gozarle por toda una eternidad, somos unos seres muy humildes e imperfectos; así es que nuestras alabanzas nada pueden añadir a sus soberanos atributos. Pero El se complace en ellas y las recibe como un homenaje debido a la majestad de su gloria, y como prendas de adoración y amor que el corazón le ofrece en la efusión de sus más sublimes sentimientos, y nada puede, por tanto, excusarnos de dirigírselas. Tampoco nuestros ruegos le pueden hacer más justo, porque todos sus atributos son infinitos, ni por otra parte le son necesarios para conocer nuestras necesidades y nuestros deseos, porque Él penetra en lo más íntimo de nuestros corazones, pero esos ruegos son una expresión sincera del reconocimiento en que vivimos de que Él es la fuente de todo bien, de todo consuelo y de toda felicidad, y con ellos movemos su misericordia, y aplacamos la severidad de su divina justicia, irritada por nuestras ofensas, porque Él es Dios de bondad y su bondad tampoco tiene límites. ¡Cuán propio y natural no es que el hombre se dirija a su Creador, le hable de sus penas con la confianza de un hijo que habla al padre más tierno y amoroso, le pida el alivio de sus dolores y el perdón de sus culpas, y con una mirada dulce y llena de unción religiosa, le muestre su amor y su fe como los títulos de su esperanza!

Así, al acto de acostarnos como al de levantarnos, elevaremos nuestra alma a Dios; y con todo el fervor de un corazón sensible y agradecido, le dirigiremos nuestras alabanzas, le daremos gracias por todos sus beneficios y le rogaremos nos los siga dispensando. Le pediremos por nuestros padres, por nuestras familias, por nuestra patria, por nuestros bienhechores y amigos, así como también por nuestros enemigos, y haremos votos por la felicidad del género humano, y especialmente por el consuelo de los afligidos y desgraciados, y por aquellas almas que se encuentren extraviadas de la senda de la bienaventuranza. Y recogiendo entonces nuestro espíritu, y rogando a Dios nos ilumine con las luces de la razón y de la gracia, examinaremos nuestra conciencia, y nos propondremos emplear los medios más eficaces para evitar las faltas que hayamos cometido en el transcurso del día. Tales son nuestros deberes al entregarnos al sueño, y al despertarnos, en los cuales, además de la satisfacción de haber cumplido con Dios y de haber consagrado un momento a la filantropía, encontraremos la inestimable ventaja de ir diariamente corrigiendo nuestros defectos, mejorando nuestra condición moral y avanzando en el camino de la virtud, único que conduce a la verdadera dicha.

Es también un acto debido a Dios, y propio de un corazón agradecido, el manifestarle siempre nuestro reconocimiento al levantarnos de la mesa. Si nunca debemos olvidarnos de dar las gracias a la persona de quien recibimos un servicio por pequeño que sea, ¿con cuánta más razón no deberemos darlas a la Providencia cada vez que nos dispensa el mayor de los beneficios, cual es el medio de conservar la vida?

En los deberes para con Dios se encuentran refundidos todos los deberes sociales y todas las prescripciones de la moral; así es que el modelo de todas las virtudes, el padre más amoroso, el hijo más obediente, el esposo más fiel, el ciudadano más útil a su patria... Y a la verdad, ¿cuál es la ley humana, cuál el principio, cuál la regla que encamine a los hombres al bien y los aparte del mal, que no tenga su origen en los Mandamientos de Dios, en esa ley de las leyes, tan sublime y completa cuanto sencilla y breve? ¿Dónde hay nada más conforme con el orden que debe reinar en las naciones y en las familias, con los dictados de la justicia, con los generosos impulsos de la caridad y la noble beneficencia, y con todo lo que contribuye a la felicidad del hombre sobre la tierra, que los principios contenidos en la ley evangélica? Nosotros satisfacemos el sagrado deber de la obediencia a Dios guardando fielmente sus leyes, y las que nuestra Santa Iglesia ha dictado en el uso legítimo de la divina delegación que ejerce; y es éste al mismo tiempo, el medio más eficaz y más directo para obrar en favor de nuestro bienestar en este mundo, y de la felicidad que nos espera en el seno de la gloria celestial.

Pero no es esto todo: los deberes de que tratamos no se circunscriben a nuestras relaciones internas con la Divinidad. El corazón humano, esencialmente comunicativo, siente una inclinación invencible a expresar sus afectos por signos y demostraciones exteriores. Debemos, pues, manifestar a Dios nuestro amor, nuestra gratitud y nuestra adoración, con actos públicos que, al mismo tiempo que satisfagan nuestro corazón, sirvan de un saludable ejemplo a los que nos observan. Y como es el templo la casa del Señor, y el lugar destinado a rendirle nuestros homenajes, procuremos visitarlo con la posible frecuencia, manifestando siempre en él toda la devoción y todo el recogimiento que inspira tan sagrado recinto.

Los sacerdotes, ministros de Dios sobre la tierra, tienen la alta misión de mantener el culto divino y de conducir nuestras almas por el camino de la felicidad eterna. Tan elevado carácter nos impone el deber de respetarlos y honrarlos, oyendo siempre con interés y docilidad los consejos con que nos favorecen, cuando en nombre de su divino maestro y en desempeño de su augusto ministerio nos dirigen su voz de caridad y de consuelo. Grande es sin duda la falta en que incurrimos al ofender a nuestros prójimos, sean éstos quienes fueren; pero todavía es mucho más grave ante los ojos de Dios la ofensa dirigida al sacerdote, pues con ella hacemos injuria a la Divinidad, que le ha investido con atributos sagrados y le ha hecho su representante en este mundo. Concluyamos, pues, el capítulo de los deberes para con Dios, recomendando el respeto a los sacerdotes, como una manifestación de nuestro respeto a Dios mismo, y como un signo inequívoco de una buena educación moral y religiosa.

LOS REGALOS

Una persona que ha sido invitada para una cena, coctel o demás, hará bien en presentarse con un pequeño regalito para su anfitriona. Ya sea una caja de dulces, chocolates, flores o cualquier otro detalle.

En el caso de un hombre que guste beber bastante, sería muy correcto y oportuno, especialmente si sus anfitriones no gozan de una posición económica muy desahogada, que se presentara con una botella de whisky, brandy, ginebra, vino o cualquiera otra bebida. Ninguno de estos regalos puede producir ofensa, sino por el contrario. Resultará un detalle muy elegante y considerado de su parte, que seguramente será muy apreciado.

que él representa en este mundo. Concluyamos, pues, el capítulo de sus deberes para con Dios,

Capítulo Segundo

DE LOS DEBERES PARA CON LA SOCIEDAD

I

Deberes para con nuestros padres

Los autores de nuestros días, los que recogieron y
enjugaron nuestras primeras lágrimas, los que so-
brellevaron las miserias e incomodidades de nuestra
infancia, los que consagraron todos sus desvelos a la
difícil tarea de nuestra educación y a labrar nuestra
felicidad, son para nosotros los seres más privilegia-
dos y venerables que existen sobre la tierra.

En medio de las necesidades de todo género a que,
sin distinción de personas ni categorías, está sujeta
la humana naturaleza, muchas pueden ser las ocasiones en que un hijo haya de prestar auxilios a sus
padres, endulzar sus penas y aun hacer sacrificios a
su bienestar y a su dicha. Pero ¿podrá acaso llegar
nunca a recompensarles todo lo que les debe?, ¿qué
podrá hacer que le descargue de la inmensa deuda
de gratitud que para con ellos tiene contraída? ¡Ah!,

los cuidados tutelares de un padre y una madre son de un orden tan elevado y tan sublime, son tan cordiales, tan desinteresados, tan constantes, que en nada se asemejan a los demás actos de amor y benevolencia que nos ofrece el corazón del hombre y sólo podemos verlos como una emanación de aquellos con que la Providencia cubre y protege a todos los mortales.

Cuando pensamos en el amor de una madre, en vano buscamos las palabras con que pudiera pintarse dignamente este afecto incomprensible, de extensión infinita, de intensidad inexplicable, de inspiración divina; y tenemos que remontarnos en alas del más puro entusiasmo hasta encontrar a María al pie de la cruz, ofreciendo en medio de aquella sangrienta escena el cuadro más perfecto y más patético del amor materno. ¡Sí!, allí está representado este sentimiento como él es, allí está divinizado; y allí está consagrado el primero de los títulos que hacen de la mujer un objeto tan digno y le dan tanto derecho a la consideración del hombre.

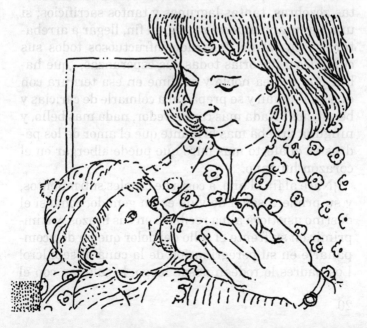

El amor y los sacrificios de una madre comienzan desde que nos lleva en su seno. ¡Cuántos son entonces sus padecimientos físicos, cuántas sus privaciones para conservar la vida del hijo que la naturaleza ha identificado con su propio ser, y a quien ya ama con extremo antes de que sus ojos le hayan visto! ¡Cuánto cuidado en sus alimentos, cuánta solicitud y esmero en todos los actos de su existencia física y moral, por fundar desde entonces a su querida prole una salud robusta y sana, una vida sin dolores! El padre cuida de su esposa con más ternura que nunca, vive preocupado de los peligros que la rodean, la acompaña en sus privaciones, la consuela en sus sufrimientos, y se entrega con ella a velar por el dulce fruto de su amor. Y en medio de la inquietud y de las gratas ilusiones que presenta este cuadro de temor y de esperanza, es más que nunca digno de notarse cuán ajenos son de un padre y de una madre los fríos y odiosos cálculos del egoísmo. Si el hijo que esperan se encuentra tan distante de la edad en que puede serles útil; si para llegar a ella les ha de costar tantas zozobras, tantas lágrimas y tantos sacrificios; si una temprana muerte puede, en fin, llegar a arrebatarlo a su cariño, haciendo infructuosos todos sus cuidados e ilusorias todas sus esperanzas, ¿qué habrá que no sea noble y sublime en esa ternura con que ya le aman y se preparan a colmarle de caricias y beneficios? Nada más conmovedor, nada más bello, y ninguna prueba más brillante que el amor de los padres es el afecto más puro que puede albergar en el corazón humano.

¡Nace al fin el hijo, a costa de crueles sufrimientos, y su primera señal de vida es un gemido, como si el destino asistiera allí a recibirle en sus brazos, y a imprimir en su frente el sello del dolor que ha de acompañarle en su peregrinación de la cuna al sepulcro! Los padres lo rodean desde luego, le saludan con el ósculo de bendición, le prodigan sus caricias, protegen su debilidad y su inocencia y allí comienza esa serie de cuidados exquisitos, de contemplaciones, condescendencias y sacrificios, que triunfan de todos los obstáculos, de todas las vicisitudes y aun de la misma ingratitud, y que no terminan sino con la muerte.

Nuestros primeros años roban a nuestros padres toda su tranquilidad y los privan a cada paso de los goces y comodidades de la vida social. Durante aquel período de nuestra infancia en que la naturaleza nos niega la capacidad de atender por nosotros mismos a nuestras necesidades, y en que, demasiado débiles e impresionables nuestros órganos, cualquier ligero accidente puede alterar nuestra salud y aun comprometerla para siempre, sus afectuosos y constantes

desvelos suplen nuestra impotencia y nos defienden de los peligros que por todas partes nos rodean. ¡Cuántas inquietudes, cuántas alarmas, cuántas lágrimas no les cuestan nuestras dolencias! ¡Cuánta vigilancia no tienen que poner a nuestra imprevisión! ¡Cuán inagotable no debe ser su paciencia para cuidar de nosotros y procurar nuestro bien, en la lucha abierta siempre con la absoluta ignorancia y la voluntad caprichosa y turbulenta de los primeros años! ¡Cuánta consagración, en fin, y cuánto amor para haber de conducirnos por entre tantos riesgos y dificultades, hasta la edad en que principia a ayudarnos nuestra inteligencia!

Apenas descubren en nosotros un destello de razón, ellos se apresuran a dar principio a la ardua e importante tarea de nuestra educación moral e intelectual; y son ellos los que imprimen en nuestra alma las primeras ideas, las cuales nos sirven de base para todos los conocimientos ulteriores, y de norma para emprender el espinoso camino de la vida.

Su primer cuidado es hacernos conocer a Dios. ¡Qué sublime, qué augusta, qué sagrada aparece entonces la misión de un padre y de una madre! El corazón rebosa de gratitud y de ternura, al considerar que fueron ellos los primeros que nos hicieron formar idea de ese ser infinitamente grande, poderoso y bueno, ante el cual se prosterna el universo entero, y nos enseñaron a amarle, a adorarle, y a pronunciar sus alabanzas. Después que nos hacen saber que somos criaturas de ese ser imponderable, ennobleciéndonos así ante nuestros propios ojos y santificando nuestro espíritu, ellos no cesan de proporcionarnos conocimientos útiles de todo género, con los cuales vamos haciendo el ensayo de la vida y preparándonos para concurrir al total desarrollo de nuestras facultades.

En el laudable y generoso empeño de enriquecer

nuestro corazón de virtudes, y nuestro entendimiento de ideas útiles a nosotros mismos y a nuestros semejantes, ellos no omiten esfuerzo alguno para proporcionarnos la enseñanza. Por muy escasa que sea su fortuna, aun cuando se vean condenados a un recio trabajo personal para ganar el sustento, ellos siempre hacen los gastos indispensables para presentarnos en los establecimientos de educación, proveernos de libros y pagar nuestros maestros. ¡Y cuántas veces vemos a estos mismos padres someterse gustosos a toda especie de privaciones, para impedir que se interrumpa el curso de nuestros estudios!

Terminada nuestra educación, y formados ya nosotros a costa de tantos desvelos y sacrificios, no por eso nuestros padres nos abandonan a nuestras propias fuerzas. Su sombra protectora y benéfica nos cubre toda la vida, y sus cuidados, como ya hemos dicho, no se acaban sino con la muerte. Si durante nuestra infancia, nuestra niñez y nuestra juventud, trabajaron asiduamente para alimentarnos, vestirnos, educarnos y facilitarnos toda especie de goces inocentes, ellos no se desprenden en nuestra edad madura de la dulce tarea de hacernos bien; recibiendo, por el contrario, un placer exquisito en continuar prodigándonos sus beneficios, por más que nuestros elementos personales, que ellos mismos fundieron, nos proporcionen ya los medios de proveer a nuestras necesidades.

Nuestros padres son al mismo tiempo nuestros primeros y más sinceros amigos, nuestros naturales consultores, nuestros leales confidentes. El egoísmo, la envidia, la hipocresía, y todas las demás pasiones tributarias del interés personal, están excluidas de sus relaciones con nosotros; así es que nos ofrecen los frutos de su experiencia y de sus luces, sin reservarnos nada, y sin que podamos jamás recelarnos de que sus consejos vengan envenenados por la perfidia o el engaño. Las lecciones que han recibido en la escuela de la vida, los descubrimientos que han hecho en las ciencias y en las artes, los secretos útiles que poseen, todo es para nosotros, todo nos lo transmiten, todo lo destinan siempre a la obra predilecta de nuestra felicidad. Y si los vemos aún en edad avanzada trabajar con actividad y con ahínco en la conservación y adelanto de sus propiedades, fácil es comprender que nada los mueve menos, que el provecho que puedan obtener en favor de una vida que ya van a abandonar: ¡sus hijos!... sí, el porvenir de sus queridos hijos, he aquí su generoso móvil, he aquí el estímulo que les da fuerzas en la misma ancianidad.

Si, pues, son tantos y de tan elevada esfera los beneficios que recibimos de nuestros padres, si su misión es tan sublime y su amor tan grande, ¿cuál será la extensión de nuestros deberes para con ellos? ¡Desgraciado de aquel que al llegar al desarrollo de su razón, no la haya medido ya con la noble y segura escala de la gratitud! Porque a la verdad, el que no ha podido comprender para entonces todo lo que debe a sus padres, tampoco habrá comprendido lo que debe a Dios; y para las almas ruines y desagradecidas no hay felicidad posible ni en esta vida ni en la otra.

La piedad filial es, por otra parte, uno de los sentimientos que más honran y ennoblecen el corazón humano, y que más lo disponen a la práctica de todas las grandes virtudes. Tan persuadidos vivimos de esta verdad, que para juzgar de la índole y del valor moral de la persona que nos importa conocer, desde luego investigamos su conducta para con sus padres, y si encontramos que ella es buena ya se despierta en nosotros una fuerte simpatía y un sentimiento profundo de estimación y de benevolencia. Cuando el amoroso padre va a dar a la hija de su corazón un compañero de su suerte, sus inquietudes se calman y su ánimo se conforta, si en trance tan solemne puede exclamar: «¡Es un buen hijo!...». Y así compendia y expresa, de la manera más tierna y elocuente, todo lo que hay de grande y de sublime en la piedad filial.

Debemos, pues, gozarnos en el cumplimiento de los deberes que nos han impuesto para con nuestros padres las leyes divinas y la misma naturaleza. Amarlos, honrarlos, respetarlos y obedecerlos, he aquí estos grandes y sagrados deberes, cuyo sentimiento se desarrolla en nosotros desde el momento en que podemos darnos cuenta de nuestras percepciones, y aun antes de haber llegado a la edad en que recibimos las inspiraciones de la reflexión y la conciencia.

En todas ocasiones debe sernos altamente satisfactorio testificarles nuestro amor con las demostraciones más cordiales y expresivas; pero cuando se encuentran combatidos por la desgracia, cuando el peso de la vejez los abruma y los reduce a ese estado de impotencia en que tanto necesitan de nuestra solicitud y nuestros auxilios, recordemos cuánto les debemos, consideremos qué no harían ellos por aliviarnos a nosotros y con cuánta bondad sobrellevarían nuestras miserias, y no les reservemos nada en sus necesidades, ni creamos nunca que hemos empleado demasiado sufrimiento en las incomodidades que nos ocasionen sus cansados años. Este acendrado amor debe naturalmente conducirnos a cubrirlos siempre de honra, contribuyendo por cuantos medios estén a nuestro alcance a su estimación social, y ocultando cuidadosamente de los extraños las faltas a que como seres humanos pueden estar sujetos, porque la *gloria del hijo es el honor al padre.*

Nuestro respeto debe ser profundo e inalterable, sin que podamos jamás permitirnos la más ligera falta que lo profane, aun cuando lleguemos a encontrarlos alguna vez apartados de la senda de la verdad y de la justicia, y aun cuando la desgracia los haya condenado a la demencia, o a cualquiera otra situación lamentable que los despoje de la consideración de los demás. Siempre son nuestros padres, y a nosotros no nos toca otra cosa que compadecernos, llorar sus miserias, y colmarlos de atenciones delicadas y de contemplaciones. Y respecto de nuestra obediencia, ella no debe reconocer otros límites que los de la razón y la moral; debiendo hacerles nuestras observaciones de una manera dulce y respetuosa, siempre que una dura necesidad nos obligue a separarnos de sus preceptos. Pero guardémonos de constituirnos inconsiderada y abusivamente en jueces de estos preceptos, los cuales serán rara vez de tal naturaleza que puedan justificar nuestra resistencia, sobre todo en nuestros primeros años, en que sería torpe desacato el creernos capaces de juzgar.

Hállase, en fin, comprendido en los deberes de que tratamos, el respeto a nuestros mayores, especialmente a aquellos a quienes la venerable senectud acerca ya al término de la vida y les da derecho a las más rendidas y obsequiosas atenciones. También están aquí comprendidas nuestras obligaciones para con nuestros maestros, a quienes debemos amor, obediencia y respeto, como delegados que son de nuestros padres en el augusto ministerio de ilustrar nuestro espíritu y formar nuestro corazón en el honor y la virtud. Si en medio de la capacidad y la indolencia de nuestros primeros años, podemos a veces desconocer todo lo que debemos a nuestros maestros, y cuánta influencia ejercen sus paternales desvelos en nuestros futuros destinos, el corazón debe volver a ellos en la efusión de la más pura gratitud, y rendirles todos los homenajes que le son debidos, desde que somos capaces de distinguir los rasgos que caracterizan a nuestros verdaderos amigos y bienhechores.

¡Cuán venturosos días debe esperar sobre la tierra el hijo amoroso y obediente, el que ha honrado a los autores de su existencia, el que los ha socorrido en el infortunio, el que los ha confortado en su ancianidad! Los placeres del mundo serán para él siempre puros como en la mañana de la vida: en la adversidad encontrará los consuelos de la buena conciencia, y aquella fortaleza que desarma las iras de la fortuna, y nada habrá para él más sereno y tranquilo que la hora de la muerte, seguro como está de haber hecho el camino de la eternidad a la sombra de las bendiciones de sus padres. En aquella hora suprema, en que ha de dar cuenta al Creador de todas sus acciones, los títulos de un buen hijo aplacarán la justicia divina y le alcanzarán misericordia.

ANIVERSARIOS DE BODA

1°	papel, plástico	13°	encaje
2°	algodón	14°	marfil
3°	cuero	15°	cristal
4°	seda, rayón, nilón	20°	porcelana
5°	madera	25°	plata
6°	hierro	30°	perla
7°	lana, cobre	35°	coral, jade
8°	bronce, equipos eléctricos	40°	rubí
		45°	zafiro
9°	cerámica	50°	oro
10°	estaño	55°	esmeralda, turquesa
11°	acero	60°	diamante
12°	seda, hilo		

II

Deberes para con la patria

Nuestra patria, generalmente hablando, es toda aquella extensión de territorio gobernada por las mismas leyes que rigen en el lugar en que hemos nacido, donde formamos con nuestros conciudadanos una gran sociedad de intereses y sentimientos nacionales.

Cuanto hay de grande, cuanto hay de sublime, se encuentra comprendido en el dulce nombre de patria; y nada nos ofrece el suelo en que vimos la primera luz, que no esté para nosotros acompañado de patéticos recuerdos, y de estímulos a la virtud, al heroísmo y a la gloria. Las ciudades, los pueblos, los edificios, los campos cultivados, y todos los demás signos y monumentos de la vida social, nos representan a nuestros antepasados y sus esfuerzos generosos por el bienestar y la dicha de su posteridad, la infancia de nuestros padres, los sucesos inocentes y sencillos que forman la pequeña y siempre querida historia de nuestros primeros años, los talentos de nuestras celebridades en las ciencias y en las artes, los magnánimos sacrificios y las proezas de nuestros grandes hombres, los placeres, en fin, y los sufrimientos de una generación que pasó y nos dejó sus hogares, sus riquezas y el ejemplo de sus virtudes...

Los templos, esos lugares santos y venerables, levantados por la piedad y el desprendimiento de nuestros compatriotas, nos traen constantemente el recuerdo de los primeros ruegos y alabanzas que dirigimos al Creador, cuando el celo de nuestros padres nos condujo a ellos por vez primera; contemplando con una emoción indefinible, que también ellos desde niños elevaron allí su alma a Dios y le rindieron culto.

Nuestras familias, nuestros parientes, nuestros amigos, todas las personas que nos vieron nacer, que desde nuestra infancia conocen y aprecian nuestras cualidades, que nos aman y forman con nosotros una comunidad de afectos, goces, penas y esperanzas, todo existe en nuestra patria, todo está en ella reunido; y en ella está vinculado nuestro porvenir y el de cuantos objetos nos son caros en la vida.

Después de estas consideraciones, fácil es comprender que a nuestra patria todo lo debemos. En sus días serenos y bonancibles, en que nos brinda sólo placeres y contento, le manifestaremos nuestro amor guardando fielmente sus leyes y obedeciendo a sus magistrados; prestándonos a servirla en los destinos públicos, donde necesita de nuestras luces y de nuestros desvelos para la administración de los negocios del Estado; contribuyendo con una parte de nuestros bienes al sostenimiento de los empleados que son necesarios para dirigir la sociedad con orden y con provecho de todos, de los ministros del culto, de los hospitales y demás establecimientos de beneficencia donde se asilan los desvalidos y desgraciados; y en general, contribuyendo a todos aquellos objetos que requieren la cooperación de todos los ciudadanos.

Pero en los momentos de conflicto, cuando la seguridad pública está amenazada, cuando la patria nos llama en su auxilio, nuestros deberes se aumentan con otros de un orden muy superior. Entonces la patria cuenta con todos sus hijos sin limitación y sin reserva; entonces los gratos recuerdos adheridos a nuestro suelo, los sepulcros venerados de nuestros antepasados, los monumentos de sus virtudes, de su grandeza y de su gloria, nuestras esperanzas, nuestras familias indefensas, los ancianos, que fijan en nosotros su mirada impotente y acongojada y nos contemplan como sus salvadores, todo viene entonces a encender en nuestros pechos el fuego sagrado del heroísmo, y a inspirarnos aquella abnegación sublime que conduce al hombre a los peligros y a la inmortalidad. Nuestro reposo, nuestra fortuna, cuanto poseemos, nuestra vida misma pertenece a la patria en sus angustias, pues nada nos es lícito reservarnos en común conflicto.

Muertos nosotros en defensa de la sociedad en que hemos nacido, ahí quedan nuestras queridas familias y tantos inocentes a quienes habremos salvado, en cuyos pechos, inflamados de gratitud, dejaremos un recuerdo imperecedero que se irá transmitiendo de generación en generación; ahí queda la historia de nuestro país, que inscribirá nuestros nombres en el catálogo de sus bienhechores; ahí queda a nuestros descendientes y a nuestros conciudadanos todos, un noble ejemplo que imitar y que aumentará los recuerdos que hacen tan querido el suelo natal. Y respecto de nosotros, recibiremos sin duda en el cielo el premio de nuestro sacrificio; porque nada puede ser más recomendable ante los ojos de Dios justiciero que ese sentimiento en extremo generoso y magnánimo, que nos hace preferir la salvación de la patria a nuestra propia existencia.

III

Deberes para con nuestros semejantes

No podríamos llenar cumplidamente el supremo deber de amar a Dios, sin amar también a los demás hombres, que son como nosotros criaturas suyas, descendientes de unos mismos padres y redimidos todos en una misma cruz; y este amor sublime, que forma el divino sentimiento de la caridad cristiana, es el fundamento de todos los deberes que tenemos para con nuestros semejantes, así como es la base de las más eminentes virtudes sociales.

La Providencia, que en sus altas miras ha querido estrechar a los hombres sobre la tierra, con fuertes vínculos que establezcan y fomenten la armonía que debe reinar en la gran familia humana, no ha permitido que sean felices en el aislamiento, ni que encuentren en él los medios de satisfacer sus más urgentes necesidades. Las condiciones indispensables de la existencia los reúnen en todas partes so pena de perecer a manos de las fieras, de la inclemencia o de las enfermedades; y dondequiera que se ve una reunión de seres humanos, desde las más suntuosas poblaciones hasta las humildes cabañas de las tribus salvajes, hay un espíritu de mutua benevolencia, de mutua consideración, de mutuo auxilio, más o menos desarrollado y perfecto, según es la influencia que en ellas han podido ejercer los sanos y civilizadores principios de la religión y de la verdadera filosofía.

Fácil es comprender todo lo que los demás hombres tienen derecho a esperar de nosotros, al sólo considerar cuán necesarios nos son ellos a cada paso para poder sobrellevar las miserias de la vida, contrarrestar los embates de la desgracia, ilustrar nuestro entendimiento y alcanzar, en fin, la felicidad, que es el sentimiento innato del corazón humano. Pero el hombre generoso, el hombre que obedece a las sagradas inspiraciones de la religión y de la filantropía, el que tiene la fortuna de haber nutrido su espíritu en las claras fuentes de la doctrina evangélica, siente en su corazón más nobles y elevados estímulos para amar a sus semejantes, para extenderles una mano amiga en sus conflictos, y aun para hacer sacrificios a su bienestar y a la mejora de su condición social. De aquí las grandes virtudes cívicas, de aquí el heroísmo, de aquí el martirio de esos santos varones, que en su misión apostólica han despreciado la vida por sacar a los hombres de las tinieblas de la ignorancia y de la idolatría, atravesando los desiertos y penetrando en los bosques por en medio de los peligros y la muerte, sin más armas que las palabras de salvación, sin más aspiraciones que la gloria de Dios y el bien y la felicidad de sus semejantes.

La benevolencia, que une los corazones con los dulces lazos de la amistad y la fraternidad, que establece las relaciones que forman la armonía social, y ennoblece todos los estímulos que nacen de las diversas condiciones de la vida; y la beneficencia, que asemejando al hombre a su Creador, le inspira todos los sentimientos generosos que llevan el consuelo y la esperanza al seno mismo de la desgracia, y triunfan de los ímpetus brutales del odio y la venganza, he aquí los dos grandes deberes que tenemos para con nuestros semejantes, de los cuales emanan todas las demás prescripciones de la religión y la moral, que tienen por objeto conservar el orden, la paz y la concordia entre los hombres, como los únicos medios que pueden asegurarles la felicidad en su corta mansión sobre la tierra, y sembrarles de virtudes y merecimientos el estrecho camino de la vida futura.

Digno es aquí de contemplarse cómo la soberana bondad que Dios ha querido manifestar en todas sus obras, ha encaminado estos deberes a nuestro propio bien, haciendo al mismo tiempo de ellos una fuente inagotable de los más puros y exquisitos placeres. Debemos amar a nuestros semejantes, respetarlos, honrarlos, tolerar y ocultar sus miserias y debilidades; debemos ayudarlos a ilustrar su entendimiento y a formar su corazón para la virtud; debemos socorrerlos en sus necesidades, perdonar sus ofensas, y en suma, proceder para con ellos de la misma manera que deseamos que ellos procedan para con nosotros. Pero ¿pueden acaso concebirse sensaciones más gratas, que aquellas que experimentamos en el ejercicio de estos deberes? Los actos de benevolencia derraman en el alma un copioso raudal de tranquilidad y de dulzura, que apagando el incendio de las pasiones, nos ahorra las heridas punzantes y atormentadoras de una conciencia impura, y nos prepara los innumerables goces con que nos brinda la benevolencia de los demás. El hombre malévolo, el irrespetuoso, el que publica las ajenas flaquezas, el que cede fácilmente a los arranques de la ira, no sólo vive privado de tan gratas emociones y expuesto a cada paso a los furores de la venganza, sino que, devorado por los re-

mordimientos, de que ningún mortal puede libertar-
se, por más que haya conseguido habituarse al mal,
arrastra una existencia miserable, y lleva siempre en
su interior todas las inquietudes y zozobras de esa
guerra eterna que se establece entre el sentimiento
del deber, que como emanación de Dios jamás se ex-
tingue, y el desorden de sus pasiones sublevadas, a
cuya torpe influencia ha querido esclavizarse.

¿Y cómo pudiéramos expresar dignamente las sublimes sensaciones de la beneficencia? Cuando tenemos la dicha de hacer el bien a nuestros semejantes, cuando respetamos los fueros de la desgracia, cuando enjugamos las lágrimas del desvalido, cuando satisfacemos el hambre, o templamos la sed, o cubrimos la desnudez del infeliz que llega a nuestras puertas, cuando llevamos el consuelo al oscuro lecho del mendigo, cuando arrancamos una víctima al infortunio, nuestro corazón experimenta siempre un placer tan grande, tan intenso, tan indefinible, que no alcanzarían a explicarlo las más vehementes expresiones del sentimiento. Es al autor de un beneficio al que está reservado comprender la naturaleza y extensión de los goces que produce; y si hay algún mortal que pueda leer en su frente y concebir sus emociones, es el desgraciado que lo recibe y ha podido medir en su dolor la grandeza del alma que le protege y le consuela.

Lo mismo debe decirse del deber soberanamente moral y cristiano de perdonar a nuestros enemigos, y de retribuirles sus ofensas con actos sinceros en que resplandezca aquel espíritu de amor magnánimo, de que tan alto ejemplo nos dejó el Salvador del mundo. Tan sólo el rendido, cuyo enemigo le alarga una mano generosa al caer a sus pies y el que en cambio de una injuria ha llegado a recibir un beneficio, puede acaso comprender los goces sublimes que experimenta el alma noble que perdona; y bien pudiera decirse que aquel que todavía no ha perdonado a un enemigo, aún no conoce el mayor de los placeres de que puede disfrutar el hombre sobre la tierra. El estado del alma, después que ha triunfado de los ímpetus del rencor y del odio y queda entregada a la dulce calma que restablece en ella el imperio de la caridad evangélica, nos representa el cielo despejado y sereno que se ofrece a nuestra vista, alegrando a los mortales y a la naturaleza entera, después de los horrores de la tempestad. El hombre vengativo, lleva en sí mismo todos los gérmenes de la desesperación y la desgracia: en el corazón del hombre clemente y generoso reinan la paz y el contento, y nacen y fructifican todos los grandes sentimientos.

«La primera palestra de la virtud es el hogar paterno», ha dicho un célebre moralista; y esto nos indica cuán solícitos debemos ser por el bien y la honra de nuestra familia. El que en el seno de la vida doméstica, ama y protege a sus hermanos y demás parientes, y ve en ellos las personas que después de sus padres son las más dignas de sus respetos y atenciones, no puede menos que encontrar allanado y fácil el camino de las virtudes sociales, y hacerse apto para dar buenos ejemplos a sus hijos, y para regir dignamente la familia a cuya cabeza le coloquen sus futuros destinos. El que sabe guardar las consideraciones domésticas, guardará mejor las consideraciones sociales; pues la sociedad no es otra cosa que una ampliación de la propia familia. ¡Y bien desgraciada debe ser la suerte de aquel que desconozca la especialidad de estos deberes!, porque los extraños, no pudiendo esperar nada del que ninguna preferencia concede a los suyos, le mirarán como indigno de su estimación, y llevará una vida errante y solitaria en medio de los mismos hombres.

Y si tan sublimes son estos deberes cuando los ejercemos sin menoscabo de nuestra hacienda, de nuestra tranquilidad, y sin comprometer nuestra existencia, ¿a cuánta altura no se elevará el corazón del hombre que por el bien de sus semejantes arriesga su fortuna, sus comodidades y su vida misma? Estos son los grandes hechos que proclama la historia de todas las naciones y de todos los tiempos, como los timbres gloriosos de aquellos héroes sin mancha a quienes consagra el título imperecedero de bienhechores de la humanidad; y es en su abnegación y en su ardiente amor a los hombres, donde se refleja aquel amor incomparable que condujo al divino Redentor a morir en los horrores del más bárbaro suplicio.

Busquemos, pues, en la caridad cristiana la fuente de todas las virtudes sociales; pensemos siempre que no es posible amar a Dios sin amar también al hombre, que es su criatura predilecta, y que la perfección de este amor está en la beneficencia y en el perdón a nuestros enemigos; y veamos en la práctica de estos deberes, no sólo el cumplimiento de un mandato divino, sino el más poderoso medio de conservar el orden de las sociedades, encaminándolas a los altos fines de la creación, y de alcanzar la tranquilidad y la dicha que nos es dado gozar en este mundo.

CÓMO PROCEDER CON CIERTOS ALIMENTOS

El pan siempre se parte con la mano, nunca con cuchillo. La carne, por otra parte, requiere un cuchillo y tenedor especiales. En algunos lugares de América se acostumbra a cortar toda la carne y luego proceder a comerla usando solamente el tenedor; sin embargo, esto no resulta de buen gusto en Europa y en la mayor parte de los países de América. Lo más correcto es cortar un pedacito de carne a la vez, proceder a introducirlo en la boca con el tenedor y, luego, cortar el próximo pedacito. Los pedazos que se introducen en la boca deben ser lo suficientemente pequeños como para no causar que la persona, al masticar, se vea obligada a hacer muecas y ademanes excesivos. No se deben hacer ruidos al masticar o ingerir los alimentos, ni tampoco deben hacerse chillar los cubiertos contra el plato, pues todos estos sonidos pueden resultar desagradables, y hasta insoportables, para algunos de los presentes en la mesa. El cuchillo y tenedor no deben sostenerse como se hace con un lápiz, sino que la mano debe quedar siempre por encima del mango del implemento.

CAPÍTULO TERCERO

DE LOS DEBERES PARA CON NOSOTROS MISMOS

Si hemos nacido para amar y adorar a Dios, y para aspirar a más altos destinos que los que nos ofrece esta vida precaria y calamitosa; si obedeciendo a los impulsos que recibimos de aquel Ser infinitamente sabio, origen primitivo de todos los grandes sentimientos, nos debemos también a nuestros semejantes y en especial a nuestros padres, a nuestra familia y a nuestra patria; y si tan graves e imprescindibles son las funciones que nuestro corazón y nuestro espíritu tienen que ejercer para corresponder dignamente a las miras del Creador, es una consecuencia necesaria y evidente que nos encontramos constituidos en el deber de instruirnos, de conservarnos y de moderar nuestras pasiones.

La importancia de estos deberes está implícitamente reconocida en el simple reconocimiento de los demás deberes, los cuales nos sería imposible cumplir si la luz del entendimiento no nos guiase en todas nuestras operaciones, si no cuidásemos de nuestra salud y nos fuese lícito aniquilar nuestra existencia, y si no trabajásemos constantemente en precavernos de la ira, de la venganza, de la ingratitud, y de todos los demás movimientos irregulares a que desgraciadamente está sujeto el corazón humano.

¿Cómo podríamos concebir la grandeza de Dios, sin detenernos con una mirada inteligente a contemplar la magnificencia de sus obras, y a admirar en el espectáculo de la naturaleza todos los portentos y maravillas que se ocultan a la ignorancia? Sin ilustrar nuestro entendimiento, sin adquirir por lo menos aquellas nociones generales que son la base de todos los conocimientos, y la antorcha que nos ilumina en el sendero de la perfección moral, ¿cuán confusas y oscuras no serían nuestras ideas acerca de nuestras relaciones con la Divinidad, de los verdaderos caracteres de la virtud y del vicio, de la estructura y fundamento de las sociedades humanas, y de los medios de felicidad con que la Providencia ha favorecido en este mundo a sus criaturas? El hombre ignorante es un ser esencialmente limitado en todo lo que mira a las funciones de la vida exterior, y completamente nulo para los goces del alma, cuando replegada está sobre sí misma y a solas con las inspiraciones de la ciencia, medita, reflexiona, rectifica sus ideas y, abandonando el error, causa eficiente de todo mal, entra en posesión de la verdad, que es el principio de todo bien. La mayor parte de las desgracias que afligen a la humanidad tienen su origen en la ignorancia; y pocas veces llega un hombre al extremo de la perversidad, sin que en sus primeros pasos, o en el progreso del vicio, haya sido guiado por ideas erróneas, por principios falsos, o por el desconocimiento absoluto de sus deberes religiosos y sociales. Grande sería nuestro asombro, y crecería desde luego en nosotros el deseo de ilustrarnos, si nos fuese dable averiguar por algún medio, cuántos de esos infelices que han perecido en los patíbulos, hubieran podido llegar a ser, mejor instruidos, hombres virtuosos y ciudadanos útiles a su patria. La estadística criminal podría con mayor razón llamarse entonces la estadística de la ignorancia; y vendríamos a reconocer que el hombre, la obra más querida del Creador, no ha recibido por cierto una organización tan depravada como aparece de los desórdenes a que de continuo se entrega, y de las perturbaciones y estragos que estos desórdenes causan en las familias, en las naciones y en el mundo entero.

La ignorancia corrompe con su hálito impuro todas las fuentes de la virtud, todos los sentimientos del corazón, y convierte muchas veces en daño del individuo y de la sociedad las más bellas disposiciones naturales. Apartándonos del conocimiento de lo verdadero y de lo bueno, y gastando en nosotros todos los resortes del sistema sensible, nos entrega a los torpes impulsos de la vida material, que es la vida de los errores, de la degradación y de los crímenes. Por el contrario, la ilustración no sólo aprovecha todas las buenas dotes con que hemos nacido, y nos encamina al bien y a la felicidad, sino que iluminando nuestro espíritu, mostrándonos el crimen en toda su enormidad y la virtud en todo su esplendor, endereza nuestras malas inclinaciones, consume en su llama nuestros malos instintos, y conquista para Dios y para la sociedad muchos corazones que, formados en la oscuridad de la ignorancia, hubieran dado frutos de escándalo, de perdición y de ignominia.

En cuanto al deber de la propia conservación, la naturaleza misma nos indica hasta qué punto es importante cumplirlo, pues el dolor, que martiriza nuestra carne y enerva nuestras fuerzas, nos sale siempre al frente al menor de nuestros excesos y extravíos. La salud y la robustez del cuerpo son absolutamente indispensables para entregarnos, en calma y con provecho, a todas las operaciones mentales que nos dan por resultado la instrucción en todos los ramos del saber humano; y sin salud y robustez, en medio de angustias y sufrimientos, tampoco nos es dado entregarnos a contemplar los atributos divinos, a rendir al Ser Supremo los homenajes que le debemos, a corresponder a nuestros padres sus beneficios, a servir a nuestra familia y a nuestra patria, a prestar apoyo al menesteroso, a llenar, en fin, ninguno de los deberes que constituyen nuestra noble misión sobre la tierra.

A pesar de todas las contradicciones que experimentamos en este mundo, a pesar de todas las amarguras y sinsabores a que vivimos sujetos, la religión nos manda creer que la vida es un bien; y mal podríamos calificarla de otro modo, cuando además de ser el primero de los dones del cielo, a ella está siempre unido un sentimiento innato de felicidad, que nos hace ver en la muerte la más grande de todas las desgracias. Y si los dones de los hombres, si los presentes de nuestros amigos, nos vienen siempre con una condición implícita de aprecio y conservación, que aceptamos gustosamente, ¿qué cuidados podrían ser excesivos en la conservación de la vida que recibimos de la misma mano de Dios como el mayor de sus beneficios? Ya se deja ver que el sentimiento de la conservación obra generalmente por sí solo en el cumplimiento de este deber; pero las pasiones lo subyugan con frecuencia, y cerrando nosotros los ojos al siniestro aspecto de la muerte, divisada siempre a lo lejos en medio de las ilusiones que nacen de nuestros extravíos, comprometemos estérilmente nuestra salud y nuestra existencia, obrando así contra todos los principios morales y sociales, y contra todos los deberes para cuyo cumplimiento estamos en la necesidad imperiosa de conservarnos. La salud del cuerpo sirve también de base a la salud del alma; y es un impío el que se entrega a los placeres deshonestos que la quebrantan y destruyen, o a los peligros de que no ha de derivar ningún provecho para la gloria de Dios ni para el bien de sus semejantes.

En cuanto a los desgraciados que atentan contra su vida tan sólo con el fin de abandonarla, son excepciones monstruosas, hijas de la ignorancia y de la más espantosa depravación de las costumbres. El hombre que huye de la vida por sustraerse a los rigores del infortunio, es el último y el más degradado de todos los seres: extraño a las más heroicas virtudes y por consiguiente al valor y a la resignación cristiana, tan sólo consigue horrorizar a la humanidad y cambiar los sufrimientos del mundo, que dan honor y gloria y abren las puertas de la bienaventuranza, por los sufrimientos eternos que infaliblemente prepara la justicia divina a los que así desprecian los bienes de la Providencia, sus leyes sacrosantas, sus bondadosas promesas de una vida futura, y su emplazamiento para ante aquel tribunal supremo, cuyos decretos han de cumplirse en toda la inmensidad de los siglos. Entre las piadosas creencias populares, hijas de la caridad, aparece la de que ningún hombre puede recurrir al suicidio en la plena posesión de sus facultades intelectuales; y a la verdad, nada debe sernos más grato que el suponer que esos desgraciados no han podido medir toda la enormidad de su crimen, y el esperar que Dios haya mirado con ojos de misericordia y clemencia el hecho horrendo con que han escandalizado a los mortales. Sin embargo, rara será la vez que haya tenido otro origen más que el total abandono de las creencias y de los deberes religiosos.

Réstanos recomendar por conclusión, el tercer deber que hemos apuntado: el de moderar nuestras pasiones. Excusado es sin duda detenernos ya a pintar con todos sus colores las desgracias y calamidades a que habrán de conducirnos nuestros malos instintos, si no tenemos la fuerza bastante para reprimirlos, cuando, como hemos visto, ellos pueden arrastrarnos aun al más horroroso de los crímenes, que es el suicidio. En vista de lo que es necesario hacer para agradar a Dios, para ser buenos hijos y buenos ciudadanos, y para cultivar el hermoso campo de la caridad cristiana, natural es convenir en la noble tarea de dulcificar nuestro carácter, y de fundar en nuestro corazón el suave imperio de la continencia, de la mansedumbre, de la paciencia, de la tolerancia, de la resignación cristiana y de la generosa beneficencia.

La posesión de los principios religiosos y sociales, y el reconocimiento y la práctica de los deberes que de ellos se desprenden, serán siempre la ancha base de todas las virtudes y de las buenas costumbres; pero pensemos que en las contradicciones de la suerte y en las flaquezas de los hombres, encontraremos a cada paso el escollo de nuestras mejores disposiciones, y que sin vivir armados contra los arranques de la cólera, del orgullo y del odio, jamás podremos aspirar a la perfección moral. En las injusticias de los hombres no veamos sino el reflejo de nuestras propias injusticias; en sus debilidades, el de nuestras propias debilidades; en sus miserias, el de nuestras propias miserias. Son hombres como nosotros; y nuestra tolerancia para con ellos será la medida, no sólo de la tolerancia que encontrarán nuestras propias faltas en este mundo, sino de mayores y más sólidas recompensas que están ofrecidas a todos nuestros sufrimientos y sacrificios en el seno de la vida perdurable.

El hombre instruido conocerá a Dios, se conocerá a sí mismo, y conocerá a los demás hombres; el que cuide de su salud y de su existencia, vivirá para Dios, para sí mismo y para sus semejantes; el que refrene sus pasiones comprenderá a Dios, labrará su propia tranquilidad y su propia dicha, y contribuirá a la tranquilidad y a la dicha de los demás. He aquí, pues, compendiados en estos tres deberes todos los deberes y todas las virtudes, la gloria de Dios, y la felicidad de los hombres.

CUMPLEAÑOS

Siempre resulta de mal gusto el preguntar la edad cuando se trata de personas adultas. En estos casos, los pasteles de cumpleaños suelen tener una sola velita, la cual representa el año que se comienza a vivir. Todo invitado está en obligación de presentarse con un regalo, por sencillo que éste sea. Claro está que si, por alguna razón, no le es posible asistir al festejo, no se espera que mande ningún presente. No obstante, sería de muy buen gusto, especialmente si se trata de personas muy conocidas, el enviar algún obsequio. En el caso de un niño, éste se entusiasma tanto con su cumpleaños que tiende a invitar al mundo entero a su fiesta, sin contar con el permiso de los padres para ello, por supuesto. Estas invitaciones no deben tomarse en serio hasta no haber sido confirmadas por una llamada telefónica o una nota de los padres, haciendo la invitación oficial. O bien, si existe la confianza, la persona invitada puede llamar a los padres para indagar al respecto.

Para estas fiestas deben organizarse juegos en los que puedan participar todos, o contratar profesionales que se encarguen de la animación, para evitar que se formen discusiones y querellas que suelen ser tan comunes entre los pequeños, y que por consiguiente, los padres tengan que dedicar su tiempo a controlar o regañar a sus hijos. Cuando los niños se mantienen ocupados y entretenidos, no tienen tiempo de pelear o ingeniar maldades.

Si desea regalar alguna prenda o alhaja, puede seleccionar la piedra preciosa correspondiente al mes del cumpleaños del festejado:

Enero - Granate	Julio - Rubí
Febrero - Amatista	Agosto - Peridoto
Marzo - Aguamarina	Septiembre - Zafiro
Abril - Diamante	Octubre - Ópalo
Mayo - Esmeralda	Noviembre - Topacio
Junio - Perla, Alejandrina	Diciembre - Turquesa

MANUAL
DE URBANIDAD Y BUENAS MANERAS

Capítulo Primero
PRINCIPIOS GENERALES

1 – Llámase *urbanidad* al conjunto de reglas que tenemos que observar para comunicar dignidad, decoro y elegancia a nuestras acciones y palabras, y para manifestar a los demás la benevolencia, atención y respeto que les son debidos.

2 – La urbanidad es una emanación de los deberes morales, y como tal, sus prescripciones tienden todas a la conservación del orden y de la buena armonía que deben reinar entre los hombres, y a estrechar los lazos que los unen, por medio de impresiones agradables que produzcan los unos sobre los otros.

3 – Las reglas de la urbanidad no se encuentran ni pueden encontrarse en los códigos de las naciones; y sin embargo, no podría conservarse ninguna

sociedad en que estas reglas fuesen absolutamente desconocidas. Ellas nos enseñan a ser metódicos y exactos en el cumplimiento de nuestros deberes sociales; y a dirigir nuestra conducta de manera que a nadie causemos mortificación o disgusto; a tolerar los caprichos y debilidades de los hombres; a ser atentos, afables y complacientes, sacrificando, cada vez que sea necesario y posible, nuestros gustos y comodidades a los ajenos gustos y comodidades; a tener limpieza y compostura en nuestras personas, para fomentar nuestra propia estimación y merecer la de los demás; y a adquirir, en suma, aquel tacto fino y delicado que nos hace capaces de apreciar en sociedad todas las circunstancias y proceder con arreglo a lo que cada una exige.

4 – Es claro, pues, que sin la observancia de estas reglas, más o menos perfectas, según el grado de civilización de cada país, los hombres no podrían inspirarse ninguna especie de amor ni estimación; no habría medio de cultivar la sociabilidad, que es el principio de la conservación y progreso de los pueblos; y la existencia de toda sociedad bien ordenada vendría por consiguiente a ser de todo punto imposible.

5 – Por medio de un atento estudio de las reglas de la urbanidad, y por el contacto con las personas cultas y bien educadas, llegamos a adquirir lo que especialmente se llama *buenas maneras* o *buenos modales*, lo cual no es otra cosa que la decencia, moderación y oportunidad en nuestras acciones y palabras, y aquella delicadeza y gallardía que aparecen en todos nuestros movimientos exteriores, revelando la suavidad de las costumbres y la cultura del entendimiento.

6 – La *etiqueta* es una parte esencialísima de la urbanidad. Dase este nombre al ceremonial de los usos, estilos y costumbres que se observan en las reunio-

nes de carácter elevado y serio, y en aquellos actos cuya solemnidad excluye absolutamente todos los grados de la familiaridad y la confianza.

7 – Por extensión se considera igualmente la etiqueta, como el conjunto de cumplidos y ceremonias que debemos emplear con todas las personas, en todas las situaciones de la vida. Esta especie de etiqueta comunica al trato en general, aun en medio de la más íntima confianza, cierto grado de circunspección que no excluye la pasión del alma ni los actos más afectuosos del corazón, pero que tampoco admite aquella familiaridad sin reserva y sin freno que relaja los resortes de la estimación y del respeto, base indispensable de todas las relaciones sociales.

8 – De lo dicho se deduce que las reglas generales de la etiqueta deben observarse en todas las cuatro secciones en que están divididas nuestras relaciones sociales, a saber: la familia o el círculo doméstico; las personas extrañas de confianza; las personas con quienes tenemos poca confianza; y aquellas con quienes no tenemos ninguna.

9 – Sólo la etiqueta propiamente dicha (aparte 6) admite la elevada gravedad en acciones y palabras, bien que siempre acompañada de la gracia y gentileza que son en todos casos el esmalte de la educación. En cuanto a las ceremonias que también reclamaban las tres primeras secciones, la naturalidad y la sencillez van mezclándose gradualmente en nuestros actos, hasta llegar a la plenitud del dominio que deben ejercer en el seno de nuestra propia familia.

10 – Si bien la mal entendida confianza destruye, como ya hemos dicho, la estimación y el respeto que deben presidir todas nuestras relaciones sociales, la falta de una discreta naturalidad puede convertir las ceremonias de la etiqueta, eminentemente conserva-

doras de estas relaciones, en una ridícula afectación que a su vez destruye la misma armonía que están llamadas a conservar.

11 – Nada hay más repugnante que la exageración de la etiqueta, cuando debemos entregarnos a la más cordial efusión de nuestros sentimientos; y como por otra parte esta exageración viene a ser, según ya lo veremos, una regla de conducta para los casos en que nos importa cortar una relación, claro es que no podemos acostumbrarnos a ella, sin alejar también de nosotros a las personas que tienen derecho a nuestra amistad.

12 – Pero es tal el atractivo de la cortesía, y son tantas las conveniencias que de ella resultan a la sociedad, que nos sentimos siempre más dispuestos a tolerar la fatigante conducta del hombre excesivamente ceremonioso, que los desmanes del hombre incivil, y las indiscreciones y desaciertos del que por ignorancia nos fastidia a cada paso con actos de extemporánea y ridícula familiaridad.

13 – Grande debe ser nuestro cuidado en limitarnos a usar, en cada uno de los grados de la amistad, de la suma de confianza que racionalmente admite. Con excepción del círculo de la familia en que nacimos y nos hemos formado, todas nuestras relaciones deben comenzar bajo la atmósfera de la más severa etiqueta; y para que ésta pueda llegar a convertirse en familiaridad, se necesita el transcurso del tiempo, y la conformidad de caracteres, cualidades e inclinaciones. Todo exceso de confianza es abusivo y propio de almas vulgares, y nada contribuye más eficazmente a relajar y aun a romper los lazos de la amistad, por más que ésta haya nacido y pudiera consolidarse bajo los auspicios de una fuerte y recíproca simpatía.

14 – Las leyes de la urbanidad, en cuanto se refieren a la dignidad y decoro personal y a las atenciones que debemos tributar a los demás, rigen en todos los tiempos y en todos los países civilizados de la tierra. Mas aquellas que forman el ceremonial de la etiqueta propiamente dicha, ofrecen gran variedad, según lo que está admitido en cada pueblo para comunicar gravedad y tono a los diversos actos de la vida social. Las primeras, como emanadas directamente de los principios morales, tienen un carácter fundamental e inmutable; las últimas no alteran en nada el deber que tenemos de ser bondadosos y complacientes, y pueden por lo tanto estar, como están en efecto, sujetas a la índole, a las inclinaciones y aun a los caprichos de cada pueblo.

15 – Sin embargo, la proporción que en los actos de pura etiqueta puede reconocerse a un principio de afecto o benevolencia, y que de ellos resulta a la persona con quien se ejercen alguna comodidad o placer, o el ahorro de una molestia cualquiera, estos actos son más universales y admiten menos variedad.

16 – La multitud de cumplidos que hacemos a

cada paso, aun a las personas de nuestra más íntima confianza, con los cuales no les proporcionamos ninguna ventaja de importancia, y de cuya omisión no se les seguiría ninguna incomodidad notable, son otras tantas ceremonias de la etiqueta, usadas entre las personas cultas y civilizadas de todos los países.

17 – Es una regla importante de urbanidad el someternos estrictamente a los usos de etiqueta que encontremos establecidos en los diferentes pueblos que visitemos, y aun en los diferentes círculos de un mismo pueblo donde se observen prácticas que le sean peculiares.

18 – El imperio de la moda, a que debemos someternos en cuanto no se aparte de la moral y de las buenas costumbres, influye también en los usos y ceremonias pertenecientes a la etiqueta propiamente dicha, haciendo variar a veces en un mismo país la manera de proceder en ciertos actos y situaciones sociales. Debemos, por tanto, adaptar en este punto nuestra conducta a lo que sucesivamente se fuere admitiendo en la sociedad en que vivimos, de la misma manera que tenemos que adaptarnos a lo que hallemos establecido en los diversos países en que nos encontremos.

19 – Siempre que en sociedad ignoremos la manera de proceder en casos dados, sigamos el ejemplo de las personas más cultas que en ella se encuentren; y cuando esto no nos sea posible, por falta de oportunidad o por cualquier otro inconveniente, decidámonos por la conducta más seria y circunspecta; procurando al mismo tiempo, ya que no hemos de obrar con seguridad del acierto, llamar lo menos posible la atención de los demás.

20 – Las circunstancias generales de lugar y de tiempo; la índole y el objeto de las diversas reuniones sociales; la edad, el sexo, el estado y el carácter público de las personas; y por último, el respeto

que nos debemos a nosotros mismos, exigen de nosotros muchos miramientos si al obrar no proporcionamos a los demás ningún bien, ni les evitamos ninguna mortificación.

21 – Estos miramientos, aunque no están precisamente fundados en la benevolencia, sí lo están en la misma naturaleza, la cual nos hace siempre ver con repugnancia lo que no es bello, lo que no es agradable, lo que es ajeno a las circunstancias, y en suma, lo que en alguna manera se aparta de la propiedad y el decoro; y por cuanto los hombres están tácitamente convenidos en guardarlos, nosotros los llamaremos *convencionalismos sociales*.

22 – Es muy importante que cada individuo sepa tomar en sociedad el sitio que le corresponda por su edad, investidura, sexo, etc., etc. Se evitarían muchas situaciones ridículas si los jóvenes fueran jóvenes sin afectación y los viejos mantuvieran en sus actos cierta prudente dignidad que es siempre motivo de respeto y no de burla.

23 – A poco que se medite, se comprenderá que los convencionalismos sociales que nos enseñan a armonizar con las prácticas y modas reinantes, y a hacer que nuestra conducta sea siempre la más propia de las circunstancias que nos rodean, son muchas veces el fundamento de los deberes de la misma civilidad y de la etiqueta.

24 – El hábito de respetar los convencionalismos sociales contribuye también a formar en nosotros el tacto social, el cual consiste en aquella delicada mesura que empleamos en todas nuestras acciones y palabras, para evitar hasta las más leves faltas de dignidad y decoro, complacer siempre a todos y no desagradar jamás a nadie.

25 – Las atenciones y miramientos que debemos a los demás no pueden usarse de una manera igual con todas las personas indistintamente. La urbani-

dad estima en mucho las categorías establecidas por la naturaleza, la sociedad y el mismo Dios; así, obliga a dar preferencia a unas personas sobre otras, según su edad, el predicamento de que gozan, el rango que ocupan, la autoridad que ejercen y el carácter de que están investidas.

26 – Según esto, los padres y los hijos, los obispos y los demás sacerdotes, los magistrados y los particulares, los ancianos y los jóvenes, las señoras y las señoritas, la mujer y el hombre, el jefe y el subalterno, y en general, todas las personas entre las cuales existen desigualdades legítimas y racionales, exigen de nosotros actos diversos de civilidad y etiqueta que indicaremos más adelante, basados todos en dictados de la justicia y de la sana razón, y en las prácticas que rigen entre gentes cultas y bien educadas.

27 – Hay ciertas personas para con las cuales nuestras atenciones deben ser más exquisitas que para con el resto de la sociedad, y son los hombres virtuosos que han caído en desgracia. Su triste suerte reclama de nosotros no sólo el ejercicio de la beneficencia, sino un constante cuidado en complacerlos, y en manifestarles, con actos bien marcados de civilidad, que sus virtudes suplen en ellos las deficiencias de la fortuna, y que no los creemos por lo tanto indignos de nuestra consideración y nuestro respeto.

28 – Pero cuidemos de que una afectada exageración en las formas no vaya a producir un efecto contrario al que realmente nos proponemos. El hombre que ha gozado de una buena posición social se hace más impresionable, y su sensibilidad y su amor propio se despiertan con más fuerza, a medida que se encuentra más deprimido bajo el peso del infortunio; y en esta situación no le son menos dolorosas las muestras de una conmiseración mal encubierta por actos de cortesía sin naturalidad ni oportunidad, que los desdenes del desprecio o de la indiferencia, con que el corazón humano suele manchar en tales casos sus nobles atributos.

29 – La civilidad presta encantos a la virtud misma; y haciéndola de este modo agradable y comunicativa, le conquista partidarios e imitadores en bien de la moral y de las buenas costumbres. La virtud agreste y despojada de los atractivos de una fina educación, no podría brillar ni aun en medio de la vida austera y contemplativa de los monasterios, donde seres consagrados a Dios necesitan también de guardarse entre sí aquellos miramientos y atenciones que fomentan el espíritu de paz, de orden y de benevolencia que deben presidirlos.

30 – La civilidad presta igualmente sus encantos a la sabiduría. Un hombre profundamente ins-

truido en las ciencias divinas y humanas, pero que al mismo tiempo desconociese los medios de agradar en sociedad, sería como esos cuerpos celestes que no brillan a nuestra vista por girar en lo más encumbrado del espacio; y su saber no alcanzaría nunca a cautivar nuestra imaginación, ni atraería aquellas atenciones que sólo nos sentimos dispuestos a tributar a los hombres, en cambio de las que de ellos recibimos.

31 – La urbanidad necesita a cada paso del ejercicio de una gran virtud, que es la paciencia. Y a la verdad, poco adelantaríamos con estar siempre dispuestos a hacer en sociedad todos los sacrificios necesarios para complacer a los demás, si en nuestros actos de condescendencia se descubriera la violencia que nos hacíamos, y el disgusto de renunciar a nuestras comodidades, a nuestros deseos, o a la idea ya consentida de disfrutar de un placer cualquiera.

32 – La mujer es merecedora de todo nuestro respeto y simpatía, por su importantísimo papel en la humanidad como esposa y sobre todo como madre. Su misión no se limita a la gestación y crianza física del ser humano, que por sí sola le importa tantos sacrificios, sino que su influencia mental y moral es decisiva en la vida del hombre.

33 – Piensen pues las jóvenes que se educan, la gran responsabilidad que Dios ha puesto en su vida. Ellas serán las sembradoras de las preciosas semillas de la moral y los nobles sentimientos; ellas darán a sus hijos la maravillosa ambición del saber.

Detrás de todo gran hombre hay casi siempre una gran mujer, llámese ésta madre o esposa. Dense cuenta, pues, de la gran importancia que tiene la cultura en la mujer, no solamente como adorno, sino como necesidad. El mejoramiento de la humanidad puede estar en las manos de las madres futuras con una sólida educación e instrucción apropiadas.

34 – La mujer debe ser esencialmente femenina y orgullosa de serlo. Su instrucción, educación y finos modales la ayudarán en la vida en familia tanto como en sociedad.

35 – Para llegar a ser verdaderamente cultos y corteses, no nos basta conocer simplemente los preceptos de la moral y de la urbanidad; es además indispensable que vivamos poseídos de la firme intención de acomodar a ellos nuestra conducta, y que busquemos la sociedad de las personas virtuosas y bien educadas, e imitemos sus prácticas en acciones y palabras.

36 – Pero esta intención y esta solución deben estar acompañadas de un especial cuidado en estudiar siempre el carácter, los sentimientos, las inclinaciones de los círculos que frecuentemos, a fin de que podamos conocer, de un modo inequívoco, los medios que tenemos que emplear para conseguir que los demás estén siempre satisfechos de nosotros.

37 – A veces los malos se presentan en la sociedad con cierta apariencia de bondad y buenas maneras, y aun llegan a fascinarla con la observancia de las reglas más generales de la urbanidad, porque la urbanidad es también una virtud, y la hipocresía remeda todas las virtudes. Pero jamás podrán engañar por mucho tiempo, a quien sepa medir con la escala de la moral los verdaderos sentimientos del corazón humano. No es dable, por otra parte, que los hábitos de los vicios dejen campear en toda su extensión la dulzura y elegante dignidad de la cortesía, la cual se aviene mal con la vulgaridad que presto se revela en las maneras del hombre corrompido.

38 – Procuremos, pues, aprender a conocer el mérito real de la educación, para no tomar por modelo

a personas indignas, no sólo de elección tan honorífica, sino de obtener nuestra amistad y las consideraciones especiales que tan sólo se deben a los hombres de bien.

39 – Pero tengamos entendido que en ningún caso nos será lícito faltar a las reglas más generales de la civilidad, respecto de las personas que no gozan de buen concepto público, ni menos de aquellas que, gozándolo, no merezcan, sin embargo, nuestra personal consideración. La benevolencia, la generosidad y nuestra propia dignidad, nos prohíben mortificar jamás a nadie; y cuando estamos en sociedad, nos lo prohíbe también el respeto que debemos a las demás personas que la componen.

40 – Pensemos, por último, que todos los hombres tienen defectos, y que no por esto debemos dejar de apreciar sus buenas cualidades. Aun respecto de aquellas prendas que no poseen, y de las cuales, sin embargo, suelen envanecerse sin ofender a nadie, la civilidad nos prohíbe manifestarles directa ni indirectamente que no se las concedemos. Nada perdemos, cuando nuestra posición no nos llama a aconsejar o a responder, con dejar a cada cual en la idea que de sí mismo tenga formada; al paso que muchas veces seremos nosotros mismos objeto de esta especie de consideraciones, pues todos tenemos caprichos y debilidades que necesitan de la tolerancia de los demás.

SUGERENCIAS DE COMPORTAMIENTO PARA LOS SUEGROS

1. Los suegros no deben visitar a la pareja sin llamar antes para preguntar si es momento oportuno o para confirmar la hora de llegada.
2. Nunca deben interferir en las decisiones de la pareja o en el manejo del hogar.
3. En todo momento deben abstenerse de hacer críticas.

Capítulo Segundo
DEL ASEO

I

Del aseo en general

1 – El aseo es una gran base de estimación social, porque comunica a todo nuestro exterior un atractivo irresistible, y porque anuncia en nosotros una multitud de buenas cualidades de que la pulcritud es un signo casi siempre infalible.

2 – El aseo contribuye poderosamente a la conservación de la salud, porque mantiene siempre en estado de pureza el aire que respiramos, y porque despojamos nuestro cutis de toda parte extraña que embarace la transpiración, favorece la evaporación de los malos humores, causa y fomento de un gran número de nuestras enfermedades.

3 – Nada hay, por otra parte, que comunique mayor grado de belleza y elegancia a cuanto nos concierne, que el aseo y la limpieza. Nuestras personas, nuestros vestidos, nuestra habitación y todos nuestros actos, se hacen siempre agradables a los que nos rodean, y nos atraen su estimación y aun su cariño, cuando todo lo encuentran presidido por ese espíritu de pulcritud que la misma naturaleza ha

querido imprimir en nuestras costumbres, para ahorrarnos sensaciones ingratas y proporcionarnos goces y placeres.

4 – Los hábitos del aseo revelan además hábitos de orden, de exactitud y de método en los demás actos de la vida; porque no puede suponerse que se practiquen diariamente las operaciones que son indispensables para llenar todas las condiciones del aseo, las cuales requieren cierto orden y método y una juiciosa economía de tiempo, sin que exista una disposición constante a proceder de la misma manera en todo lo demás.

5 – Los deberes que nos impone el aseo, no se limitan a nuestras personas y a lo que tiene relación con nosotros mismos, sino que se extienden a aquellos de nuestros actos que afectan o pueden afectar a los demás; pues sería grande incivilidad el excitar de algún modo el desaseo de los que nos rodean, no sólo con nuestras acciones, sino también con nuestras palabras.

6 – De la misma manera, sería una indignidad imperdonable, y además un hecho impropio de la honradez que debe reinar en todos nuestros actos, y contrario a la caridad y a la benevolencia, el poner poco esmero y cuidado en el aseo de lo que otra persona ha de tomar en sus manos o llevar a sus labios, cuando se halla ausente y debe por lo tanto suponerse confiado en nuestra buena fe y en la delicadeza de nuestra conciencia.

AL BAJAR DEL AUTOMÓVIL

Cuando el coche se detiene, el conductor desciende y pasa al otro lado para abrir la puerta de su pasajera. Le ofrecerá la mano derecha para que ella se apoye mientras él sostiene la puerta. Ella, sosteniéndose del brazo del caballero, girará en su asiento, colocará el pie derecho en el piso y se pondrá de pie.

II

Del aseo en nuestra persona

1 – El aseo en nuestra persona debe tener un papel importante en nuestras diarias ocupaciones; y nunca dejaremos de destinarle la suma de tiempo que nos reclame, por grande que sea la entidad y el número de los negocios a que vivamos consagrados.

2 – Así como no debemos nunca entregarnos al sueño sin alabar a Dios y darle gracias por todos sus beneficios, lo que podría llamarse asear el alma, tratando de despojarla por medio de la oración de las manchas que las pasiones han podido arrojar en ella durante el día, tampoco debemos entrar nunca en la cama sin asear nuestro cuerpo; no sólo por la satisfacción que produce la propia limpieza, sino a fin de estar decentemente prevenidos para cualquier accidente que pueda ocurrirnos en medio de la noche.

3 – Esto mismo haremos al levantarnos. Luego de que hayamos llenado el deber de alabar a Dios, y de invocar su asistencia para que dirija nuestros pasos en el día que comienza, asearemos nuestro cuerpo todavía más cuidadosamente que al acostarnos.

4 – El baño diario es imprescindible para conservar una limpieza perfecta. Se aconseja completarlo con un lavado general al final del día antes de irse a acostar, o viceversa; el baño en la noche y el lavado general por la mañana. Aunque no está de más decir que en verano y siempre que se tenga tiempo se puedan tomar dos o más baños.

5 – No nos limitemos a lavarnos la cara al tiempo de levantarnos: repitamos esta operación por lo menos una vez en el día, y además, en todos aquellos casos extraordinarios en que la necesidad así lo exija.

6 – El baño se debe suprimir sólo en caso de enfermedades y por decreto médico, en cuyo caso éste indicará en qué forma se hará el aseo.

7 – Un buen desodorante en las axilas después del baño diario es imprescindible para todo ser humano que no sea un niño. Esta es una regla inflexible para toda persona que no quiera ofender a sus semejantes.

8 – Como los cabellos se desordenan tan fácilmente, es necesario que tampoco nos limitemos a peinarlos por la mañana, sino que lo haremos además todas las veces que advirtamos no tenerlos completamente arreglados.

9 – Al acto de levantarnos debemos hacer gárgaras, lavarnos la boca y limpiar escrupulosamente nuestra dentadura interior y exteriormente. Los cuidados que empleemos en el aseo de la boca, jamás serán excesivos. Pero guardémonos de introducir el cepillo en el vaso, y de cometer ninguna de las demás faltas de aseo en que incurren las personas de descuidada educación al ejecutar estas operaciones.

10 – Después que nos levantemos de la mesa y siempre que hayamos comido algo, debemos limpiar cuidadosamente nuestra dentadura; pero siempre a solas. No hay espectáculo más feo, aun para las personas más íntimas, que el uso del escarbadientes o los dedos introducidos en la boca. Para eso existen las salas de baño, donde podremos asearnos a solas.

11 – El que se afeita debe hacerlo, si es posible, diariamente. Nada hay más repugnante que esa sombra que da a la fisonomía una barba renaciente, ni hay, por otra parte, en los hombres, un signo más inequívoco de un descuido general en materia de aseo.

12 – Nuestras manos sirven para casi todas las operaciones materiales de la vida, y son por lo tanto la parte del cuerpo que más expuesta se halla a perder su limpieza. Lavémoslas, pues, con frecuencia durante el día, y por de contado, todas las ocasiones en que tengamos motivo para sospechar siquiera que no se encuentran perfectamente aseadas.

13 – Siempre que hayamos ejecutado con las manos alguna operación que racionalmente pudiera suponerse haberlas hecho perder su limpieza, las lavaremos inmediatamente, aun cuando estemos segu-

ros de no haber así sucedido, especialmente si somos observados por alguna persona.

14 – Los que fuman, deben procurar impedir que sus dedos tomen esa mancha de un feísimo amarillo subido que va formando el humo, la cual no sólo da a las manos un mal aspecto, sino un olor verdaderamente insoportable.

15 – Las uñas deben recortarse cada vez que su crecimiento llegue al punto de oponerse al aseo; y en tanto que no se recorten, examínense a menudo, para limpiarlas en el momento en que hayan perdido su natural blancura. Suele usarse el dejarlas crecer demasiado, bien que conservándolas siempre aseadas; pero no encontramos a esto ningún objeto, ni menos agradable, y creemos por lo tanto injustificable la pérdida del tiempo que bajo esa costumbre se necesita emplear para prevenir constantemente el desaseo.

16 – Otros, por el contrario, se recortan las uñas con tal exceso, que llegan a lastimar la parte en que se encuentran fuertemente adheridas a los dedos. Esta costumbre que en nada contribuye al aseo ni a la comodidad, no da otro resultado que el ir disminuyendo la extensión natural de la uña, hasta dejar el dedo imperfecto y con una desagradable apariencia.

17 – Algunas personas suelen contraer el hábito de recortarse las uñas con los dientes, hasta el punto de hacerlo maquinalmente aun en medio de la sociedad. A más de producir esto el mismo mal indicado en el párrafo anterior, envuelve una grave falta de aseo, por cuanto así se impregnan los dedos de la humedad de la boca, con la cual el hombre verdaderamente fino y delicado no pone jamás en contacto otros cuerpos, que aquellos que sirven para satisfacer las necesidades de la vida.

18 – Es según esto contrario al aseo y a la buena

educación, el humedecerse los dedos en la boca para facilitar la vuelta de las hojas de un libro, la separación de varios papeles, o la distribución de los naipes en el juego.

19 – Todavía es más intolerable la conducta de algunas personas, que para limpiar una ligera mancha en una mano o en la cara, en lugar de emplear el agua se humedecen los dedos en la boca. ¿Qué impresión causarán todas estas personas a los que han de darles la mano después de haberlas visto ejecutar tales actos?

20 – Lo mismo debe decirse respecto de la costumbre de llevarse la mano a la boca al estornudar, toser, etcétera. De esta manera se conseguirá, sin duda, no molestar a las personas que están delante, pero la mano quedará necesariamente desaseada; y ambos males son evitados por medio del pañuelo, que es el único que debe emplearse en semejantes casos.

21 – No acostumbraremos llevar la mano a la cabeza, ni introducirla por debajo de la ropa con ningún objeto, y menos con el de rascarnos.

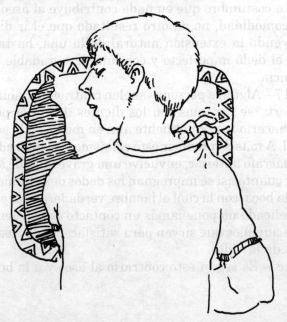

22 – También son actos asquerosos e inciviles el eructar, el limpiarse los labios con las manos después de haber escupido, y sobre todo el mismo acto de escupir, que sólo las personas poco instruidas en materia de educación creen imprescindible, y que no es más que un mal hábito que jamás se verá entre las personas verdaderamente cultas.

23 – Hay personas que al eructar acostumbran soplar fuertemente vueltas hacia un lado; lo cual es añadir una circunstancia todavía más repugnante y ridícula que el acto mismo. El que se ve en la desgraciada necesidad de eructar, debe proceder de una manera tan cauta y delicada, que las personas que están delante no lleguen nunca a percibirlo.

24 – Escupir en público es una grosería que se debe evitar; así como las carrasperas desagradables e innecesarias.

25 – Los vellos que nacen en la parte interior de la nariz deben recortarse cada vez que crezcan hasta asomarse por defuera; y los que nacen en las orejas deben arrancarse desde el momento en que se hagan notables.

26 – Procuraremos no emplear en otros usos el pañuelo que destinemos para sonarnos; llevando siempre con nosotros, si no nos es absolutamente imposible, otro pañuelo que aplicaremos a enjugarnos el sudor y a los demás usos que pueden ocurrirnos.

27 – No usemos más que una sola cara del pañuelo destinado a sonarnos. Cuando se emplean ambas indiferentemente, es imposible conservar las manos aseadas. Pero téngase presente que es sobre manera ridículo llevar el pañuelo, como lo hacen algunas personas para evitar aquel mal, con los mismos dobleces con que se plancha, abriéndolo cuidadosamente por un lado para sonarse, y volviéndolo a doblar para guardarlo.

28 – Hay quienes contraen el horrible hábito de observar atentamente el pañuelo después de haberse sonado. Ni ésta ni ninguna otra operación está permitida, en un acto que apenas hace tolerable una imprescindible e imperiosa necesidad.

29 – Es imperdonablemente asqueroso y contrario a la buena educación de escupir en el pañuelo; y no se concibe cómo es que algunos autores de urbanidad hayan podido recomendar uso tan sucio y tan chocante.

30 – Jamás empleemos los dedos para limpiarnos los ojos, los oídos, los dientes, ni mucho menos las narices. La persona que tal hace excita un asco invencible en los demás, ¡y cuánta no será la mortificación de aquellos que se ven después en el caso de darle la mano!

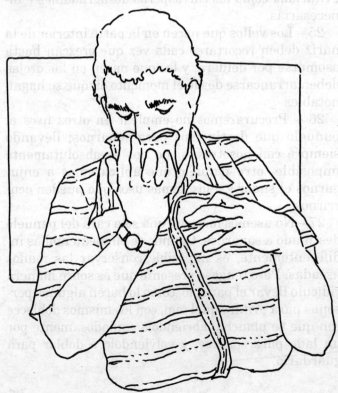

31 – No nos olvidemos de asearnos con un pañuelo ambos lagrimales tres o cuatro veces en el día, pues pocas cosas hay tan repugnantes a la vista como el humor que en ellos se deposita pasado cierto número de horas. Esta operación se ejecutará desde luego, aun cuando la hayamos ejecutado poco antes; siempre que se hayan humedecido nuestros ojos por la risa, el llanto o cualquiera otro accidente.

32 – También limpiaremos con el pañuelo tres o cuatro veces en el día los ángulos de los labios, donde suele igualmente depositarse una parte de la humedad de la boca que el aire solidifica y que hace muy mala impresión a la vista.

33 – No permitamos nunca que el sudor de nuestro rostro se eche de ver por los demás; enjuguémoslo constantemente con el pañuelo, y cuidemos igualmente de lavarnos la cara, cada vez que la transpiración se haya aumentado por algún ejercicio fuerte o por cualquiera otra causa, esperando para esto que el cuerpo haya vuelto a su natural reposo, pues hallándonos agitados, la impresión del agua podría comprometer nuestra salud.

34 – Cuando al acercarnos a una casa a donde vayamos a entrar, nos sintamos transpirados, enjuguémonos el sudor del rostro antes de llamar a la puerta; pues siempre será bien que evitemos en todo lo posible el ejecutar esta operación en sociedad.

PLATILLO	TIPO DE VINO	TEMPERATURA
Carnes rojas	Claretes	frío
y de caza	Zinfandel, Burdeos	frío
Carnes blancas	Chablis, Riesling, Rin	bien frío
y aves	Moselle, Sauternes	bien frío
Postres	Borgoña espumoso	bien frío
	Champaña, Asti spumanti	bien frío
Café	Oporto, Moscatel, Tokay	temp. ambiente
y sobremesa	Madeira, Marsala	temp. ambiente
	Coñac, Brandy, Cointreau	temp. ambiente
		(ver pág. 320)

III

Del aseo en nuestros vestidos

1 – Nuestros vestidos pueden ser más o menos lujosos, estar más o menos ajustados a las modas reinantes, y aun aparecer con mayor o menor grado de pulcritud, según que nuestras rentas o el producto de nuestra industria nos permita emplear en ellos mayor o menor cantidad de dinero; pero jamás nos será lícito omitir ninguno de los gastos y cuidados que sean indispensables para impedir el desaseo, no sólo en la ropa que usamos en sociedad, sino en la que llevamos dentro de la propia casa.

2 – La limpieza en los vestidos no es la única condición que nos impone el aseo: es necesario que cuidemos además de no llevarlos rotos ni ajados. El vestido ajado puede usarse dentro de la casa, cuando se conserva limpio y no estamos de recibo; mas el vestido roto no es admisible ni aun en medio de las personas con quienes vivimos.

3 – La mayor o menor transpiración a que naturalmente estemos sujetos y aquella que nos produzcan
nuestros ejercicios físicos, el clima en que vivamos y
otras circunstancias que nos sean personales, nos
servirán de guía para el cambio ordinario de nuestros vestidos, pero puede establecerse por regla general, que en ningún caso nos está permitido hacer este
cambio menos de dos veces en la semana.

4 – Puede suceder que nuestros medios no nos permitan cambiar con frecuencia la totalidad de nuestros vestidos; en este caso, no omitimos sacrificio alguno por mudar al menos la ropa interior. Si alguna
vez fuera dable ver con indulgencia la falta de limpieza en los vestidos, sería únicamente respecto de una

persona excepcional cuya ropa interior estuviese en perfecto aseo.

5 – Hay algunas personas que ponen gran esmero en la limpieza de aquellos vestidos que se lavan, y al mismo tiempo se presentan en sociedad con el traje o el sombrero verdaderamente asquerosos. La falta de aseo en una pieza cualquiera del vestido, desluce todo su conjunto, y no por llevar algo limpio sobre el cuerpo, evitamos la mala impresión que necesariamente ha de causar lo que llevamos desaseado.

6 – Asimismo descuidan algunos la limpieza del calzado a pesar de depender de una operación tan poco costosa y de tan cortos momentos; y es necesario que pensemos que esta parte del vestido contribuye también a decidir del lucimiento de la persona. La gente de sociedad lleva siempre el calzado limpio y con lustre, y lo desecha desde el momento en que el uso lo deteriora hasta el punto de producir mala vista, o de obrar contra el perfecto y constante aseo en que deben conservarse los pies.

7 – Las personas que por enfermedad se ven obligadas a sonarse con frecuencia, no deben conservar por mucho tiempo un mismo pañuelo. En los climas cálidos, el pañuelo destinado a enjugar el sudor debe también variarse a menudo.

8 – Cuando por enfermedad u otro cualquiera impedimento no hayamos podido limpiarnos la cabeza, cuidemos de que no aparezca sobre nuestros hombros la caspa que de ella suele desprenderse.

9 – No es reprobable la costumbre de llevar los vestidos, y sobre todo los pañuelos, ligeramente impregnados de aguas olorosas; mas adviértase que el exceso en este punto es nocivo a la salud, y al mismo tiempo repugnante para las personas con quienes estamos en contacto, especialmente cuando empleamos esencias o preparaciones almizcladas.

IV

Del aseo de nuestra habitación

1 – De la misma manera que debemos atender constantemente el aseo en nuestra persona y en nuestros vestidos, así debemos poner un especial cuidado en que la casa que habitamos, sus muebles y todos los demás objetos que en ella se encierren, permanezcan siempre en un estado de perfecta limpieza.

2 – Este cuidado no debe dirigirse tan sólo a los departamentos que habitualmente usamos, es necesario que se extienda a todo el edificio, sin exceptuar ninguna de sus partes, desde la puerta exterior, hasta aquellos sitios menos frecuentados y que están menos a la vista de los extraños.

3 – La entrada de la casa, los corredores y el patio principal, son lugares que están a la vista de todo el que llega a nuestra puerta; y por tanto deben inspeccionarse constantemente, a fin de impedir que en ningún momento se encuentren desaseados. Como generalmente se juzga de las cosas por su exteriori-

dad, un ligero descuido en cualquiera de estos lugares, sería bastante para que se formase una idea
desventajosa del estado de limpieza de los departamentos interiores, por más aseados que éstos se en-
contrasen.

4 – En el patio principal no se debe arrojar agua,
aun cuando ésta sea limpia, porque todo lo que inte-
rrumpe el color general del piso, lo desluce y hace
mala impresión a la vista. Las personas mal educadas acostumbran arrojar en los patios el agua en que
se lavan, y aun otros líquidos corruptibles o satura-
dos de diversas sustancias colorantes, los cuales, a
más de dejar duraderas manchas, producen mal olor,
y en su evaporación obran directamente contra la
salud.

5 – La limpieza del piso contribuye en gran manera al lucimiento de los edificios, a la conservación de
los muebles, y a ahuyentar los insectos y reptiles
cuya presencia es casi siempre un signo de suciedad y
de incuria. Deben, pues, conservarse los suelos en
perfecto aseo, sin exceptuar para esto los patios ni la
cocina.

6 – No hay ninguna habitación, ningún lugar de la
casa, que no reclame nuestros más exquisitos cuidados en materia de aseo y limpieza; pero consideremos
que si una pequeña falta puede alguna vez ser excusable en la parte interior, jamás lo será en la sala ni
en los demás puntos de recibo. Una mancha en nuestros vestidos tomada en un asiento, podrá ser imputada a nuestros sirvientes; en los vestidos de un
extraño, nos será siempre, y con razón, imputada a
nosotros.

7 – El aseo en las habitaciones no debe limitarse a
los suelos y a los muebles, es necesario que los techos,
las paredes, las puertas, las ventanas y todas las
demás partes del edificio, permanezcan en estado de
perenne limpieza.

8 – En cuanto a los dormitorios y demás aposentos interiores, cuidemos además de que en ellos corra el aire libre, en todas las horas en que la necesidad no nos obligue a mantenerlos cerrados. Esta regla de aseo es al mismo tiempo una prescripción higiénica, por cuanto la ventilación de los aposentos contribuye en gran manera a la conservación de la salud. Nada debe sernos por otra parte, más desagradable que un médico, o cualquiera otra persona a quien debemos dar entrada en ellos, tenga que pasar por la pena de echar de menos un ambiente puro.

9 – Por esto al levantarnos, cuando nuestro dormitorio se encuentra impregnado de las exhalaciones de los cuerpos durante la noche, sin que hayan podido disiparse por la renovación del aire, debemos apresurarnos a abrir puertas y ventanas, previas las precauciones necesarias a la salud, y tan luego como nos encontremos vestidos.

10 – No mantengamos ni un instante en nuestro aposento ningún objeto que pueda producir un olor desagradable. Por el contrario, procuremos conservar siempre en él alguna cosa que lisonjee el olfato, con tal que sus exhalaciones no sean nocivas a la salud, y que la pongamos fuera para dormir. El calzado inútil, los vestidos destinados a ser lavados, las aguas que han servido a nuestro aseo, etc., etc., descomponen la atmósfera y producen olores ingratos, que tan mal se avienen con la decencia y el decoro, como con las reglas higiénicas.

11 – Los vestidos de nuestra cama deben estar siempre aseados. Nuestras circunstancias particulares nos indicarán siempre los períodos ordinarios en que debamos mudarlos; pero jamás aguardemos a hacerlo obligados por su estado de suciedad.

12 – La cocina es una pieza en que luce muy especialmente el buen orden y la educación de una familia. Por lo mismo que en ella se ejecutan tantas operaciones que pueden fácilmente y a cada paso relajar el aseo, es más importante la supervigilancia que exige de las personas que dirigen la casa. Inconcebible es cómo el lugar destinado a preparar las viandas, se descuide a veces hasta el punto de que su aspecto produzca las más fuertes sensaciones de asco.

13 – El cuarto de baño debe estar siempre inmaculadamente limpio. Esto es muy fácil por los materiales especiales que entran actualmente en su construcción: loza, porcelana, materiales vinílicos, cromo, etc. Todos deben estar brillantes siempre.

14 – Una familia delicada y culta no permite que la parte exterior de su casa se encuentre nunca desaseada. Como la calle puede perder instantáneamente su limpieza, por muchas causas que es excusado enumerar, se hace indispensable que cada cual examine con frecuencia el frente de su habitación a fin de hacerlo asear cada vez que sea necesario.

15 – La cría de animales que no nos traen una utilidad reconocida, a más de ser generalmente un signo de la frivolidad de nuestro carácter, es un germen de desaseo, al cual tenemos que oponer un constante cuidado, que bien pudiéramos aplicar a objetos más importantes y más dignos de ocupar la atención y el tiempo de la gente civilizada.

16 – Nada es, por otra parte, más incivil que el tener expuesta a una visita a ser invadida por las caricias y retozos y aun por la cólera de un animal, y

a que haya de salir de nuestra casa con sus vestidos sucios, rotos o ajados, y acaso con una mordedura y otro accidente de este género que quebrante su salud. Cuando la necesidad nos obligue a conservar un animal, mantengámoslo en lugar apartado, fuera de la vista de las personas que nos visitan.

17 – La puntual observancia de estas reglas, nos libertará asimismo de incurrir en la falta, altamente inexcusable, de devolver asquerosa y deteriorada la casa que se nos ha confiado, si es que vivimos en casa alquilada, como lo hacen las personas mal educadas, y que tienen la desgracia de ignorar todo lo que deben a la decencia y a su propio decoro.

18 – Si hemos vivido como personas finas y delicadas, los que entren a habitar la casa que desocupamos, no necesitarán de asearla; y si hubieren de repararla, no será por cierto a consecuencia de daños que nosotros hayamos causado.

V

Del aseo para con los demás

1 – La benevolencia, el decoro, la dignidad personal y nuestra propia conciencia, nos obligan a guardar severamente las leyes del aseo en todos aquellos actos que en alguna manera están, o pueden estar, en relación con los demás.

2 – Debemos, pues, abstenernos de toda acción que directa o indirectamente sea contraria a la limpieza que en sus personas, en sus vestidos y en su habitación han de guardar aquellos con quienes tratamos, así como también de toda palabra, de toda alusión que pueda producir en ellos la sensación del asco.

3 – Jamás nos acerquemos tanto a la persona con quien hablamos, que llegue a percibir nuestro aliento; y seamos en esto muy cautos, pues muchas veces nos creemos a suficiente distancia del que nos oye, cuando realmente no lo estamos.

4 – Los que se ponen a silbar mientras combinan sus lances en el ajedrez y otros juegos de esta espe-

cie, se olvidan de que así cometen la grave incivilidad de arrojar su aliento sobre la persona que tienen por delante.

5 – Cuando no estando solos, nos ocurra toser o estornudar, apliquemos el pañuelo a la boca, a fin de impedir que se impregne de nuestro aliento el aire que aspiran las personas que nos rodean; y aun volvámonos siempre a un lado, pues de ninguna manera está admitido ejecutar estos actos con el frente hacia nadie.

6 – Evitemos, en cuanto nos sea posible, el sonarnos cuando estemos en sociedad; y llegado el caso en que no podamos prescindir de hacerlo, procuremos que la delicadeza de nuestros movimientos debilite un tanto en los demás la sensación desagradable que naturalmente han de experimentar.

7 – Siempre que por enfermedad nos veamos frecuentemente en la necesidad de sonarnos, escupir, etcétera, abstengámonos de concurrir a reuniones de etiqueta y aun de poca confianza, y evitemos recibir visitas de la misma naturaleza.

8 – El acto amistoso de dar la mano al saludar, puede convertirse en una grave falta contra el aseo que debemos a los demás, si no observamos ciertos miramientos que a él están anexos, y de los cuales jamás prescinde el hombre delicado y culto.

9 – En general, siempre que nos vemos en el caso de dar la mano, se supone que hemos de tenerla perfectamente aseada, por ser éste un acto de sociedad, y no sernos lícito presentarnos jamás delante de nadie sino en estado de limpieza.

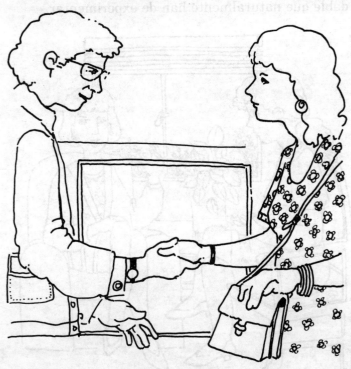

10 – Cuando por causa de algún ejercicio violento, o por la influencia del clima, o bien por vicio de nuestra propia naturaleza, nos encontremos transpirados, no alarguemos a nadie la mano sin enjugarla antes disimuladamente con un pañuelo. Las personas que con sus manos humedecen las ajenas, sin duda no conciben cuán ingrata es la sensación que producen.

11 – No basta que al dar nuestra mano estemos nosotros mismos persuadidos de su estado de limpieza; es necesario que los demás no tengan ningún motivo para sospechar siquiera que la tenemos desaseada. Así, cuando nos veamos en el caso de saludar a una persona que nos ha visto antes ejecutar con las manos alguna operación, después de la cual pudiera suponerse que no le fuese agradable el tocarlas, omitiremos aquella demostración, excusándonos de un modo delicado y discreto, aun cuando tengamos la seguridad de que nuestras manos se han conservado en perfecto estado.

12 – Guardémonos de alargar nuestra mano a la persona a quien encontremos ejecutando con sus manos alguna operación poco aseada, la cual, según las reglas aquí establecidas, se halla en el deber de excusar esta demostración.

13 – Cuando al entrar de visita en una casa se penetra hasta el comedor, lo cual no está permitido sino mediando una íntima confianza, no debe darse la mano a otras personas de las que se hallen en la mesa, que a los jefes de la familia; mas por lo mismo que éstos no pueden excusar un acto que peca contra el aseo, por cuanto han de continuar comiendo sin lavarse las manos, evitemos en todo lo posible el visitar a nuestros amigos a tales horas.

14 – Jamás brindemos a nadie comida ni bebida alguna que hayan tocado nuestros labios; ni platos u otros objetos de esta especie que hayamos usado; ni

comida que hayamos tenido en nuestras manos, si se exceptúan las frutas, cuya corteza las defiende de todo contacto.

15 – No sólo no pretenderemos, sino que no permitiremos nunca que una persona toque siquiera con sus manos, lo que de alguna manera se haya impregnado o pueda suponerse que se ha impregnado de la humedad de nuestra boca.

16 – No ofrezcamos a nadie nuestro sombrero, ni ninguna otra pieza de nuestros vestidos que hayamos usado, ni objeto alguno de los que tengamos destinados para el aseo de nuestra persona; y cuando nos veamos en el caso de ofrecer nuestra cama, cuidemos de vestirla enteramente de limpio.

17 – No contrariemos nunca a los demás en el cumplimiento de las reglas establecidas en los tres párrafos anteriores: sería una incivilidad el intentar beber en el vaso en que otro ha bebido, comer sus sobras, tomar en nuestras manos lo que ha salido de su boca, o servirnos de los vestidos que ha usado, por más que quisiéramos con esto manifestarle cordialidad y confianza.

18 – Es impolítico excitar a una persona a que tome con las manos una comida que deba tomarse con tenedor o cuchara, o que acepte ningún obsequio en una forma que de alguna manera sea contraria a las reglas aquí establecidas.

19 – Tan sólo obligados por una dura necesidad, usaremos de aquellos objetos ajenos, que naturalmente ha de ser desagradable a sus dueños el continuar usando.

20 – Las personas que desconocen las prudentes restricciones a que debe estar siempre sujeta la confianza en todos sus grados, acostumbran acostarse en las camas de sus amigos cuando los visitan en sus dormitorios. La sola consideración de que el dueño de una cama que hemos usado, haya de mudar los vesti-

dos de ésta después que nos retiramos, como en rigor debe hacerlo, es suficiente para que nos abstengamos de incurrir nunca en semejante falta.

21 – No toquemos con nuestras manos, ni menos con nuestros labios, ni con alguna cosa que haya entrado ya en nuestra boca, aquellos objetos que otro ha de comer o beber; y procuremos igualmente que los demás se abstengan, respecto de ellos, de todo acto contrario al aseo, de la misma manera que lo haríamos si estuviesen destinados para nuestro propio uso.

22 – No se deben aplicar jamás los labios al borde de la jarra de agua para beber. Siempre debe servirse ésta en un vaso antes de tomarla.

23 – No permitamos que otro, por ignorancia, tome en sus manos ni en su boca objeto que nosotros sabemos no debe tomar según las reglas aquí establecidas.

24 – Es incivilidad el tener a la vista aquellos objetos de suyo asquerosos, o que, sin serlo esencialmente, causan, sin embargo, una impresión desagradable a alguna de las personas que nos visitan; y todavía lo es más el excitar a otro a verlos o tocarlos con sus manos, sin que para ello exista un motivo a todas luces justificado.

25 – También es impolítico el incitar a una persona a que guste o huela una cosa que haya de producirle una sensación ingrata al paladar o al olfato. Y téngase presente que desde el momento en que se rehúsa probar u oler algo, sea o no agradable por su naturaleza, ya toda insistencia es altamente contraria a la buena educación.

26 – Si, como hemos visto, el acto de escupir es inadmisible en la propia habitación, ya puede considerarse cuánto no lo será en la ajena. Apenas se concibe que haya personas capaces de manchar de este modo los suelos de las casas que visitan, y aun

los petates y alfombras con que los encuentran cubiertos.

27 – Al entrar en una casa, procuremos limpiar la suela de nuestro calzado, si tenemos motivo para temer que a ella se hayan adherido algunas suciedades; y al penetrar en una pieza de recibo frotemos siempre el calzado en un ruedo o felpudo que encontraremos en la parte exterior de la puerta a fin de que nuestras pisadas no ofendan ni ligeramente al aseo de los suelos. En estas operaciones seremos todavía más prolijos y escrupulosos en tiempo de invierno, y siempre que hayamos transitado por lugares húmedos o enlodados.

28 – No nos sentemos nunca sin estar seguros de encontrarse el asiento enteramente desocupado; pues sería imperdonable descuido el sentarnos sobre un pañuelo, o sobre cualquiera otro objeto de esta naturaleza perteneciente a otra persona.

29 – No brindemos a nadie el asiento de donde acabemos de levantarnos, a menos que en el lugar donde nos encontremos no exista otro alguno. Y en este caso, procuraremos, por medios indirectos, que la persona a quien lo ofrecemos no lo ocupe inmediatamente; sin emplear jamás frase ni palabra que se refiera o pueda referirse al estado de calor en que se encuentra el asiento, pues esto no está admitido en la buena sociedad.

30 – Cuidemos de no recostar nuestra cabeza en el respaldo de los asientos, a fin de preservarlos de la grasa de los cabellos. Observando esta regla en todas partes, guardaremos el aseo que debemos a las casas ajenas, e impidiremos que los asientos de la nuestra inspiren asco a las personas que nos visitan.

31 – En general, tratemos siempre con extremada delicadeza todos los muebles, alhajas y objetos de adorno de las casas ajenas; evitando en todo lo posible el tocarlos con nuestras manos, pues esto se

opone a su estado de limpieza, y cuando menos, a su brillo y hermosura.

32 – Si es un acto de desaseo el tomar en la boca la pluma de escribir de nuestro uso, con mayor razón lo será el hacer esto con la pluma del bufete ajeno.

33 – De la misma manera, el humedecerse los dedos para hojear libros o papeles ajenos, es una falta de aseo que, por recaer sobre los demás, viene a ser aún más grave que la que sobre este punto hemos indicado antes, al hablar del aseo en nuestras personas.

34 – También es de gentes vulgares, el emborronar los papeles que encuentran en los bufetes de las personas que visitan. El hombre culto, no sólo no va a ensuciar así los papeles ajenos, sino que se abstiene severamente de acercarse, sin un motivo justificado, a otro bufete que el suyo propio.

35 – Por último, guardémonos de mezclar jamás en nuestra conversación palabras, alusiones o anécdotas que puedan inspirar asco a los demás, y de hacer relaciones de enfermedades o curaciones poco aseadas. La referencia a purgantes y vomitivos y a sus efectos, está severamente prohibida en sociedad entre personas cultas.

CUÁNDO DEBE PONERSE DE PIE

Generalmente se conoce que el hombre debe ponerse de pie cuando una dama regresa a la mesa o al sitio de reunión. Si el ponerse completamente de pie puede causar inconveniente para alguna otra persona, el hombre debe solamente levantarse parcialmente, únicamente para hacer notar su intención de cortesía. Si es un grupo bastante grande, los únicos que deben ponerse de pie son los caballeros que se encuentren sentados al lado de la dama que regresa o que acaba de llegar.

CAPÍTULO TERCERO

DEL MODO DE CONDUCIRNOS DENTRO DE LA CASA

I

Del método, considerado como parte de la buena educación

1 – Así como el método es necesario a nuestro espíritu para disponer las ideas, los juicios y los razonamientos, de la misma manera nos es indispensable para arreglar todos los actos de la vida social, de modo que en ellos haya orden y exactitud, que podamos aprovechar el tiempo, y que no nos hagamos molestos a los demás con las continuas faltas e informalidades que ofrece la conducta del hombre desordenado. Y como nuestros hábitos en sociedad no serán otros que los que contraigamos en el seno de la vida doméstica, que es el teatro de todos nuestros ensayos, imposible será que consigamos llegar a ser metódicos y exactos, si no cuidamos de poner

orden a todas nuestras operaciones en nuestra propia casa.

2 – El hombre desordenado vive extraño a sus propias cosas. Apenas puede dar razón de sus muebles y demás objetos que por su volumen no pueden ocultarse a la vista; en cuanto a sus libros, papeles, vestidos, y todo aquello que puede cambiar fácilmente de lugar y quedar oculto, su habitación no ofrece más que un cuadro de confusión y desorden, que causa una desagradable impresión a todos los que lo observan.

3 – Cuando vivimos en medio de este desorden, perdemos miserablemente el tiempo en buscar los objetos que necesitamos, los cuales no podemos hallar nunca prontamente; y nos vemos además en embarazos y conflictos cada vez que se nos reclama una prenda, un libro, un papel que se nos ha confiado, y que a veces no llegamos a descubrir por más que se encuentre en nuestro mismo aposento.

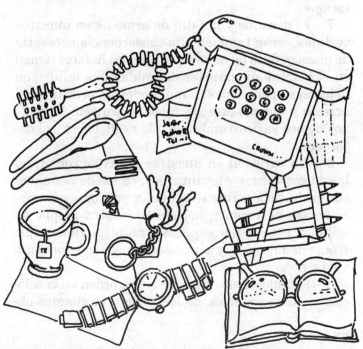

4 – La falta de método nos conduce a cada paso a aumentar el desorden que nos rodea, porque amontonamos los diversos objetos ya en un lugar, ya en otro; al buscar uno dejamos los demás todavía más embrollados y nos preparamos así nuevas dificultades y mayor pérdida de tiempo, para cuando volvamos a encontrarnos en la necesidad de removerlos.

5 – Asimismo, vivimos expuestos a sufrir negativas y sonrojos, pues las personas que conocen nuestra informalidad evitarán confiarnos ninguna cosa que estimen, y es seguro que no pondrán en nuestras manos un documento importante, ni objeto alguno cuyo extravío pudiera traerles consecuencias desagradables.

6 – Cuando no somos metódicos, la casa que habitamos no está nunca perfectamente aseada; porque los trastos desarreglados no pueden desempolvarse fácilmente, y el mismo esparcimiento en que se encuentran impide la limpieza y el despejo de las habitaciones.

7 – El desaliño y la falta de armonía en nuestros vestidos, serán también una consecuencia necesaria de nuestra falta de método; porque los hábitos tienen en el hombre un carácter de unidad que influye en todas sus operaciones, y mal podemos pensar en el arreglo y compostura de nuestra persona, cuando nos hemos ya acostumbrado a la negligencia y al desorden.

8 – La variedad en nuestras horas de comer, en las de acostarnos y levantarnos, en las de permanecer en la casa y fuera de ella, y consiguientemente en las de recibir, molesta a nuestra propia familia, a las personas que con nosotros tienen que tratar de negocios, y aun a los amigos que vienen a visitarnos.

9 – Establezcamos siempre cierto orden en la colocación de los muebles, de los libros y de cuantos ob-

jetos nos rodean. Guardemos las cartas y los demás papeles que debamos conservar, por el orden de sus fechas, y con arreglo a todas las circunstancias que nos faciliten encontrar prontamente los que necesitamos; y jamás tengamos a la vista aquellas cartas, papeles u otros objetos que se hayan puesto en nuestras manos con la intención, expresa o conjeturable, de que nosotros nada más los veamos.

10 – La exposición de las cartas que se nos dirigen, a la vista de cualquiera que entre a vernos, es no sólo contraria al método, sino que incluye una falta injustificable a la fe que en nosotros han depositado sus autores, aun cuando ellas no sean ni puedan considerarse de carácter reservado.

11 – Llevemos siempre una cuenta exacta en que aparezcan nuestras deudas, nuestras acreencias y nuestros gastos; y no veamos llegar jamás con tranquilidad el vencimiento de un plazo en que debamos pagar alguna cantidad, si no tenemos los medios de desempeñarnos. El primer descuido en que incurramos en materia de pagos, será el primer paso que demos hacia la pérdida de nuestro crédito; y no olvidemos nunca que ésta es una de las más grandes desgracias que puede acontecernos en la vida, si no fuere ella misma la mayor de todas.

12 – También llevaremos un *memorandum* en que anotaremos los encargos que se nos hayan hecho, las cartas que tengamos que escribir, las visitas que debamos hacer, los aplazamientos que hayamos aceptado, las reuniones a que debamos concurrir, y todos los compromisos de esta especie que hayamos contraído.

13 – La escrupulosa exactitud a que nos acostumbra el método en nuestra casa, nos hará cuidar de lo ajeno como de lo nuestro, devolver oportunamente y sin deterioro ni menoscabo lo que se nos ha prestado, concurrir adonde estamos invitados, a la hora

que se nos ha fijado; prepararnos con la debida anticipación para pagar lo que debemos, en el día señalado; y formando, en fin, en nosotros el hábito de la fidelidad en el cumplimiento de nuestros deberes y compromisos, nos evitará el hacernos gravosos y molestos a los demás, y nos dará crédito, estimación y responsabilidad.

14 – La vida es muy corta, y sus instantes corren sin jamás detenerse; así es que sólo en la economía del tiempo podemos encontrar los medios de que nos alcance para educarnos e ilustrarnos, y para realizar todos los planes que pueden hacerla útil a nosotros mismos y a la sociedad.

15 – Acostumbrémonos, pues, a proceder con método en todas nuestras operaciones, sobre todo en los trabajos mentales, los cuales ordenaremos de modo que no se confundan unos con otros; principiando nuestros estudios por las materias más elementales y menos difíciles, destinando horas diferentes para los de diferente naturaleza, buscando los medios de adquirir conocimientos con el menor empleo de tiempo que sea posible, y no recargándonos nunca con más estudios que aquellos que podamos hacer con un sólido provecho y sin fatigar nuestro entendimiento.

16 – Pero tengamos siempre muy presente que el exceso en el método, como en todo lo demás, viene a ser también un mal del que debemos apartarnos cuidadosamente. Es insoportable el trato con las personas que tienen sometidas a severas reglas las más insignificantes operaciones de la vida, especialmente el de aquéllas a quienes ninguna consideración social, ni accidente alguno, por grave que sea, las hace alterar nunca una sola de sus costumbres. Y es bien digno de notarse que los que así se conducen, son por lo regular personas tercas, caprichosas, y de un carácter duro e intolerante.

17 – En la mujer es el método acaso más importante que en el hombre; pues a más de serle a ella aplicables todas las observaciones que preceden, su destino la llama a ciertas funciones especiales, en que necesariamente ha de ser el método su principal guía, so pena de acarrear a su familia una multitud de males de alta trascendencia. Hablamos del gobierno de la casa, de la inmediata dirección de los negocios domésticos, de la diaria inversión del dinero, y del grave y delicado encargo de la primera educación de los hijos, de que depende en gran parte la suerte de éstos y de la sociedad entera.

18 – La mujer desordenada ofrecerá, en cuanto la rodea, el mismo cuadro que ofrece el hombre desordenado, con todas las desagradables consecuencias sociales que hemos apuntado. Pero ella no quedará en esto sólo; porque comunicando su espíritu de desorden a todo el interior de su casa, al desperdicio del tiempo se seguirá el desperdicio del dinero, al mayor gasto los mayores empeños, y a los empeños la ruina de la hacienda. Además, como las costumbres de la madre de familia se transmiten directamente a los hijos, por ser en su regazo donde pasan aquellos años en que se graban más fácilmente las impresiones, sus malos ejemplos dejarán en ellos resabios inextinguibles, y sus hijas, sobre todo, que a su vez llegarán también a ser madres de familia, llevarán en sus hábitos del desorden, el germen del empobrecimiento y de la desgracia.

EL USO DE LA ESCALERA

Las personas que bajan, por lo general, son las que deben ceder el lado del pasamanos a las que suben. El caballero que acompaña a una dama en una escalera demasiado angosta para ir a su lado, debe ir delante de ella al subir, para no dar la impresión de que va mirándole las piernas, y también al bajar, para tenderle la mano en el caso de que ella diera un paso en falso.

II

Del acto de acostarnos, y de nuestros deberes durante la noche

1 – Antes de entregarnos al sueño, veamos si podemos hacerlo sin que nos echen de menos los que en una enfermedad, o en un conflicto cualquiera, tienen derecho a nuestra existencia, a nuestros cuidados y nuestros servicios.

2 – Cuando nuestra familia o nuestros amigos más inmediatos están sufriendo, nada es más incivil e indigno que el que nosotros durmamos, y sólo un grave motivo podrá excusarnos del deber que tenemos de permanecer entonces a su lado.

3 – Estos cuidados se hacen extensivos a nuestros vecinos; y son más o menos obligatorios, según el grado de conflicto en que se hallan, y según que su comportamiento para con nosotros les haya dado más o menos títulos a nuestra consideración y a nuestro aprecio.

4 – Mas cuando seamos nosotros los que nos encontremos en conflicto, y en la necesidad del auxilio de

nuestros parientes y amigos, no aceptemos el de aquellos que nos lo ofrezcan a costa de su salud, con trastorno de sus intereses, sino en el caso de sernos absolutamente imprescindible.

5 – Al retirarnos a nuestro aposento debemos despedirnos cortés y afectuosamente de las personas de nuestra familia de quienes nos separamos en este acto; y en ningún caso dejarán de hacerlo los hijos de sus padres, los esposos entre sí, y los que duermen en un mismo aposento al acto de entregarse al sueño.

6 – Si habitamos con otras personas en una misma pieza, tendremos gran cuidado de no molestarlas en nada al acostarnos. Así, cuando hay la costumbre de dormir a oscuras, y ya otra ha tomado su cama, no conservaremos luz en la pieza por más tiempo del que sea absolutamente necesario para disponernos a tomar la nuestra.

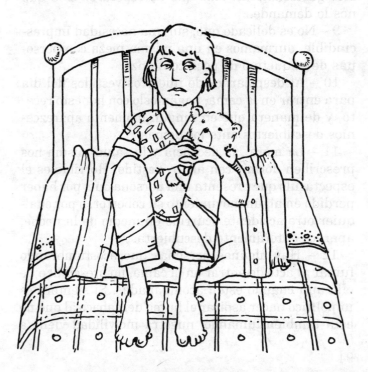

7 – Si al entrar en el aposento encontramos que ya alguno de nuestros compañeros está dormido, cuidaremos de no hacer ningún ruido que pueda despertarle o turbar su sueño. Ejecutaremos entonces todos nuestros movimientos en silencio, y si necesitamos alguna cosa que no podamos proporcionarnos nosotros mismos, saldremos a pedirla afuera y con voz baja.

8 – Cuando tengamos un compañero cuya edad o cualesquiera otras circunstancias le den derecho a nuestra especial consideración y respeto, aguardemos siempre a que haya tomado su cama para tomar nosotros la nuestra; excepto el caso en que una enfermedad u otro accidente nos obligue a precederle, o en que aquél haya de recogerse más tarde que de ordinario. Y si fuere un anciano o valetudinario, que necesite de auxilio en este acto, no sólo deberemos prestárselo gustosamente, sino que no esperaremos a que nos lo demande.

9 – No es delicado que, sin una necesidad imprescindible, durmamos en una misma pieza con personas de etiqueta o de poca confianza.

10 – Al despojarnos de nuestros vestidos del día para entrar en la cama, hagámoslo con honesto recato, y de manera que en ningún momento aparezcamos descubiertos ante los demás.

11 – La moral, la decencia y la salud misma nos prescriben dormir con algún vestido. Horrible es el espectáculo que presenta una persona que, por haber perdido en algún movimiento su cobertor, o por cualquier otro accidente ocurrido en medio de la noche, aparece enteramente descubierta.

12 – Hay algunas personas que acostumbrando fumar al acto de entrar en la cama, no prescinden de ello aun cuando estén acompañadas. Si siempre es impolítico hacer aspirar el humo del tabaco al que no está también fumando, nuestra incivilidad viene a

ser verdaderamente insoportable cuando hacemos esto en una pieza cerrada, donde habrá de formarse una atmósfera pesada y pestilente, y al mismo tiempo contraria a la salud.

13 – El ronquido, ese ruido áspero y desapacible que algunas personas hacen en medio del sueño, molesta de una manera intolerable a los que tienen la desgracia de acompañarlas. Este no es un movimiento natural y que no pueda evitarse, sino un mal hábito, que revela siempre una educación descuidada.

14 – Si en medio del sueño sobreviene algún accidente, por el cual se nos llame para preguntarnos algo o para exigir de nosotros algún servicio, pensemos que nada habría más incivil que mostrarnos desagradados y de mal humor, pues esto sería un amargo reproche para el que en este acto ha contado con nuestra amistad y benevolencia, y siente ya de antemano la pena de venirnos a molestar.

15 – Por nuestra parte, evitemos en cuanto sea posible el llamar al que duerme, no interrumpiendo su sueño sino por una grave urgencia. El que se ve de esta suerte inquietado por nosotros, medirá sin duda la importancia del motivo que a ello nos ha inducido; y aunque al encontrar que no ha sido bastante para justificar nuestra conducta, la civilidad le haga mostrarse tolerante y afable, no por eso habremos dejado de ser nosotros a más de inconsiderados, altamente inciviles.

16 – Cuando en el curso de la noche ocurra en el vecindario algún acontecimiento que ponga en peligro la vida o los intereses de alguna persona o familia, deberemos apresurarnos a prestarle nuestros auxilios, tomando antes aquellas medidas de precaución que sean indispensables para dejar en seguridad nuestra propia casa.

17 – Siempre que nos veamos obligados a desper-

tar a una persona para comunicarle algún acontecimiento desagradable o funesto, cuidemos de conducirla gradualmente y con exquisito pulso al punto en
que ha de experimentar las más fuertes sensaciones.
La sorpresa que nuestra precipitación le causaría, no
sólo nos haría culpables de incivilidad e imprudencia, sino que podría fácilmente ocasionarle una grave
enfermedad.

18 – Cuando estemos hospedados en un hotel,
tributaremos las debidas atenciones a los que se
encuentren en los vecinos aposentos, procurando especialmente no hacer ruido alguno que pueda perturbar su sueño. Los aposentos no están a veces di-
vididos sino por débiles tabiques, que no se elevan
a toda la altura de las paredes; y entonces deberemos pensar que la luz que tengamos, el humo del tabaco, y los objetos que exhalen olores fuertes,
también habrán de molestar a los huéspedes inmediatos.

19 – Podrá, asimismo, suceder que ocupemos nosotros una habitación alta que pise sobre otra; y en
este caso, no olvidemos que el sueño de las personas
que habitan en la parte baja, estará enteramente a
merced de nuestra civilidad. Todo ruido que llegue
abajo, todo golpe fuerte nos está prohibido; y nuestras pisadas, que evitaremos siempre en cuanto nos
sea posible, deberán ser tales que no conmuevan el
suelo.

20 – Aunque no hay persona alguna a quien no
se deban estos miramientos, los hombres han de ser
todavía más cuidadosos en guardarlos, siempre que
sean señoras las que ocupen los vecinos dormitorios; pues siempre será un deber del hombre culto el
poner mayor esmero y delicadeza en todos los actos
de consideración y respeto que se dirigen al bello
sexo.

III

Del acto de levantarnos

1 – Guardémonos de entregarnos nunca al rudo y
estéril placer de dormir con exceso, y no permanezcamos en la cama sino por el tiempo necesario para el
natural descanso.

2 – Mientras el hombre vive esa vida material de
los primeros años, su sueño no debe ser tasado, porque dirigido exclusivamente por la sabia naturaleza,
contribuye a su desarrollo físico y a su salud. Pasada
la infancia, el cultivo de su inteligencia le exige ya
parte del tiempo en que antes dormía, y su sueño no
debe exceder de ocho a nueve horas. Pero desde que
la plenitud de su razón y los estudios y ocupaciones
serias le dan entrada en la vida social, ya no le está
permitido permanecer en la cama por más de siete
horas.

3 – La costumbre de levantarnos temprano favorece nuestra salud porque nos permite respirar el
aire puro de la mañana; y contribuye poderosamente
al adelanto en nuestros estudios y demás tareas, porque la frescura del tiempo disipa en breve el sopor
en que despertamos, y comunica a nuestro entendi-

miento gran facilidad en las percepciones, y a nuestros miembros grande expedición y actividad para el trabajo.

4 – Después del sueño ordinario se encuentra renovado, digámoslo así, todo nuestro ser, por cuanto nos sentimos repuestos de las impresiones y fatigas del día; y claro es que si a tan feliz disposición para emprender nuestros quehaceres, se añade la benéfica influencia de una temperatura suave, nuestras operaciones serán mejor ejecutadas y más fructuosas, y las ideas que adquiramos serán más claras, distintas e indelebles.

5 – Ninguna persona existe que pueda considerarse exceptuada de estas reglas, porque a nadie le es lícito permanecer en la ociosidad.

6 – El que no está dedicado al estudio, debe estarlo al trabajo en alguna industria útil; y aquel que tiene la desgracia de no amar el estudio, y la fortuna de vivir de sus rentas, encontrará en la religión, en las buenas lecturas y en la sociabilidad, un vasto campo de ocupaciones en qué emplear honestamente el tiempo, durante las mismas horas que pueda pasar bajo el yugo del trabajo el más laborioso menestral.

7 – Al despertarnos, nuestro primer recuerdo debe consagrarse a Dios. Si no estamos solos, saludaremos en seguida afablemente a nuestros compañeros que estén ya despiertos, y tomaremos nuestros vestidos con el mismo recato con que los dejamos en la noche.

8 – Es signo de mal carácter y de muy mala educación, el levantarse de mal humor. Hay personas a quienes no puede hablarse en mucho rato después que han despertado, sin que contesten con displicentes monosílabos. Para el hombre bien educado no hay ningún momento en que se crea relevado del deber de ser afable y cortés; y si al levantarse tiene su ánimo afectado por algún disgusto, lo oculta cuidadosamente desde el momento en que alguno le dirige la palabra.

9 – Las mismas consideraciones que hemos guardado al acostarnos a las personas con quienes vivimos en un mismo aposento, les serán guardadas naturalmente al levantarnos; así es que si en este acto sucediere que aún duerme algún compañero, no turbaremos su sueño con ningún ruido ni de ninguna otra manera, ni abriremos puertas o ventanas de modo que el aire frío penetre hasta su cama, o la luz le hiera el rostro directamente.

10 – Pero el que duerme acompañado cuidará de no prolongar su sueño, sin un motivo legítimo, hasta llegar a embarazar las operaciones de los demás, pues

ésta no sería menor incivilidad que la de perturbarlos cuando son ellos los que están durmiendo.

11 – Cuando tengamos que levantarnos antes de la hora ordinaria, ya sea porque estemos de viaje, o por otro motivo cualquiera, no nos creamos autorizados para perturbar a los que duermen, con la bulliciosa preparación de nuestro equipaje, que ha debido quedar terminado en la noche, ni con el ruido excesivo que pueden ocasionar las diversas operaciones que hayamos de practicar para el aseo y compostura de nuestra persona, apertura de puertas, salidas de la casa, etc.

12 – Algunas personas se creen relevadas de estos cuidados cuando se encuentran en un hotel; así es que al levantarse para emprender viaje, alborotan el edificio, y despiertan y molestan a los demás huéspedes que permanecen en sus camas. Guardémonos de proceder así jamás, y tengamos presente que el que de esta suerte se conduce en un hotel, se despoja del derecho de ser a su vez considerado, y prueba que su civilidad, excluyendo a los extraños, no está fundada en la benevolencia, que es su verdadera base.

13 – Dispuestos ya para emprender un viaje de madrugada, despidámonos en la noche de las personas con quienes vivimos, sin dejar esto nunca para el acto de levantarnos; pues sólo cuando se trata de personas muy estrechamente ligadas por los vínculos de la sangre o de la amistad, dejará de ser incivil el que las despertemos para decirles adiós.

14 – Acostumbrémonos desde niños a arreglar nuestra cama, luego que en nuestra habitación haya corrido libremente el aire por algún rato.

15 – No salgamos nunca de nuestro aposento sin estar ya perfectamente vestidos; y no creamos que la necesidad de salir de improviso por un accidente

cualquiera, nos autorice para presentarnos mal cubiertos o en traje poco decente.

16 – La costumbre de tomar algún ligero alimento al levantarnos, a más de ser generalmente útil para la salud, contribuye a suavizar nuestro aliento, el cual no puede ser puro mientras no se pone algo en el estómago. Y téngase presente, que ningún cuidado ni sacrificio debemos ahorrar por conseguir la inestimable ventaja de tener siempre un buen aliento.

17 – Tan sólo los enfermos deben tomar el desayuno en la cama; los que gozan de salud lo harán después que se encuentren aseados y vestidos.

18 – Una vez que estemos en disposición de presentarnos delante de los demás, cuidemos de informarnos de la salud de nuestra familia. Semejantes actos de obsequiosa etiqueta, reconocen por móvil el afecto a las personas con quienes vivimos, y sirven para fomentar ese mismo afecto, y para hacer cada vez más grato y dulce el interesante comercio de la vida doméstica.

IV

Del vestido que debemos usar dentro de la casa

1 – Las leyes de la decencia y del decoro, así como también las de la etiqueta en su prudente aplicación a las relaciones íntimas, son las reguladoras de aquel desahogo y esparcimiento a que nos entregamos en el círculo de la familia; y por lo tanto en ellas debemos encontrar las condiciones del vestido que habremos de usar dentro de la propia casa.

2 – Nuestro vestido, cuando estamos en medio de las personas con quienes vivimos, no sólo debe ser tal que nos cubra de una manera honesta, sino que ha de constar de las mismas partes de que se compone cuando nos presentemos ante los extraños; con sólo aquellas excepciones y diferencias que se refieren a la calidad de las telas, a la severidad de las modas, y a los atavíos que constituyen el lujo.

3 – El vestido que usamos, además de limpio y sin ajaduras, debe estar de acuerdo con la hora y la ocasión en que nos encontramos.

4 – Las mujeres deben procurar no estar desaliñadas dentro de su casa ni aun para ejecutar las labores

domésticas. Se pueden usar vestidos o slacks apropiados, pero siempre con elegancia y buen gusto, que no reside en el lujo de la ropa, sino en la sobriedad y apropiada combinación de colores.

5 – La ropa para dormir debe seguir las mismas reglas anteriores. Su finura depende de las posibilidades económicas de las personas, no así su gracia y limpieza.

6 – Las visitas que recibimos en la sala deben encontrarnos en un traje decente y adecuado a la categoría y a las demás circunstancias de las personas que vienen a nuestra casa. Y como es tan fácil que nos sorprenda una visita de etiqueta en momentos en que recibimos una de confianza, será bien que nos hayamos presentado a ésta con un vestido que no sea impropio para recibir cualquiera otra.

7 – Aparte de los adornos de lujo, y el mayor esmero que ponemos siempre en nuestro aliño, y compostura para salir de nuestra casa, para recibir en ella visitas de etiqueta, puede establecerse que en lo general debemos recibir en el mismo traje en que visitamos.

8 – Cuando recibimos estando en cama por alguna enfermedad leve, debemos cuidar especialmente nuestro aspecto y el de la ropa de cama. Si el espectáculo que damos, a causa de la naturaleza de la enfermedad o debido a otra circunstancia, no es aceptable, es mejor abstenernos de recibir.

9 – En los hoteles, y en las casas particulares donde estemos hospedados, seremos todavía más estrictos y cuidadosos en todo lo que mira a la seriedad y decencia de nuestros vestidos.

10 – También debe ser objeto de nuestros cuidados el vestido que han de usar dentro de la casa los niños que nos pertenecen, no permitiendo jamás que permanezcan desnudos ni andrajosos. Cuando vemos a un niño en este estado, no nos ocurre ni puede ocurrirnos ningún cargo que hacer a aquel inocente; pero sí formamos, desde luego, una idea bien desventajosa de la educación de su familia.

REGLAS PARA LOS FUMADORES

Un hombre nunca debe prender un cigarrillo sin antes preguntar a las damas presentes si el olor a cigarrillo o el humo les molesta o les ofende. Tampoco es correcto que encienda un cigarrillo sin antes ofrecerle uno a todos los presentes. Nunca debe apagarse un cigarrillo ni desecharse la ceniza en un plato o taza, para esto debe usarse única y exclusivamente el cenicero, después de todo, para eso se han hecho. En caso de que no haya algún cenicero a mano, debe solicitar uno a su anfitriona. Un cigarrillo siempre debe apagarse completamente en el cenicero, no debe dejarse semiapagado, pues el humo suele ser muy molesto y desagradable para todos los presentes. Tampoco es correcto entrar en un restaurante o cualquier casa con un cigarrillo encendido.

V

Del arreglo interior de la casa

1 – La buena educación no brilla únicamente en las tertulias y en el comercio general de la sociedad, sino que se refleja en todo lo que nos rodea y se encuentra naturalmente bajo nuestra inmediata inspección y gobierno.

2 – Si examinamos una casa en todas sus interioridades, y encontramos que no hay en ella ningún lugar en que no se halle impreso el sello del orden, del método y de la elegancia, podemos desde luego asegurar que sus habitadores son personas finas y bien educadas.

3 – La sala es el punto general de recibo; y como teatro de toda especie de sociedad, debe estar montada con todo el rigor de la etiqueta. En ella no aparecerán nunca otros objetos que los que sirvan a la comodidad y al recreo de las visitas, los cuales estarán siempre dispuestos con orden y elegancia.

4 – Siempre que nuestras circunstancias nos lo permitan, evitaremos que la pieza que sigue a la sala sirva de dormitorio; y si no podemos evitarlo, cuidemos de que las camas no estén jamás a la vista. El tálamo nupcial ofrecido a las miradas de los que en-

tran a la sala, no podrá menos que considerarse por las personas cultas y juiciosas, como un signo de vulgaridad y mala educación.

5 – El arreglo de la casa revela siempre la personalidad e inclinaciones de sus dueños. Procuremos siempre que el tino y buen gusto guíen nuestros pasos en la elección de adornos y muebles; y si nuestros medios nos lo permiten contrataremos a decoradores profesionales de reconocido prestigio. Expliquémosles nuestras aficiones y necesidades y seguramente nuestra casa será un local bello, atrayente y sobre todo cómodo para vivir nosotros y recibir amigos.

6 – Se dice que la calidad de las pinturas que cuelgan en las paredes dan idea de la clara categoría de una casa y del buen o mal gusto de sus dueños. No hay nada más agradable, cuando se tiene una gran fortuna, que poseer cuadros pintados por grandes maestros; pero si éste no es nuestro caso, podemos reemplazarlos por buenas reproducciones o finos grabados procurando que el tema de éstos no se oponga o choque al uso que se le da a la habitación en que se encuentra.

7 – No hay que olvidarse de poner felpudos en todas las puertas de acceso a jardines o la calle; de esta manera se preservará mejor la limpieza de los pisos.

8 – En la entrada o vestíbulo debe ponerse un mueble o tener un closet para recibir los abrigos, sombreros, etc., de las visitas; en esta forma se evita el desorden de estos implementos desparramados por los demás cuartos de la casa.

9 – Los muebles y demás objetos que se encuentren en nuestro aposento, deben estar siempre ordenados y dispuestos de manera que hagan una vista agradable; nuestra cama, constantemente vestida y arreglada, nuestra ropa guardada, y la que no pueda

estarlo, acomodada en la mejor forma posible; y los enseres que sirvan a nuestro aseo y deban estar visibles, colocados en aquellos lugares en que puedan ser menos notados por las personas que hayan de penetrar hasta nuestro dormitorio.

10 – Debe ponerse un especial esmero en el orden y decencia de los aposentos que ocupan los criados, así por estimación hacia ellos, como por nuestra propia dignidad y decoro. Es imposible, por otra parte, que seamos servidos con exactitud, y sobre todo con aseo por personas que se acostumbren a vivir en el desorden, y a despreciar, en lo que personalmente les concierne, aquellas reglas que han de aplicar en nuestro servicio.

11 – En el lugar más conveniente de la parte interior de la casa, debe existir siempre un lavabo, junto con una toalla que se mude frecuentemente, para uso exclusivo de los criados. Si no se les proporciona esto, se verán obligados a permanecer con las manos desaseadas, y cuando se las laven, lo cual harán a veces con mengua del aseo de las vasijas y aguas destinadas a la preparación de las viandas, se las enjuagarán en las toallas de limpiar los cubiertos y demás utensilios de la mesa, si no lo hicieren en sus propios vestidos.

12 – Si tenemos niños u otras personas que por ignorancia o travesura puedan de alguna manera dañar el edificio, o menoscabar su mérito en su parte de ornato, es nuestro deber el contenerlos y sujetarlos a severas penas; pues bien fútil sería la excusa que en estos casos hiciéramos consistir únicamente en la irreflexión e imprudencia de nuestros hijos y domésticos.

13 – Réstanos declarar que del arreglo de la casa en general, es infinitamente más responsable la mujer que el hombre. La mujer consagrada especialmente a la inmediata dirección de los asuntos domés-

107

ticos, puede emplear siempre en oportunidad todos los medios necesarios para mantener el orden, e impedir que se quebranten las reglas que aquí recomendamos; al paso que el hombre, sobre quien pesa la grave obligación de proveer al sostenimiento de la familia, apenas tendrá tiempo para descansar de sus fatigas, y bien poca será la influencia que su celo pueda ejercer en la policía general del edificio.

14 – Mas esto no quiere decir que cuando las casas se hallan habitadas sólo por hombres, estén dispensados de los cuidados que exige el orden, pues la necesidad que los obliga a prescindir de los oficios de la mujer los pone igualmente en el caso de desempeñarlos por sí mismos.

VI

De la paz doméstica

1 – Por muy propicia que se nos muestre la fortuna en la marcha de nuestros negocios; por muy constante que sea nuestro estado de salud; por muy sólida que sea la paz pública en el país en que vivimos y por muy gratos que sean los momentos que pasemos en sociedad con los extraños, jamás podremos ser completamente felices, si el cielo no ha derramado entre nosotros las bendiciones de la paz doméstica.

2 – Las riñas y altercados entre los que viven bajo un mismo techo, amargan la existencia en su único refugio contra las constantes contradicciones y penalidades que ofrece el mundo, y arguyen siempre falta de educación y buenos principios, e ignorancia o desprecio de las leyes del decoro.

3 – El que por un accidente cualquiera de la vida doméstica se encuentra alguna vez desagradado, y es sorprendido en estos momentos por una visita, puede fácilmente sobreponerse a la alteración de su ánimo y presentarse con semblante sereno y afable; pero si la discordia interior devora constantemente su cora-

zón y le ha hecho habituales sus crueles impresiones, imposible le será componer repentinamente su rostro y suavizar toda su exterioridad, para aparecer con aquel aire de tranquilidad y contento que es la primera señal de buena acogida que ha de darse a los extraños.

4 – Las personas de una misma familia que se encuentran desacordadas no pueden jamás recibir dignamente a una visita. Aunque no estén en aquel momento bajo la impresión de un reciente disgusto, y puedan por lo tanto mostrarle respectivamente la necesaria afabilidad, su manera de tratarse entre sí habrá de revelar su desacuerdo; y la visita, al mismo tiempo que verá en esto un signo de mala educación, se sentirá fuertemente embarazada para tomar parte con libertad y acierto en la conversación, cuyo movimiento ha de ser irregular y enojoso, por cuanto no está basado en la armonía general y recíproca de todos los circunstantes.

5 – La discordia interior no puede ocultarse nunca a los domésticos, los cuales la transmiten fácilmente al conocimiento de los extraños; y el lamentable estado de una casa abandonada por la paz, y consiguientemente por la dignidad y el decoro, vendrá por este medio a hacerse público y retirar de ella las simpatías, la estimación y el trato de las personas juiciosas y bien educadas.

6 – La paz doméstica es el perfume delicioso que da animación y contento al círculo de la familia. Ella estrecha los lazos con que la naturaleza nos ha unido a nuestros parientes, fomenta aquel afecto, siempre sincero, que excluye todas las desconfianzas y nos entrega el más grato comercio de la vida, mitiga nuestras penas, nos brinda consuelos en medio de la adversidad, nos imprime hábitos de dulzura y benevolencia, y a su suave y apacible sombra podemos consagrarnos con nuestra familia al ejercicio de

todas las virtudes, y al ensayo de las prácticas que nos disponen a manejarnos dignamente en todas las situaciones sociales.

7 – Por el contrario, cuando la paz abandona nuestro hogar, cuando la odiosa discordia ha penetrado en el sagrado recinto de la familia, nuestra vida está cruelmente agitada por todos los dolores; pues si en el trato con la generalidad de los hombres y en medio del torbellino de los negocios, encontramos a cada paso contradicciones y sinsabores, en el asilo doméstico nos aguardan aún mayores sufrimientos. Endurécese entonces nuestro carácter, nuestros modales se hacen toscos e inciviles, y por muchos que sean los dones que la naturaleza nos haya favorecido, nuestra conducta social llevará siempre impreso el sello del mal humor, y aparecemos frecuentemente extraviados de las reglas de la urbanidad.

8 – No reservemos, pues, a la paz doméstica otros sacrificios que aquellos que se opongan a la moral, al decoro o a la dignidad personal. Ya vemos que sin ella no hay felicidad posible, ni consuelo en la desgracia, ni hábitos de buena educación; así es que en conservarla están interesados todos nuestros goces, el porvenir de nuestra familia, y la buena reputación a que debemos aspirar en la sociedad en que vivimos.

9 – El conocimiento y la práctica de los deberes morales, serán de un grande auxilio para la conservación de la paz en las familias. El respeto de los hijos a sus padres, de los sobrinos a sus tíos, de los hermanos menores a los mayores, y en general, de todos los inferiores a sus superiores, suavizará siempre el trato de unos con otros, e impedirá que en las pequeñas discusiones que se suscitan en la vida doméstica, se mezcle nunca aquel grado de calor, aquella acrimonia que hace tomar el carácter disociador y tempes-

tuoso de los groseros altercados. La benevolencia y el cariño que los superiores deben a los inferiores, no les permitirán abusar de su posición y emplear palabras ofensivas, que armen la ira de éstos y los conduzcan a usar de términos irrespetuosos. Y la tolerancia, en fin, que todos se deben entre sí, hará expirar en el seno de la paz todos aquellos arranques que haga nacer el choque de contrarias opiniones.

10 – Formemos en nosotros el hábito de ceder de nuestro derecho, siempre que nos veamos contrariados en materias de poca entidad, y aun en todas aquellas en que el sostener nuestra opinión no haya de traernos una ventaja de importancia, sino que por el contrario pueda llegar a irritar los ánimos de los demás y el nuestro propio.

11 – Pero al cortar una cuestión, procedamos con afable naturalidad, de modo que no aparezcamos como despreciando las opiniones de los demás, o como reconociendo en ellos un carácter terco y violento; pues de esta suerte renunciaríamos a obtener ninguna ventaja en la discusión, sin lograr por esto el bien de la compensación de la paz.

12 – Piense, por último, la mujer, que a ella le está encomendado muy especialmente el precioso tesoro de la paz doméstica. Los cuidados y los afanes del hombre fuera de la casa, le harán venir a ella muchas veces lleno de inquietud y de disgusto, y consiguientemente predispuesto a incurrir en faltas y extravíos, que la prudencia de la mujer debe prevenir o mirar con indulgente dulzura. El mal humor que el hombre trae al seno de su familia, es rara vez una nube tan densa que no se disipe al débil soplo de la ternura de una mujer prudente y afectuosa.

VII

Del modo de conducirnos con nuestra familia

1 – Nuestra conducta en sociedad no será nunca otra cosa que una copia en mayor escala de nuestras costumbres domésticas; así es que el hábito de ser atentos, respetuosos, delicados y tolerantes con las personas con quienes vivimos, hará resplandecer siempre en nosotros estas mismas cualidades en nuestras relaciones con los extraños.

2 – Si bien es cierto que la confianza que nos inspira el círculo de la familia es una fuente inagotable de los más puros goces, pensemos que, cuando se la entiende mal y se la exagera, se convierte en un escollo, en que fracasan las más importantes prescripciones de la urbanidad.

3 – Las personas ignorantes en materia de educación creen que la franqueza las autoriza para usar entre su familia de palabras y acciones verdaderamente indecorosas y ofensivas, las cuales relajan los resortes de la delicadeza, prostituyen la confianza, y abren siempre paso a la discordia, cuyo fuego amenaza tanto más de cerca las relaciones sociales, cuanto

113

mayor es la libertad que brinda la intimidad del trato, y menor la estimación y el respeto que lo presiden.

4 – Nuestras palabras y acciones tendrán siempre por regla y por medida el deseo de complacer a las personas que nos rodean, la firme intención de no ocasionarles ningún disgusto, y el deber de guardarles todos aquellos miramientos y consideraciones que la delicadeza exige.

5 – El respeto que deben los hijos a sus padres no excluye en manera alguna los dulces placeres de una confianza bien entendida. Por el contrario, aproximando sus corazones, se acrecentará y fortificará cada vez más su recíproco afecto, y nunca será un hijo más obediente y respetuoso, que cuando a los estímulos del deber haya de añadir los de una franca amistad.

6 – Pero si bien el padre ha de cuidar de no traspasar los límites de su autoridad, alejándose así la confianza del hijo, jamás le será lícito a éste el adquirir un grado de familiaridad tal que profane los sagrados deberes que la naturaleza y la moral le imponen.

7 – Nada puede haber más impropio que una discusión acalorada entre padres e hijos. Desde que la voz del padre no es por sí sola bastante respetable para imponer moderación y comedimiento al hijo, y tratándose de igual a igual se entregan juntos a los arranques de la ira, ya no hay dignidad en el uno, ni moral en el otro, ni buena educación en ninguno de los dos.

8 – El respeto que debemos a nuestros padres, se extiende a nuestros abuelos, a nuestros tíos y a nuestros hermanos mayores, en la gradación que ha establecido la misma naturaleza; y la intimidad del trato doméstico no nos excusa de tributárselos, bien que sin llevarlo hasta el punto de entibiar la cordialidad

y la franqueza que deben reinar en nuestras relaciones domésticas.

9 – La tolerancia es el gran principio de la vida doméstica. Si la diversidad de caracteres, inclinaciones y costumbres, hace nacer a cada paso motivos de desavenencia en el trato con los extraños, con quienes tan sólo nos reunimos ocasionalmente, ¿qué será en el trato con nuestra familia, con la cual vivimos en un constante e inmediato contacto? ¿Y si debemos ser tolerantes con los extraños, así por urbanidad como por la conservación del bien precioso de la paz, con cuanta más razón no deberemos serlo para con las personas de nuestra familia, en quienes no podemos suponer jamás la dañada intención de ofendernos?

10 – Suframos, pues, con afectuosa resignación y prudencia, las pequeñas contradicciones que hemos de encontrar a cada paso en el seno de la vida doméstica y ahoguemos al nacer todo germen de discordia que pueda venir a turbar más adelante la armonía y la paz que, como ya hemos dicho, son el fundamento del orden, el contento y el bienestar de las familias.

11 – Es un signo de mala educación el conservar en la memoria las palabras y acciones desagradables que en los ligeros desacuerdos de familia se hayan empleado; y no es menos incivil el echarlas en cara a sus autores como un medio de ataque o de defensa en ulteriores altercados o discusiones.

12 – La confianza no nos autoriza para usar de los muebles y demás objetos pertenecientes a las personas con quienes vivimos, sean éstas quienes fueren, sin previo permiso, y sin asegurarnos de antemano de que no vamos a hacer una exigencia indiscreta, por cuanto el dueño de lo que necesitamos puede también necesitarlo.

13 – Por regla general, jamás usaremos ni pretenderemos usar de aquellos objetos que sirven a los demás para el aseo de su persona. Sólo entre familias mal educadas se cree que es cosa lícita, y aun una prueba de unión y de confianza, el servirse de los peines, de las navajas de afeitar, de las tijeras de recortar las uñas, y de los demás muebles de esta especie que entre la gente culta conserva cada cual para su uso exclusivo.

14 – Tampoco nos es lícito pedir a otro sus vestidos, los cuales son igualmente de uso exclusivo. Tan sólo es permitido entre madres e hijas y entre hermanas, el prestarse aquellos objetos de puro adorno, como cadenas de oro, zarcillos, brazaletes, etcétera, y esto en los casos en que la necesidad lo haga absolutamente imprescindible.

116

15 – No hagamos variar nunca las cosas que no nos pertenecen de los lugares en que cada uno las ha colocado. Siempre es desagradable echar de menos lo que se busca, y que acaso se necesita encontrar inmediatamente para usos urgentes; pero debemos considerar además que toda variación de esta especie produce un trastorno de más o menos entidad, el cual trae consigo una pérdida de tiempo que jamás debe el hombre bien educado ocasionar a nadie.

16 – Acostumbremos dejar siempre las cosas ajenas de que nos sirvamos en la misma situación en que las encontremos; y cuando fuera de nuestro aposento nos veamos obligados por una necesidad justificada a abrir o cerrar puertas o ventanas, o a hacer variar la colocación de un mueble u otro objeto cualquiera, no olvidemos restituirlo todo a su anterior estado tan luego como haya cesado aquella necesidad.

17 – No entremos jamás a ningún aposento, aun cuando se encuentre abierto, sin llamar a la puerta y obtener el correspondiente permiso. Esta regla es todavía más severa, cuando se trata de los departamentos en que habitan personas de otro sexo, en los cuales, por otra parte, procuraremos no penetrar sino en casos de urgencia.

18 – De la misma manera evitaremos en todo lo posible penetrar en los ajenos dormitorios antes de haberse éstos ventilado, pues no gozándose entonces en ellos de un aire puro, nuestra presencia habrá de mortificar necesariamente a las personas que los habitan.

19 – La dignidad y el decoro exigen de nosotros que procuremos no llamar la atención de nadie antes ni después de entregarnos a aquellos actos que, por más naturales e indispensables que sean, tienen o pueden tener en sí algo de repugnante.

117

20 – Siempre que alcancemos a ver a una persona que por creerse sin testigos se encuentre mal vestida, o en una disposición cualquiera en que debemos pensar que le sería mortificante el ser observada, apartemos nuestra vista y alejémonos de aquel sitio con discreto disimulo. Pero cuidemos mucho de manifestar con la naturalidad de nuestros movimientos que nada hemos visto, pues un aire de sorpresa o de mal fingida distracción, causaría a aquella persona la misma mortificación que tratáramos de evitarle. Esta regla es aún más importante respecto de personas de distinto sexo, especialmente cuando es el pudor de una mujer el que ha de contemplarse.

21 – Entre gentes vulgares suele creerse que estas reglas pierden su severidad, siempre que han de ser observadas entre esposos, entre padres e hijas, y entre hermanos y parientes de diferente sexo. Es gravísimo error. Las leyes de la moral y de la urbanidad no reconocen grados de parentesco, ni establecen excepción ninguna, cuando se trata de los miramientos que se deben al pudor y a la decencia; así es que las contemplaciones que en tales materias obligan a un hombre respecto de una mujer extraña, son exactamente las mismas que ha de usar el padre con su hija, el esposo con su esposa, el hermano con su hermana.

22 – Por lo mismo que es en el círculo de la familia donde gozamos de la mayor suma de libertad que está concedida al hombre en sociedad, debemos vivir en él más prevenidos para evitar toda falta contra el decoro, todo abuso de confianza, todo desliz que en alguna manera pueda ofender los fueros de la decencia y las mismas delicadezas del pudor y del recato.

SOBRE LA CONVERSACIÓN

Durante cualquier conversación, debe procurar mostrar atención a lo que dice la otra persona. No hay nada más desagradable y que demuestre poco tacto que la persona a la que se le habla no haga más que mirar hacia todas partes y parezca estar atenta de todo lo que ocurre alrededor. Esto causa la impresión de que no nos está prestando la más mínima atención, y como es natural, ocasiona mucha incomodidad. Otro detalle importante para recordar durante cualquier conversación, es que debe evitarse tomar puntos de vista demasiado opuestos en relación con cualquier tema. Especialmente en conversaciones sobre sexo, religión y política, ya que estas son sumamente delicadas y pueden ocasionar discusiones muy acaloradas que provocarán un disgusto. Reservemos nuestras opiniones para el momento oportuno o para expresarlas a personas de suma confianza, que comparten puntos de vista similares a los nuestros o que sabemos pueden comprenderlos, si no compartirlos.

VIII

Del modo de conducirnos con nuestros domésticos

1 – Procuremos que a las consideraciones que nos deben nuestros domésticos por nuestra posición respecto de ellos, se añada el agradecimiento y el cariño por el buen trato que de nosotros reciban.

2 – La intolerancia para con los domésticos es tanto más injusta cuanto que en general son personas a quienes la ignorancia conduce a cada paso al error. Si debemos ser indulgentes y benévolos para con aquellos que desde la niñez se han nutrido con los más elevados principios, y a los cuales estos principios y el inmediato contacto con las personas cultas obligan a un proceder recto y delicado, con mayor razón deberemos serlo para con aquellos que no han podido recibir una educación esmerada.

3 – Guardémonos de dirigir habitualmente la palabra a nuestros domésticos en ese tono imperioso y duro que ni nos atrae mayor respeto, ni comunica mayor fuerza a nuestros mandatos: tolerémosles sus faltas leves; y al corregirlos por las que sean de naturaleza grave, no confundamos la energía con la ira, ni la severidad con la crueldad.

4 – Jamás reprendamos a nuestros domésticos delante de los extraños. De este modo los sonrojamos y gastamos en ellos el resorte de la vergüenza, y faltamos además a la consideración que debemos a los que vienen a nuestra casa, haciéndoles sufrir la desagradable impresión que producen siempre tales escenas en los que las presencian.

5 – No echemos nunca en cara a nuestros domésticos, al reprenderlos, sus defectos o deformidades naturales. Desde el momento en que el hombre no es dueño de corregir sus defectos, la caridad nos prohíbe recordárselos con el solo objeto de mortificarles.

6 – Jamás empleemos la sátira, y mucho menos la ironía, para reprender a nuestros domésticos, pues por ese medio no conseguiremos nunca llegar a corregir sus defectos.

7 – Tengamos, por otra parte, como una importante regla, que no todas las faltas deben reprenderse. En medio de las atenciones de que están rodeados nuestros domésticos, y de la imprevisión a que generalmente los sujeta su ignorancia, muchos son los errores en que incurren, que por su poca entidad no merecen otra cosa que una leve insinuación, o más bien nuestra indulgencia; y si hubiéramos de reñirles por todos ellos, los acostumbraríamos al fin a mentir, pues negarían muchas veces sus propios hechos para sustraerse de nuestras reconvenciones, desvirtuaríamos la fuerza de nuestra voz, y nos condenaríamos a una agitación constante que turbaría completamente nuestra propia tranquilidad.

8 – Cuando nuestros domésticos se encuentren enfermos rodeémoslos de toda especie de cuidados, y no demos nunca lugar a que crean con fundamento que hemos apreciado en poco su vida o su salud.

EL COMPORTAMIENTO EN LA MESA

Durante la cena, ningún invitado debe dirigirse solamente a una persona, sino que su conversación debe estar dirigida hacia todos. También es conveniente que se traten temas que puedan resultar interesantes no sólo a los hombres, sino también a las mujeres presentes. De este modo, la cena y la conversación resultarán animadas y amenas.

En una cena formal nunca se sirve más comida a los invitados, pues se asume que el primer servicio ha sido suficiente para satisfacerlos. Lo único que es permisible repetir es el postre y los vinos o tragos que se ofrezcan durante o después de la cena.

Tampoco es buena costumbre rechazar un plato. Si el invitado tiene una dieta estricta o no le agrada alguna comida, debe comer poco y actuar como que lo está disfrutando para pasar inadvertido. Aunque no coma mucho, al menos participa en la cena y en la conversación, y acompaña a los demás comensales. En Francia, y en casi todas partes de Europa, es correcto usar un pedacito de pan para empujar la comida, pero esto no es así en Inglaterra. Nunca debe usarse el dedo para este propósito.

IX

Del modo de conducirnos con nuestros vecinos

1 – El que llega a una nueva vivienda debe ofrecerse a sus amigos, vecinos; y respecto de las demás personas que moren en los alrededores, debe dejar al tiempo, a las circunstancias, y al conocimiento que vaya adquiriendo de su carácter y sus costumbres, el entrar con ellas en relaciones especiales de amistad.

2 – No es admisible el uso de ofrecerse indistintamente a los que ocupan las casas inmediatas a aquella que se entra a habitar; pues de esta manera o han de cultivarse relaciones que pueden ser inconvenientes, o se contrae la enemistad de aquellas personas cuyo trato se abandone después de haberlas conocido.

3 – Cuando un extranjero recién llegado al país venga a habitar en los contornos de nuestra casa, y siendo nuestra posición social y todas nuestras circunstancias personales análogas a las suyas, creamos que podemos servirle de alguna utilidad o deseemos adquirir su amistad, nos está permitido ofrecérnosle, aunque no haya conocin iento anterior.

4 – Los ofrecimientos a que se refieren los párrafos anteriores, se harán por la señora de la casa tan sólo cuando no tenga marido, pues teniéndole, es a él a quien corresponde hacerlos a su nombre y al de su familia.

5 – Los que moran en edificios cercanos entre sí deben considerarse, bajo muchos respectos sociales, como si formasen una misma familia, y guardarse recíprocamente todos los miramientos que están fundados en la benevolencia y tienen por objeto principal el no ofender ni desagradar a aquellos con quienes se vive.

6 – Es un principio absoluto, y precisamente el que sirve de base a las sociedades humanas, que los derechos de que goza el hombre sobre la tierra tienen naturalmente por límite el punto en que comienzan a ser dañosos a los demás. El derecho, pues, que nos da la propiedad o arrendamiento de un edificio para proceder dentro de él de la manera que más nos plazca o nos convenga, está circunscrito a aquellas acciones que en nada se oponen a la tranquilidad de nuestros vecinos, ni a las consideraciones que les debemos cuando se hallan bajo la impresión del dolor o de la desgracia.

7 – No permitamos que los niños que nos pertenecen salgan a la calle a formar juegos y retozos, que necesariamente han de molestar a nuestros vecinos. Los niños de las familias bien educadas jamás se encuentran vagando por las calles, ni se entregan en ellas a sus recreaciones, ni en las que tienen dentro de su casa levantan alborotos que puedan llegar a las casas contiguas.

8 – Igual cuidado debemos tener respecto de aquellos animales que solemos tener la debilidad de criar y mantener en nuestra casa, y que se sitúan en las ventanas como los papagayos, o salen a la calle como los perros, a molestar a los vecinos.

9 – En cuanto a los animales, debemos observar que no es necesario que salgan a las ventanas o a la calle para que molesten a nuestros vecinos. Dentro de nuestra propia casa pueden hacer un ruido tal que llegue a las casas inmediatas, cuyos moradores no están ciertamente en el deber de sufrir semejante incomodidad.

10 – A veces situamos los animales que a nosotros mismos nos molestan en la parte más retirada de la casa, como lo hacemos con los perros, que atamos en el corral, pero pensemos que si de este modo alejamos de nosotros la incomodidad, es posible que sean nuestros vecinos los que han de sufrirla.

11 – Es sobre manera impolítico el tocar constantemente un instrumento en la sala con las ventanas abiertas, o en cualquier otro lugar en que los sonidos hayan de transmitirse a las casas vecinas. Tan sólo podemos hacerlo en las horas ordinarias de tertulia y eso cuando lo que ejecutemos sean piezas cuyas dificultades hayamos ya vencido; pues para los ejercicios de puro estudio deberemos retirarnos a algún sitio interior de la casa, o cerrar las ventanas de la sala, si no podemos menos que practicarlos en ella.

12 – Los cuidados que hemos de emplear para no molestar a nuestros vecinos deben ser todavía mayores respecto de los que habitan las casas más inmediatas a la nuestra, especialmente en la noche, en que tan fácilmente podríamos perturbar su sueño con el más ligero ruido.

13 – Guardémonos de recurrir a nuestros vecinos para que nos presten muebles, ni ningún otro objeto que podamos proporcionarnos con el dinero, o por medio de nuestros íntimos amigos; con la única excepción de los casos en que nos encontremos en algún conflicto.

14 – No es propio de personas bien educadas dirigir desde su casa miradas escudriñadoras a las casas inmediatas, ni salir a sus ventanas a imponerse de algún suceso escandaloso que en ellas ocurra.

15 – Cuando en una familia vecina ocurre un accidente desgraciado, debemos apresurarnos a ofrecerles nuestros servicios, si tenemos fundados motivos para creer que le sean necesarios.

16 – Siempre que llegue a nuestro conocimiento la noticia de la proximidad de un peligro común, debemos participarlo a nuestros vecinos, en toda la extensión que nos permita la premura del tiempo, y la necesidad de atender a nuestra propia seguridad.

17 – Cuando sabemos que en una casa próxima a la nuestra hay un enfermo de gravedad debemos ofrecer a su familia nuestros servicios, si creemos que puede necesitarlos, informarnos con la posible frecuencia de su estado, y omitir en nuestra casa toda fiesta, toda demostración bulliciosa de contento, tal como el baile, el canto, o el sonido de algún instrumento musical.

18 – Cuando prolongándose la gravedad por muchos días, y no estando la casa del enfermo muy próxima a la nuestra, nos veamos en la necesidad de entregarnos a ejercicios musicales por vía de estudio, podremos hacerlo, retirándonos para ello a la parte interior del edificio; mas de ninguna manera lo haremos en el día en que el enfermo haya recibido el viático.

19 – Muerto un vecino, no sólo no deberemos tener una fiesta en nuestra casa, sino que no cantaremos, ni tocaremos ningún instrumento en los días inmediatos; prolongándose estas privaciones hasta por ocho días, según la distancia a que nos encontremos de la familia dolorida, sus circunstancias especiales, y las consideraciones personales que le debemos.

20 – En general, toda demostración de alegría en nuestra casa nos está severamente prohibida en los momentos en que nuestros vecinos se encuentran bajo la impresión de un acontecimiento infausto; procediendo en los diferentes casos que pueden ocurrir con arreglo a los principios aquí establecidos, y a lo que aconseje la prudencia, atendidas las circunstancias indicadas en el párrafo anterior.

21 – Observaremos por conclusión que las consideraciones entre vecinos son todavía más imprescindibles que las que deben guardarse los hombres bajo los demás respectos sociales. Fácil es apartarse de aquellos círculos donde se experimentan desagrados,

y aun renunciar a aquellas relaciones que pueden sernos perjudiciales; mas no es lo mismo el huir de un lugar en que se hace insoportable la conducta de los vecinos, abandonando acaso el edificio que se ha construido, para vivir, desacomodando una familia entera, y sometiéndose a todos los trastornos que ocasiona el mudar de residencia.

SUGERENCIAS PARA EL HOGAR Y LA FAMILIA

Etiqueta es buenos modales, es decir, una muestra externa y visible de generosidad y calor humano. No son simplemente reglas o tabúes que están basados en costumbres, convenciones o tradición. En el hogar nunca deben descuidarse los modales y los padres son los encargados de dar siempre un buen ejemplo de armonía, tolerancia, consideración, discreción y buenos modales en general. He aquí unas reglas que pueden contribuir:

1. La familia siempre debe estar en primer lugar.
2. Todos deben presentarse a la mesa con puntualidad para las comidas.
3. Los favores deben pedirse con una palabra de cortesía: "por favor"; y siempre debe mostrarse agradecimiento: "gracias", "muy agradecido".
4. Deben reconocerse los méritos de cualquier labor excepcional por parte de otro miembro de la familia. Ej.: cuando la mamá prepara una cena extraordinaria o cuando un miembro de la familia se ha sacrificado de algún modo por complacer a otro.
5. Todos deben arreglarse y asearse antes de ir a la mesa.
6. Si algún perro, gato o mascota causa algún daño o contratiempo, el dueño del animal debe hacerse responsable de indemnizar o reponer el daño.
7. No debe fumar en la mesa.
8. Cada miembro de la familia debe dejar el baño tan ordenado o pulcro como se lo encontró.
9. Deben respetarse las propiedades ajenas y no usar nada que pertenezca a otra persona, por más confianza que se tenga, sin preguntar o pedir permiso.
10. Se toca a la puerta antes de entrar en cualquier habitación.
11. Debe respetarse la correspondencia de otros, así como la privacidad de los demás miembros de la familia.

X

Del modo de conducirnos cuando estamos hospedados en casa ajena

1 – Evitemos, en cuanto nos sea posible, el hospedarnos en las casas de nuestros amigos, especialmente de aquellos a quienes hayamos de ser molestos o gravosos, ya por la escasez de su fortuna, que los tendrá quizá reducidos a necesidades interiores, de que siempre es mortificante se impongan los extraños; ya porque esta misma escasez no les permita obsequiarnos debidamente sin hacer algún sacrificio; ya en fin, porque no teniendo aposentos desocupados, hayan de desacomodarse ellos mismos para darnos alojamiento.

2 – Es tan sólo propio de personas vulgares e inconsiderables el ir a permanecer de asiento en las casas de campo a donde se trasladan sus amigos para mudar de temperamento y reponer su salud. El que toma una de estas casas con tal objeto lo hace generalmente después de haber pasado por todos los quebrantos y sacrificios de que trae consigo una enfermedad; y aun cuando así no sea, sus gastos han de aumentarse necesariamente, y siempre le serán gravosos los que se vea obligado a hacer para obsequiar a

129

sus huéspedes. Y téngase presente que estas consideraciones deben obrar en nuestro ánimo para retraernos, no sólo de ir a habitar en las casas de nuestros amigos convalecientes, sino de hacerles visitas a horas en que los pongamos en el caso de sentarnos a su mesa.

3 – También pueden nuestros amigos trasladarse temporalmente a una casa de campo, no ya para tomar aires, sino con el objeto de descansar de sus fatigas y solazarse; y aunque es natural que cuenten entonces con recibir frecuentes visitas y que presupongan los gastos necesarios para obsequiarlas, en todo lo que sea ponerlos en el caso de prepararnos habitación y sentarnos a su mesa, la delicadeza nos prohíbe hacer otra cosa que ceder prudente y racionalmente a sus insistencias.

4 – Supuesta la necesidad imprescindible de hospedarnos en la casa de un amigo, procuraremos permanecer en ella el menos tiempo que nos sea posible, sobre todo si ello ha de obligarle a aumentar considerablemente sus gastos, o si se ha visto en la necesidad de privarse del uso de algunas habitaciones que haya desocupado únicamente para recibirnos.

5 – Las personas de buena educación, aunque sea en establecimientos públicos que se encuentren hospedadas siempre procuran no hacerse molestas, ni llevar sus exigencias más allá de lo justo y necesario, tratando con afabilidad a los mismos a quienes pagan su dinero. Por consiguiente, cuando es la amistad la que las recibe en su seno, sus atenciones son mucho más exquisitas; y en su manera de conducirse tan sólo inspiran el deseo de corresponder dignamente al obsequio que reciben, y de dejar agradables recuerdos en todo círculo de la familia de que, puede decirse, han formado parte.

6 – Ya se deja ver que en la casa en que estamos hospedados habremos de conducirnos conforme a las

reglas establecidas en los artículos precedentes; pero tengamos entendido que en ella debemos usar siempre de menos libertad que en nuestra propia casa, por grande que sea la amistad que nos una a las personas que nos rodean.

7 – Esto no quiere decir que hayamos de mostrarnos esquivos a la cordialidad y confianza con que se nos favorezca, pues de esta manera corresponderíamos indignamente a la amistad y a la generosa efusión de la hospitalidad; sino que debemos establecer siempre una diferencia por pequeña que sea, entre la libertad que nos brinda el propio hogar, y la casa en que vivimos accidentalmente, donde los principios ya establecidos de la etiqueta no nos conceden igual grado de confianza que entre nuestra familia.

8 – Cuando los dueños de la casa hayan descuidado el proveernos de algunos muebles que necesitemos en nuestra habitación, evitemos el pedirles los que no nos sean del todo imprescindibles; prefiriendo siempre comprar aquellos que por su pequeño volumen no han de llamar la atención, y pueda entenderse en todo caso que hemos llevado en nuestro equipaje.

9 – Procuremos hacer por nosotros mismos, todo aquello que no haga absolutamente indispensable la intervención de las personas de la casa.

10 – Tributemos un respeto sin límites a los usos y costumbres de la casa en que estamos, y procuremos descubrir discreta y sagazmente todas aquellas privaciones a que las personas de la familia se sujeten en su tenor de vida, con el objeto de obsequiarnos y complacernos, a fin de arreglar nuestra conducta de manera que se hagan innecesarias.

11 – Jamás penetremos en las piezas interiores de la casa, y mucho menos en aquellas que sirvan de dormitorios.

12 – Tratemos con dulzura a los criados de la casa, y manifestémosles siempre nuestro agradecimiento por los servicios que nos prestan. Al despedirnos de la casa es muy propio y decente que les hagamos algún presente, sin excluir a aquellos a quienes no haya tocado el servirnos.

13 – Luego que hayamos regresado al lugar de nuestra residencia aprovecharemos la primera oportunidad para escribir a los amigos que nos hospedaron en una corta y afectuosa carta muy llena de expresiones y agradecimiento.

14 – Si después de haber regresado a nuestra casa queremos hacer algún presente a las personas que nos hospedaron, no lo hagamos sino pasado algún tiempo, a fin de despojarlo del carácter remuneratorio que pudiera atribuírsele, el cual lo convertiría, desde luego, en una demostración indelicada; y no elijamos nunca para esto, un objeto demasiado costoso, ni de un valor que se aproxime siquiera a la cantidad en que pueden estimarse los gastos hechos por nuestra causa.

INVITADOS ADICIONALES

Es de muy mal gusto cuando se nos extiende una invitación de cualquier tipo, ya sea una cena, un buffet, un coctel o demás, el llevar a otra persona que no sea de la familia inmediata. Sólo en una visita muy informal nos podemos dar el lujo de preguntar si nos es permisible traer alguna persona adicional. El mero hecho de hacer la pregunta a nuestra anfitriona ya resulta de mal gusto, pues esto la pondría en una situación muy embarazosa y difícil. Casi ninguna persona se sentirá con la confianza suficiente como para ser franca y responder con una negativa, y explicar sus razones para no desear un invitado adicional. Por lo general, la anfitriona se limitará a acceder: "Sí, puedes traer a tu vecina", o "Sí puedes traer al papá de tu esposo" ... aunque este hecho le cause trastornos inesperados y gastos adicionales. Es muy posible que no tenga suficientes asientos para acomodar un grupo mayor del que esperaba, o que no haya preparado suficientes cubiertos o suficiente cantidad de alimento o bebida para un grupo mayor.

XI

De los deberes de la hospitalidad

1 – Desde el momento en que una persona cualquiera se dirige a nuestra casa se supone que ha
contado con recibir de nosotros una acogida cortés y
benévola; pues claro es que se abstendría de penetrar
en el recinto donde ejercemos un dominio absoluto, si
temiera de nuestra parte ser desatendida o de cualquiera otra manera mortificada.

2 – Nada es más bello ni más noble que el ejercicio
de la hospitalidad cuando es nuestro mismo enemigo el que busca en nuestro hogar un amparo contra
el peligro que le amenaza; y es entonces cuando se
pone a la más decisiva prueba el temple de nuestra
alma, la elevación de nuestro carácter, la solidez de
nuestros principios y la grandeza de nuestros sentimientos.

3 – Debemos recibir siempre con atención y afabilidad a aquel   que, sin merecer la calificación de enemigo nuestro, nos haya hecho, o creamos habernos
hecho alguna ofensa. La civilidad nos prohíbe absolutamente mostrar a ninguna persona en nuestra
casa, ya sea por medio de palabras, o por señales exteriores de disgusto, la queja que de ella tenemos; a
menos que se trate de una explicación pacífica y cor-

tés, la cual, presidida como debe estar por la amistad y por el sincero deseo de cortar una desavenencia, excluirá desde luego toda manifestación que pueda ser desagradable y mortificante.

4 – Jamás recibamos con displicencia, ni menos contestemos con palabras destempladas, al infeliz que llega a nuestras puertas a implorar nuestro socorro. Aquel a quien la desgracia ha condenado a vivir de la beneficencia de sus semejantes, no merece, por cierto, que le humillemos; y ya que no podemos remediar sus necesidades, ofrezcámosle el consuelo de una acogida afable y benévola. Cuando no podamos dar limosnas, demos siquiera buenas palabras, que para el desvalido son también obras de caridad.

5 – Aunque podría bastar lo dicho para comprender todo lo que debemos a nuestros amigos siempre que se encuentren en nuestra casa, bueno será indicar aquí algunas reglas especiales que tenemos que observar cuando en ella les damos hospedaje, y han de vivir por lo tanto en familia con nosotros.

6 – Desde que un amigo nos anuncia que va a hospedarse en nuestra casa, nos dispondremos a recibirle dignamente, preparándole la habitación que consideremos más cómoda, en la cual pondremos todos los muebles que pueda necesitar; y si tenemos noticia oportuna del día y la hora de su llegada, saldremos a encontrarle al sitio de su arribo para acompañarle a nuestra casa.

7 – No permitiremos que nuestro huésped haga ningún gasto para su manutención.

8 – Procuraremos estudiar las costumbres domésticas de nuestro huésped a fin de impedir que las altere en nada para acomodarse a las nuestras; sometiéndonos con este objeto a las privaciones que sean necesarias, y procediendo de manera que no lleguen a su conocimiento.

134

9 – Durante la residencia de un amigo en nuestra casa evitemos el invitar a nuestra mesa a personas que le sean enteramente desconocidas, con los cuales no sea oportuno ponerle en relación, y sobre todo a aquellas que con él se encuentren desacordadas; a menos que respecto a estas últimas, y según las reglas que expondremos más adelante, nos sea lícito aprovechar esta coyuntura para promover una decorosa reconciliación.

10 – Es nuestro deber informarnos de los manjares que nuestro huésped prefiere, a fin de presentárselos siempre en la mesa; si además de las comidas que hacemos ordinariamente en el día, acostumbra algunas otras, para que no las eche de menos en nuestra casa; finalmente, si gusta de tomar frutas, dulces, y otras golosinas, para que del mismo modo procuremos proporcionárselas.

11 – Hagamos de manera que nuestro huésped tenga en nuestra casa toda la libertad y desahogo de que debe gozarse en el seno de la vida doméstica; y no manifestemos nunca disgusto cuando por ignorancia o defecto de educación llegue a traspasar en este punto los límites que la etiqueta le demarca.

12 – Si nuestro huésped enfermare, consideremos que nada aumenta más los sufrimientos de una enfermedad que la ausencia de la propia familia; y procuraremos por tanto atenuar esta pena con cuidados de tal manera exquisitos y afectuosos que no le permita echar de menos los que recibiría de sus mismos deudos.

13 – Al separarse un huésped de nosotros le manifestaremos nuestra pena por su partida y le excitaremos afectuosamente a que vuelva a usar de nuestra casa; acompañándole hasta el punto de partida de nuestra ciudad: aeródromo o puerto según el caso.

14 – Si pasado el tiempo necesario para recibir una carta de nuestro huésped no llegáramos a recibirla, entonces le escribiremos nosotros, pues debemos suponer que él no ha podido hacerlo, o que si lo ha hecho, su carta se ha extraviado.

COMPORTAMIENTO DE LA SECRETARIA

La secretaria debe ser eficiente, discreta y respetuosa. Debe hacer todo lo posible por ser, además, atractiva. Debe vestirse, peinarse y maquillarse con esmero y elegancia, sin tonos exagerados o atuendos demasiado llamativos y extravagantes. Ella debe procurar establecer unas relaciones cordiales pero impersonales con su jefe. Sobre todo, si es bastante atractiva, debe vigilar su actitud para que no se preste a malas interpretaciones, no sólo de parte de su jefe, sino de parte de los compañeros de trabajo y demás personal de la oficina. Si el jefe la invita a comer, deberá aceptar la invitación siempre que ésta no sea muy frecuente.

XII

Reglas diversas

1 – Evitemos cuidadosamente que se nos oiga nunca levantar la voz en nuestra casa, a lo cual nos sentimos fácilmente arrastrados en las ligeras discusiones que se suscitan en la vida doméstica, y sobre todo cuando reprendemos a nuestros inferiores por faltas que han llegado a irritarnos.

2 – La mujer se halla más expuesta que el hombre a incurrir en la falta de levantar la voz, porque teniendo a su cargo el inmediato gobierno de la casa sufre directamente el choque de las frecuentes faltas que en ella se cometen por niños y domésticos. Pero entienda la mujer, especialmente la mujer joven, que la dulzura de la voz es en ella un atractivo de mucha más importancia que en el hombre, que el acto de gritar la desluce completamente; y que si es cierto que su condición la somete bajo este respecto, así como bajo otros muchos, a duras pruebas, es porque en la vida no nos está nunca concedida la mayor ventaja sino a precio del mayor sacrificio.

3 – La mujer debe educarse en los principios del gobierno doméstico, y ensayarse en sus prácticas desde la más tierna edad. Así, luego de que una seño-

rita ha entrado en el uso de su razón, lejos de servir a su madre de embarazo en el arreglo de la casa y la dirección de la familia, la auxiliará eficazmente en el desempeño de tan importantes deberes.

4 – Tengamos como una regla general, el servirnos por nosotros mismos en todo aquello en que no necesitamos del auxilio de los criados o de las demás personas con quienes vivimos; y no olvidemos que la delicadeza nos prohíbe especialmente ocurrir a manos ajenas, para practicar cualquiera de las operaciones necesarias al aseo de nuestra persona.

BUENAS RELACIONES CON LOS VECINOS

1. Nunca debe expresar críticas hacia los vecinos, a menos de que sea absolutamente necesario y constructivo, en cuyo caso debe hacerse con sumo tacto y diplomacia.

2. Debe ir a dar la bienvenida a los vecinos recién llegados. Lo ideal es que esta visita se haga durante las primeras veinticuatro horas de su estancia en la nueva residencia. La visita debe ser breve y se hace con el propósito de entablar unas relaciones buenas y cordiales.

3. Durante la visita, los anfitriones o nuevos vecinos suelen brindar a sus invitados un trago, café o té, con bocadillos, saladitos o cualquier entremés.

4. Esta visita debe efectuarse a una hora bastante después de la cena para dar tiempo a que la familia retire la mesa y se prepare para sus invitados. De este modo habrá tiempo suficiente y tranquilidad para conversar.

5. Los temas que pueden tratarse en esta primera visita son esencialmente relacionados con el vecindario, las facilidades de transporte y de comercio en la zona, los parques de recreación, etc. ... Nunca debe dejar que la conversación se desvíe y le lleve a divulgar información personal o críticas sobre otros vecinos.

6. Esta primera visita debe ser una reunión informal, y los anfitriones deben vestirse y comportarse en una forma muy casual para no causar impresiones falsas; eso dará una sensación de sinceridad y sencillez que favorecerá el desarrollo de una buena relación de confianza y amistad.

7. Las visitas nunca deben extenderse demasiado. Una hora es un plazo razonable para realizar esta primera visita. Si más adelante se hace otra invitación, entonces ésta puede prolongarse un poco más.

Capítulo Cuarto

DEL MODO DE CONDUCIRNOS EN DIFERENTES LUGARES FUERA DE NUESTRA CASA

I

Del modo de conducirnos en la calle

1 – Conduzcámonos en la calle con gran circunspección y decoro, y tributemos las debidas atenciones a las personas que en ella encontremos; sacrificando, cada vez que sea necesario, nuestra comodidad a la de los demás, conforme a las reglas que aquí se establecen.

2 – Nuestro paso no debe ser ordinariamente ni muy lento ni muy precipitado; pero es lícito a los hombres de negocios acelerarlo un poco en las horas de trabajo.

3 – Los movimientos del cuerpo deben ser naturales y propios de la edad, del sexo y de las demás circunstancias de cada persona. Gravedad en el anciano, en el sacerdote, en el magistrado; suavidad y decoro en la señora; modestia y gentileza en la señorita; moderación y gallardía en el joven; afectación en nadie.

4 – Los brazos ni deben caer de su propio peso de modo que giren libremente, ni contraerse hasta el punto de que vayan como adheridos al cuerpo, sino que deben gobernarse lo suficiente para que lleven un movimiento suave y elegante.

5 – No está admitido llevar las manos ocultas en la parte del vestido que cubre el pecho, ni en las faltriqueras del pantalón. Las manos deben ir siempre a la vista y en su disposición natural, sin recoger los dedos ni extenderlos.

6 – Nuestras pisadas deben ser suaves, y nuestros pasos proporcionados a nuestra estatura. Sólo las personas ordinarias asientan fuertemente los pies en el suelo, y forman grandes trancos para caminar. Respecto del paso demasiado corto, ésta es una ridícula afectación, tan sólo propia de personas poco juiciosas.

7 – No fijemos detenidamente la vista en las personas que encontremos, ni en las que se hallen en sus ventanas, ni volvamos la cara para mirar a las que ya han pasado, costumbres todas impropias de gente bien educada.

8 – No nos acerquemos nunca a las ventanas de una casa con el objeto de dirigir nuestras miradas hacia adentro. Este es un acto incivil y grosero, y al mismo tiempo un ataque a la libertad inviolable de que cada cual debe gozar en el hogar doméstico.

9 – Una persona de educación no se detiene delante de las ventanas de una casa donde se celebra un festín.

10 – Cuidemos de no hablar nunca tan recio que los demás puedan percibir distintamente lo que conversamos.

11 – De ninguna manera llamemos a una persona que veamos en la calle, especialmente si por algún respecto es superior a nosotros.

12 – No está permitido detener a una persona en la calle, sino en el caso de una grave urgencia, y por muy breves instantes. En general el inferior no debe nunca detener al superior.

13 – Jamás detengamos a aquel que va acompañado de señoras, o de cualquiera otra persona de respeto.

14 – Podemos, sin embargo, detener a un amigo de circunstancias análogas a las nuestras, aunque no tengamos para ello un objeto importante; pero guardémonos de hacerlo respecto de aquellos que sabemos viven rodeados de ocupaciones, y de los que por el paso que llevan, debemos suponer que andan en asuntos urgentes.

15 – Por regla general jamás debemos detener a los hombres de negocios en las horas de trabajo, sino con el objeto de hablarles de asuntos para ellos importantes o de recíproca conveniencia, y esto en los casos en

que no nos sea dable solicitarlos en sus establecimientos.

16 – Una vez detenidas dos personas en la calle,
toca a la más caracterizada de ellas adelantar la
despedida; mas si se han detenido tres, no hay inconveniente para que se separe primero la menos
caracterizada.

17 – Jamás pasemos por entre dos o más personas, quienes fueren, que se hayan detenido a conversar; y en el caso de que no podamos evitarlo, por
ser el lugar estrecho o por cualquiera otra causa, sus-
penderemos por un momento nuestra marcha y pediremos cortésmente permiso para pasar por en medio.

18 – Las personas que se encuentran detenidas
evitarán, por su parte, que el que se acerca llegue a
solicitar permiso para pasar, ofreciéndole de antemano el necesario espacio; y harán que pase por en
medio, aunque no sea absolutamente indispensable,
si es una señora u otra persona cualquiera a quien se
deba tal obsequio.

19 – Cuando las personas que están detenidas
ocupen el lugar de la acera, despejarán ésta enteramente al pasar señoras u otras personas de respetabilidad.

20 – Debemos un saludo, y las señoras una ligera
inclinación de cabeza, a las personas que encontrándose detenidas, se abren para dejar libre el paso por
la acera o por en medio de ellas.

21 – Cuando una persona ha de pasar por delante de otra, el inferior cederá siempre el paso al superior, el caballero a la señora. En automóvil, las
reglas que priman en el tránsito se deben observar
con toda exactitud para no molestar a los automovi-
listas. En muchos casos de encuentros entre personas de diferente sexo, priman las reglas naturales
de galantería que siempre debe el hombre a las
damas.

22 – Toca siempre a las señoras autorizar con una mirada el saludo de los caballeros de su amistad y a los superiores el de los inferiores.

23 – No debe saludarse nunca a la persona con quien no se tiene amistad. Sin embargo, debemos siempre un saludo a las personas de alta respetabilidad a quienes encontramos de cerca, y a todas aquellas que de un modo notable nos hayan cedido la acera con la intención de obsequiarnos.

24 – Cuando saludamos a señoras o a otras personas respetables, no nos limitaremos a tocarnos el sombrero, sino que nos descubriremos enteramente.

25 – Cuando encontremos a una persona de nuestra amistad, acompañada de otra que no lo sea, haremos de manera que nuestro saludo las incluya a ambas.

26 – En el caso del párrafo anterior la persona que va con nuestro amigo, si es una señora, deberá contestarnos con una ligera inclinación de cabeza, y si es un hombre, se tocará el sombrero.

27 – Para quitarnos y tocarnos el sombrero, y para todos los demás movimientos de cortesía en que hayamos de usar de la mano, empleemos generalmente la derecha.

28 – No saludemos nunca desde lejos a ninguna persona con quien no tengamos una íntima confianza, y en ningún caso a una señora ni a otra persona cualquiera de respetabilidad.

29 – Cuando según se deduce de la regla anterior, podemos saludar desde lejos a una persona, hagámoslo únicamente por medio de una inclinación o de un movimiento de mano.

30 – Cuando encontramos a una señora o a cualquier otra persona respetable que nos manifieste el deseo de hablarnos, no permitiremos que se detenga, sino que, aun cuando llevemos una dirección opuesta, continuaremos marchando con ella hasta la esquina inmediata, donde ella misma deberá adelantar la despedida.

31 – Pero las señoras, y todas las personas que saben han de recibir esta muestra de consideración, deberán por lo mismo evitar el entrar en conversación en la calle con aquellos que deben tributársela, cuando para ello no tengan un motivo urgente.

32 – No dirijamos nunca la palabra con el sombrero puesto a una señora o a una persona constituida en alta dignidad.

33 – En el caso del párrafo anterior, la persona a quien hablamos nos excitará desde luego a que nos cubramos; pero, si por su edad u otras circunstancias, fuere ella demasiado respetable para nosotros, no cedamos a su primera insinuación, bien que nunca esperaremos la tercera.

34 – Es un acto muy incivil el conservar o tomar la acera cuando ha de privarse de ella a una persona a quien se debe particular atención y respeto. Para el uso de la acera hay reglas fijas, las cuales no pue-

den quebrantarse sin faltar abiertamente a la urbanidad.

35 – En todos los casos el inferior debe dejar la acera al superior, y el caballero a la señora; y cuando se encuentran dos personas de circunstancias análogas, la regla general es que la conserve el que la tiene a su derecha.

36 – Una sola persona debe ceder la acera a dos o tres personas que se encuentren juntas; a menos que le sean todas inferiores, pues entonces serán ellas las que deberán cederla.

37 – Cuando van tres caballeros juntos deben marchar en una misma línea lateral, tomando el centro el más caracterizado, y el lado de la acera el que le siga en respetabilidad. Pero si yendo un sujeto de alto carácter los dos que le acompañan le son muy inferiores, entonces llevará aquél el lado de la acera, y éstos se situarán en el orden que les indiquen sus respectivas circunstancias.

38 – En ningún caso deberán marchar más de tres personas en una misma línea lateral.

39 – Cuando de dos o tres personas que encuentren a otra sola, le sea una superior y las demás inferiores, éstas se abrirán dejando a aquéllas la acera, para que la persona sola pase por en medio.

40 – Cuando son señoras las que van se observa generalmente lo siguiente: 1°., una señora y una señorita marchan en una misma línea; 2°., si van dos señoras y una señorita, las señoras van juntas y la señorita por delante; 3°., si son tres señoras, marchan en una misma línea; 4°., si es una señora y dos señoritas la señora marcha sola y las señoritas por delante; 5°., si son tres señoritas, o marchan todas juntas o la de más edad va sola y las demás por delante, o las dos de más edad van juntas y la otra por delante.

41 – Las personas bien educadas siempre procuran

ceder la acera a los demás; bien que nunca a aquellos que les son muy inferiores, porque en realidad sería intolerablemente ridículo que un anciano tratara de hacer este obsequio a un niño, o una señora a un joven.

42 -- Una señora que va acompañada de un caballero cede siempre la acera a las señoras solas que encuentra; pero si van dos señoras y un caballero en el centro, sólo la cederán a señoras de mayor respetabilidad.

43 – Pueden encontrarse señoras que de una y otra parte vayan acompañadas de caballeros, y para tales casos se tendrán presentes las siguientes reglas: 1ª., cuando en todos los que se encuentran median circunstancias iguales, así respecto del número de personas, como de su respetabilidad, la acera corresponde, según la regla general, a los que la tienen a su derecha; 2ª., cuando entre una y otra parte existe en totalidad una diferencia notable de respetabilidad, también se aplicará la regla general, y los inferiores cederán la acera a los superiores; 3ª., cuando entre una y otra parte hay diferencia en el número de personas se dará la preferencia al mayor número; a menos que en la parte del menor número concurran circunstancias de una notable superioridad; 4ª., en todos los demás casos se obrará discrecionalmente; sin olvidar nunca que si bien el que usare de más desprendimiento manifestará mejor educación, no por eso podrá un caballero hacer este género de obsequios a las personas que encuentre, a costa de la comunidad y con mengua de la respetabilidad de las señoras que acompañe.

44 – Cuando se encuentren grupos de más de tres personas, y no exista entre unas y otras en totalidad una diferencia que marque claramente el derecho a la acera, como cuando son de una parte señoras y de otra hombres se estimarán generalmente las cir-

cunstancias de los que marchen por delante; pues serían embarazosos y ridículos los movimientos que hubieran de hacerse para que cada inferior diese preferencia a cada superior.

45 – Cuando una persona va en la misma dirección y por la misma acera que otra, a la cual va a dejar por detrás, por llevar un paso más acelerado, no debe tomar la dirección a que ella tenga derecho, si no encuentra fácil y cómodamente el suficiente espacio. Pero el que siente pasos por detrás debe cuidar de dejar siempre este espacio, pues debería serle penoso que una señora o cualquiera otra persona respetable, tuviera que tomar el lado de la calle para pasar. Siempre que en estos casos media una superioridad notable, es lícito abrirse paso por el lado de la acera, por medio de una ligera y delicada insinuación.

46 – Cuando un caballero acompaña a una señora, ésta lleva el lado de la acera; si conduce dos, se coloca en el centro, tomando la acera la más caracterizada; si conduce una señora y dos señoritas, da el brazo a la señora, y las señoritas van por delante; y si conduce a una señora y tres señoritas, da el brazo a la señora y a la señorita de más edad, y las otras dos van por delante.

47 – Al ofrecer un caballero el brazo a dos señoras debe entrar por detrás de ellas, y nunca presentarse por delante, de manera que les dé la espalda al colocarse en el centro.

48 – Cuando un caballero que acompaña a señoras encuentra un mal piso, hace que las señoras ocupen el lugar más cómodo y decente, aunque tenga que abandonar la posición que había tomado según las reglas aquí establecidas.

49 – El caballero que acompaña a señoras debe adaptar su paso al de aquella que marche más lentamente.

147

50 – Cuando un caballero acompaña a una señora y a una señorita, o a una señora de avanzada edad y a otra señora joven, debe cuidar, al cambiar de acera, hacer que la señorita o señora joven cambie también de lugar, para que vaya siempre del lado de la calle.

51 – Cuando se sube a un automóvil, si está manejado por un chofer, las señoras más caracterizadas tomarán los asientos de atrás y las de menor edad los del lado del chofer. Si hay señoras y caballeros estos últimos tomarán los asientos al lado del chofer, siempre que todos los de atrás estén ocupados por señoras.

Si la persona que conduce el automóvil es la dama o caballero dueño del vehículo, los asientos se distribuirán indiscriminadamente. Si el caballero que conduce el carro está acompañado de una señora e invita a una persona amiga de su misma categoría para subir al coche, y le insinúa que suba adelante si el asiento es para tres personas, compete a esta última rechazar el ofrecimiento en aras de la comodidad general.

52 – El dueño de un automóvil es el anfitrión de las personas que suben en él y está obligado a tratarlas con todo miramiento y consideración evitando frenadas bruscas, velocidades excesivas y pidiendo el consentimiento de sus invitados para abrir y cerrar ventanas, poner radio, etc., preguntando a las señoras si se encuentran cómodas.

53 – Cuando un caballero invita a una dama a subir a un automóvil que él mismo maneja, tiene la obligación de abrirle la puerta, esperar que ésta se acomode y cerrarla después. Luego puede dirigirse a su sitio. Al llegar al lugar de su destino bajará él primero, abrirá la puerta a la dama y la ayudará a descender del auto.

54 – Cuando las señoras van acompañadas no sólo de caballeros de su familia, sino de otros de su amistad, éstos tendrán siempre la preferencia en todo lo que sea obsequiarlas, ofrecerles el brazo, ayudarlas a montar a caballo y a desmontar, etc. Respecto de los amigos entre sí, tendrán la preferencia los de menos intimidad, y entre éstos, los que sean más caracterizados por su edad y sus demás circunstancias personales.

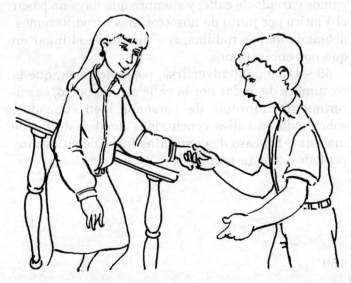

55 – Si encontramos a una persona en una situación cualquiera en que necesite de algún auxilio que podamos prestarle, se lo ofreceremos desde luego, aun cuando no tengamos con ella ninguna especie de relaciones.

56 – Al pasar por una iglesia cuyas puertas estén abiertas, quitémonos el sombrero en señal de reverencia; y si fuere en momentos en que se anuncia el acto augusto de la elevación, no nos cubramos hasta que no haya terminado.

57 – Tributemos un respeto profundo a todos los actos religiosos que se celebren en la calle; y tengamos siempre muy presente que una persona culta y bien educada no toma jamás parte en los desórdenes que suelen formarse en las procesiones, en los cuales se falta, no sólo a los deberes que la religión y la moral nos imponen, sino a la consideración que se debe a las personas que a ellas asisten con una mira puramente devota.

58 – Cuando advirtamos que el Viático está en la misma calle que nosotros atravesemos, aunque sea a mucha distancia, nos quitaremos el sombrero, y no nos cubriremos hasta que la procesión o nosotros hayamos variado de calle; y siempre que haya de pasar el Viático por junto de nosotros, nos arrodillaremos, doblando ambas rodillas, sea cual fuere el lugar en que nos encontremos.

59 – Debe aquí advertirse, por conclusión, que la costumbre de andar por la calle con un perro, es enteramente impropia de personas bien educadas, sobre todo en calles concurridas donde éste puede molestar. En caso de caminatas fuera de sitios muy poblados, sí está permitido.

II

Del modo de conducirnos en el templo

1 – El templo, como antes hemos dicho, es la casa del Señor y por tanto un lugar de oración y recogimiento, donde debemos aparecer siempre circunspectos y respetuosos, con un continente religioso y grave, y contraídos exclusivamente a los oficios que en él se celebren.

2 – Es un error lastimoso, y en que jamás incurren las personas que poseen una educación perfecta, el creer que sea lícito conducirse en el templo con menos circunspección, respeto y compostura que en las casas de los hombres. Y a la verdad, sería una monstruosa contradicción el admitir y practicar el deber de manejarse dignamente en una tertulia y ofrecer al mismo tiempo el ejemplo de una conducta irrespetuosa y ajena del decoro y la decencia, en el lugar sagrado en que reside la Majestad Divina.

3 – Desde que nos acercamos al umbral de la puerta, quitémonos el sombrero, y no volvamos a cubrirnos hasta después de haber salido a la calle.

4 – Al entrar en el templo cuidemos de no distraer con ningún ruido la atención de los que en él se en-

cuentran, ni molestarlos de ninguna manera; y jamás pretendamos penetrar por lugares que estén ya ocupados, y por los cuales no podamos pasar libremente, por muy devota que sea la intención que llevemos.

5 – Guardémonos de llevar con nosotros niños demasiado pequeños, que por su falta de razón pueden perturbar a los demás con el llanto o de cualquiera otra manera; y tengamos presente que llevar a la iglesia un perro es un acto imperdonablemente indigno e irreverente.

6 – Dentro del templo no debe saludarse a ninguna persona desde lejos, y cuando ha de hacerse de cerca, tan sólo es lícito un ligero movimiento de cabeza, sin detenerse jamás a dar la mano ni mucho menos a conversar.

7 – Aunque el templo es por excelencia el lugar de la oración, a ninguno le es lícito rezar tan recio que perturbe a los demás.

8 – Abstengámonos de apartar la vista del lugar en que se celebren los oficios para fijarla en ninguna persona, especialmente de otro sexo.

9 – Se falta al respeto debido a las personas que se encuentran en el templo, a más de ofenderse a la Divinidad, omitiendo aquellos actos que, según los ritos de la Iglesia, son propios de cada uno de los oficios que se celebran. Por esto las personas bien educadas, se abstienen de penetrar en los templos destinados al culto de una religión diversa de la suya, cuando no están dispuestas a someterse a las prácticas que ella establece.

10 – No tomemos nunca asiento en la iglesia, sin que por lo menos hayamos hecho una genuflexión hacia el altar mayor.

11 – Al pasar por delante de un altar en que esté depositado el Santísimo Sacramento, haremos una genuflexión y al retirarnos del templo, si salimos

152

por la puerta principal, haremos también una genuflexión hacia el altar mayor.

12 – En los casos del párrafo anterior, doblaremos precisamente ambas rodillas, si la Majestad estuviere expuesta.

13 – También haremos una genuflexión cuando pasemos por delante de un altar donde se esté celebrando el santo sacrificio de la misa, si el sacerdote hubiera ya consagrado y aún no hubiese consumido.

14 – Al pasar por un lugar donde se encuentren expuestas a la veneración las imágenes del Redentor o de su Santísima Madre, haremos igualmente una genuflexión; y cuando las efigies expuestas fueren de santos, haremos una inclinación en señal de reverencia.

15 – Siempre que haya de pasar por junto a nosotros un sacerdote revestido, que se dirija al altar o venga de él, nos detendremos y le haremos una inclinación de reverencia.

16 – Respecto de la situación en que debemos estar durante la misa, observaremos las reglas siguientes:

1ª., al principiar el celebrante el *introito ad altarem Dei*, nos arrodillaremos, y así permaneceremos hasta el acto del Evangelio, en que nos pondremos de pie; 2ª., cuando la misa tenga *Credo*, haremos la misma genuflexión que hace el celebrante al *Incarnatus*; 3ª., terminado el Ofertorio, podremos sentarnos hasta que el celebrante diga *Sanctus*, en que volveremos a ponernos de pie; 4ª., al inclinarse el celebrante para pronunciar las palabras de la consagración, nos arrodillaremos doblando ambas rodillas y así permaneceremos hasta el fin de la sunción, en que podremos de nuevo sentarnos; 5ª., después que el celebrante haya rezado las últimas oraciones y se dirija al medio del altar, nos pondremos de pie; y en el acto de la bendición, haremos una inclinación de reverencia; 6ª., en las misas solemnes, podremos además sentarnos cada vez que se siente el celebrante; 7ª., las señoras permanecerán siempre arrodilladas, fuera de los casos en que, según las reglas precedentes, es permitido sentarse.

17 – Siempre que se anuncie el acto de la Elevación en cualquier altar nos arrodillaremos igualmente, doblando ambas rodillas, hasta que aquél haya terminado enteramente. Y cuando se cante en el coro el *Incarnatus*, nos arrodillaremos de la misma manera, y no nos pondremos de pie hasta que oigamos las palabras *Et resurrexit*, etc.

18 – También deberemos arrodillarnos: 1°., cuando se cante el *Tantum ergo*; 2°., cuando se cante el versículo *Te ergo quaesumus* del *Te Deum*; 3°., cuando se esté dando la comunión; 4°., finalmente, cada vez que en la celebración de los oficios se arrodillen el celebrante, los que le acompañen y los eclesiásticos que canten en el coro.

19 – Por regla general, cuando asistimos a oficios funerarios o a cualquiera otra función en que nos situemos al lado de un asiento, conservaremos siempre la misma actitud que tomen los eclesiásticos que canten en el coro. Sería un acto no menos incivil que irreverente, el mantenernos de pie o sentados, cuando aquellos permanecen arrodillados o de pie.

20 – Cuando estemos de pie mantengamos el cuerpo recto, sin descansarlo nunca de un lado; y cuando estemos sentados, guardémonos de recostar la cabeza sobre el espaldar del asiento, de extender, y cruzar las piernas, y de tomar, en fin, ninguna posición que de alguna manera desdiga de la severa circunspección que debe presidir siempre en el templo a todas nuestras acciones.

21 – Cuando lleguemos a un país extranjero, y queramos visitar un templo, no lo hagamos a horas

en que se celebre en él una festividad, o un acto cualquiera para el cual se hayan congregado muchas personas.

22 – Es un acto extraordinariamente incivil, e indigno de un hombre de buenos principios, el mezclarse entre las señoras al salir del templo, hasta el punto de estar en contacto con sus vestidos.

23 – Los jóvenes de fina educación no se encuentran jamás en esas filas de hombres que, en las puertas de las iglesias, suelen formar una calle angosta por donde fuerzan a salir a las señoras para mirarlas de cerca.

CÓMO Y CUÁNDO DAR REGALOS

1. Para que nuestro regalo dé verdadero placer, que después de todo es el objetivo que se persigue cuando se hace un obsequio, debe ir acompañado de algunas palabras cordiales que expresen nuestros sentimientos y/o motivos. Cualquiera que sea el objeto de regalo, debe acompañarse con una tarjeta o unas palabras que expresen afecto, admiración o demás, lo cual añadirá encanto y valor al presente.

2. Está de más decir que nunca debe mencionarse el precio del obsequio, ni siquiera insinuarlo. Esto es permisible únicamente en la más profunda intimidad, y aún así, no debe hacerse a menos de que se solicite dicha información.

3. Tampoco es correcto alabar la mercancía. No debe insistir en la calidad, rareza u originalidad de su presente. Del mismo modo, si regala alguna prenda de vestir, no insista en que la persona se lo pruebe inmediatamente. Es posible que a la persona le disguste servir de modelo, o que le desagrade el atuendo que le hemos obsequiado y que por delicadeza no lo haya mostrado; sin embargo, podrá sentirse verdaderamente incómoda si le obligamos a ponérselo. Deje a los demás la tarea de apreciar su obsequio.

4. El regalo no sólo tiene que hacerse en ocasiones especiales, pues no hay nada más agradable que recibir un obsequio sorpresivo, sin que exista motivo.

III

Del modo de conducirnos en las casas de educación

1 – Procuraremos no entrar en las casas de educación a horas en que podamos ser causa de que se interrumpa el estudio o la enseñanza, o en que los maestros hayan de desatender a los alumnos para recibirnos.

2 – Cuando nos dirijamos a una de estas casas con el objeto de visitar a un alumno, solicitemos por el jefe del establecimiento, o por la persona que le represente, y pidámosle el correspondiente permiso para hacer nuestra visita.

3 – Si al acercarnos a la casa notamos que se reprende en ella a algún alumno, evitemos entrar en tales momentos, y si hemos entrado, retirémonos con cualquier pretexto razonable.

4 – Las atenciones que tributemos a los alumnos se entienden tributadas al mismo establecimiento, y en especial a sus directores. Así, no penetremos nunca en estos edificios, sin quitarnos el sombrero y manifestarnos atentos y respetuosos, por más jóvenes que sean las personas que se ofrezcan a nuestra vista.

5 – Jamás nos creamos autorizados para reprender en voz alta a nuestros hijos o pupilos dentro del establecimiento en que los tengamos colocados. Sobre ser éste un acto que los sonroja y que perjudica su educación moral, faltamos así a la consideración que debemos al establecimiento, e invadimos la autoridad absoluta que en él deben ejercer sus directores, y que la buena educación y la etiqueta nos mandan siempre respetar.

IV

Del modo de conducirnos en los cuerpos colegiados

1 – El hombre de buena educación, cuando se encuentra en una asamblea cualquiera, no sólo tributa al cuerpo y a cada uno de sus miembros aquellos homenajes que están prescritos por sus particulares estatutos y por las reglas generales de la etiqueta parlamentaria, sino que cuida de no olvidar jamás en ellas sus deberes puramente sociales, guardando a sus colegas todos los miramientos y atenciones, de los que la urbanidad no nos releva en ninguna situación de la vida.

2 – Nada hay que exponga más al hombre a perder la tranquilidad de su ánimo, y junto con ella la cultura y delicadeza de sus modales, que la contradicción que experimenta en sus opiniones cuando se empeña en hacerlas triunfar, y cuando sabe que debe someterlas a la decisión de una mayoría, que al fin ha de resolver sin necesidad de convencerle.

3 – Desde que en tales casos el hombre llega a perder su serenidad, ya no sólo se ve arrastrado a faltar a sus colegas en las debidas consideraciones, sino que descendiendo al terreno de las personalidades, irrita los ánimos de los mismos a quienes le importa persuadir, y hace por tanto más difícil el triunfo de su propia causa.

4 – El que en medio de la discusión lanza invectivas e insultos a sus contrarios, comete además una grave falta de respeto a la corporación entera, y aun a las personas de fuera de ella que puedan hallarse presentes.

5 – Mas cuando se ha sostenido una opinión con

157

calma, cuando no se han usado otras armas que las del raciocinio, cuando se ha respetado la dignidad personal y el amor propio de los demás, no sólo se han llenado los deberes de la urbanidad, sino que se han empleado los verdaderos medios de producir el convencimiento; e imposible será que de este modo no se alcance el triunfo, si se está en posesión de la verdad y de la justicia, y la buena fe preside a los contrarios.

6 – Es impolítico interrumpir al que habla, con frases e interjecciones de desaprobación, que en nada contribuyen a ilustrar las cuestiones y que manifiestan poco respeto a la persona a quien se dirigen y a la corporación entera.

7 – Para nada se necesita de mayor tacto y delicadeza, que para negar a otro la exactitud de lo que afirma, aun cuando esto haya de hacerse en privado; y así ya puede considerarse cuán corteses deberán ser los términos que se empleen para hacerlo en presencia de una asamblea, donde toda palabra ofensiva causaría una sensación profundamente desagradable, no sólo a la persona a quien se dirigiese, sino a la misma asamblea.

8 – La difusión en los discursos los hace pesados y fastidiosos, y molestando al auditorio, le distrae de la cuestión con perjuicio del mismo que la sostiene. El que habla debe contraerse a los puntos esenciales del asunto de que trata, sin entrar en digresiones impertinentes, y observando aquellas reglas de la oratoria que dan al discurso método, claridad, concisión y energía.

9 – La sátira no está excluida de las discusiones parlamentarias; antes bien, las anima y sazona, y sirviendo de pábulo al interés del auditorio, proporciona al que la emplea la importante ventaja de atraer la atención que tanto necesita cautivar. Pero no se trata aquí de la sátira cáustica y mordaz, que incendia y divide los ánimos y cierra las puertas a la razón y al convencimiento, sino de la sátira fina y delicada, que, dirigida a las cosas y nunca a las personas, aprovecha el elemento de la imaginación sin ofender el decoro del cuerpo ni la dignidad del hombre.

10 – El que pierde una cuestión debe dar una prueba de cultura, y de respeto a la mayoría, manifestándose, si no contento y satisfecho, por lo menos resignado y tranquilo, y con un continente que revele una calma superior a los sentimientos mezquinos de un necio e impotente orgullo.

V

Del modo de conducirnos en los espectáculos

1 – Cuando hayamos de concurrir a una diversión pública presentémonos en el local un poco antes de la hora señalada para principiarse, a fin de no exponernos a tener que entrar en momentos en que perturbemos a los demás. Esta regla debe ser más estrictamente observada por las señoras, por cuanto no siendo en ellas decoroso que esperen, como los hombres, el inmediato entreacto o intervalo para penetrar hasta sus asientos, su llegada después de principiada la función, habría de molestar siempre a los circunstantes.

2 – Cuando un caballero acompaña a señoras a un espectáculo, debe cuidar de colocarlas en los mejores asientos por el orden de sus edades y demás circunstancias personales, situándose él después en el lugar de menos comodidad y preferencia.

3 – El caballero que no va acompañando a señoras, y llega al local después de principiada la función, jamás intentará penetrar hasta su asiento, si de este modo ha de llamar la atención de los demás, y sobre todo si ha de molestarlos, sino que guardará para hacerlo en el inmediato intervalo.

4 – Cuando al llegar un caballero encontrase que su asiento ha sido ocupado por una señora, deberá suponer que tal cosa no ha podido suceder sino por una equivocación, y renunciará enteramente y en silencio a su derecho.

5 – Antes de tomar asiento, cerciorémonos de que no lo hacemos en un puesto ajeno, pues nada debe ser más desagradable para un hombre delicado, que una reclamación justa de esta especie. Y antes de dirigirnos a una persona a reclamarle el asiento que ocupa, asegurémonos de que realmente nos pertenece, pues sería todavía más desagradable el que se nos convenciese de que procedíamos equivocada y precipitadamente.

6 – Es un acto incivil, y en que se manifiesta poco respeto a la concurrencia, el sentarse en un palco dando la espalda a la escena. Despreciándose de este modo a los actores, se hace naturalmente una ofensa a aquellos que los han considerado dignos de su atención.

7 – No permaneceremos jamás con el sombrero puesto en medio de la concurrencia, especialmente si en ella se encuentran señoras. Cuando no haya más que hombres, apenas será tolerable el cubrirse durante los intervalos. Y respecto de las señoras, no es delicado que abusen de los fueros y privilegios de que tan justamente gozan en manera que hayan de estorbar la vista a las personas que queden por detrás.

8 – En las funciones en que los asientos sean comunes, los caballeros deben ceder siempre los mejores puestos a las señoras, y los inferiores cederlos a los superiores.

9 – Procuraremos no separarnos de nuestro asiento durante los intervalos, sin una necesidad urgente, cuando para hacerlo hayamos de molestar a nuestros vecinos.

10 – Algunas personas que se encuentran lejos de sus asientos durante los intervalos, suelen desatender el signo que se usa para anunciar que va a continuar la función, de modo que entran después precipitadamente cuando han de perturbar a los demás. Evitaremos incurrir en semejante falta; y cuando por algún motivo legítimo no hayamos podido acudir a tomar oportunamente nuestro asiento, esperemos para hacerlo en el siguiente intervalo.

11 – Es sobre manera incivil fumar en el local, de manera que el humo del tabaco penetre en los lugares donde se encuentra la concurrencia, aun cuando ésta se componga sólo de hombres.

12 – Son también actos inciviles y groseros el conversar o hacer cualquier otro ruido en medio del espectáculo, llamar la atención de las personas inmediatas para pedirles o hacerles explicaciones relativas al acto que presencian, reír a carcajadas en los pasajes chistosos de una pieza dramática, prorrumpir en exclamaciones bulliciosas en medio del silencio general, y romper en aplausos inoportunos, o prolongar los que sean oportunos hasta llegar a molestar a los concurrentes.

13 – Para los aplausos hay reglas especiales, las cuales no pueden desatenderse sin incurrir en graves faltas, que arguyen ignorancia y mala educación. He aquí las principales: 1ª., el palmoteo en la comedia debe ser corto, porque el juego dramático es en ella más rápido que en la tragedia, y ofrece menos descanso en la terminación de los períodos; 2ª., en la tragedia puede ser más largo, porque el movimiento de la pieza es siempre grave y lento, mas hay situaciones en que el aplauso puede campear más libremente, y aun comunicar solemnidad a la representación; 3ª., jamás debe palmotearse en medio de un período, sobre todo si el interés va en él en crecimiento; 4ª., según esto, el palmoteo sólo es oportuno en la cabal

terminación de un período; y tanto en la comedia como en la tragedia será menos prolongado, a medida que esté más próxima la continuación del diálogo; 5ª., en medio de un período en que el actor arranque súbitamente un aplauso, el palmoteo es inoportuno, y lejos de alentar el entusiasmo artístico, lo enfría enteramente, sustituyéndolo con el desagrado que experimenta el actor al ver cortado el vuelo de su inspiración, y malogrado el mayor éxito que acaso esperaba del desarrollo de toda su fuerza. En este caso, tan sólo es lícito el uso de una fugaz interjección, bien que siempre procurando que ella no dañe el interés del pasaje.

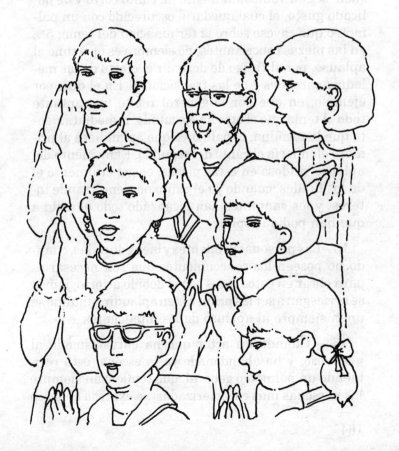

14 – Respecto de los aplausos en los dramas líricos y demás funciones filarmónicas, se observarán las reglas del párrafo anterior que a ellas sean aplicables, y especialmente las siguientes: 1ª., el aplauso ruidoso es insoportable, cuando no ha terminado aún la frase musical; 2ª., todo aplauso es inoportuno en medio de un recitado, de una cadencia, y de una frase cualquiera en que tome vuelo la imaginación del cantante; 3ª., en los calderones de un solo, el aplauso debe terminar antes que el cantante abandone el punto que sostiene, para prestar atención a la frase o terminación de frase que sigue; 4ª., en las arias, una vez que concluye el tema del *allegro* por segunda vez, suele seguir inmediatamente un canto corto y de delicado gusto, el cual quedaría oscurecido con un palmoteo que cayese sobre la terminación del tema; 5ª., en las piezas concertantes, no siempre es oportuno el aplauso, por el riesgo de destruir el efecto de las melodías parciales y de las transiciones. En el dúo, por ejemplo, en que por lo general repite un cantante todo el tema que el otro ha ejecutado, inmediatamente que lo termina, el palmoteo que aplaudiese al primero ofendería el canto del segundo. El momento del aplauso ruidoso en estas piezas, es generalmente el de los finales, cuando ya el canto no tiene grande interés, y los cantantes han alcanzado todo el éxito a que han podido aspirar.

15 – Las personas prudentes y bien educadas, cuando no poseen los conocimientos que son necesarios para obrar en estos casos con el debido acierto, jamás se arriesgan a ser las primeras en aplaudir, sino que se unen siempre al aplauso de los inteligentes.

16 – Cuando un actor que ha entusiasmado al auditorio, y ha abandonado ya la escena, está recibiendo un palmoteo general, que comienzan siempre las personas más caracterizadas, se expresa el deseo

de que aquél vuelva a presentarse, con el único objeto de aplaudirle de nuevo.

17 – Es incivil e inconsiderado el pedir a un actor, o a un ejecutante cualquiera, la repetición de una pieza de fuerza. Tan sólo es lícito pedirla de trozos pequeños y que no empeñen demasiado los recursos del artista; por lo cual no está esto concedido, entre gentes bien educadas, sino a los inteligentes, que son los que pueden apreciar debidamente todas las circunstancias.

18 – Cuando un actor o ejecutante cualquiera sufre una involuntaria equivocación, la benevolencia, que es tan propia de las personas bien educadas, prohíbe que se manifieste ningún signo de desaprobación que sea capaz de aumentar su embarazo, y de ofuscarle hasta el punto de que el rubor embargue sus potencias y venga a dejarle completamente deslucido.

19 – Es igualmente indigno de una persona benévola y bien educada, el chiflar a un actor poco hábil o que, a pesar de sus esfuerzos, aparece inferior al papel que desempeña. Cuando el artista llega a desagradar al auditorio, ha experimentado ya la mayor de las desgracias que puede acontecerle; y para comprenderlo, bástele el amargo silencio de la indiferencia o del hastío, sin que sea necesario empeorar su situación con la grosera burla. Esta, a más de ser ajena de las personas cultas, viene a ser un acto de verdadera crueldad, cuando se ejerce contra aquel en quien no puede suponerse otro deseo que el de agradar.

20 – Cuando durante los intervalos visitemos a las señoras de nuestra amistad que se encuentran en los palcos, no cometeremos la incivilidad de permanecer por largo tiempo en el asiento que un caballero nos haya cedido para que hagamos cómodamente nuestra visita; debiendo prolongar ésta lo

menos posible, y retirándonos, sobre todo, en el momento en que se dé la señal de que la función va a continuar.

21 – No es propio de personas finas y bien educadas el presentar a las señoras durante un espectáculo gran cantidad de dulces o frutas.

COMPORTAMIENTO EN EL TRABAJO

No reserve su sonrisa sólo para el jefe. Sus compañeros de trabajo también se lo merecen. Actúe siempre con naturalidad en sus relaciones de trabajo. La afectación vuelve ridícula a la gente. No violente sus gestos ni los deje dominar por el nerviosismo, ni trate de ocultar su debilidad bajo la altanería. En una discusión no insista en que tiene la razón. Aprenda a escuchar y evaluar otros puntos de vista. Sea muy metódico, pues el desorden hace perder mucho tiempo. Tenga consideración para con los demás a la hora de hacer algo que vaya a afectar el medio ambiente común, como lo es fumar, graduar la temperatura del aire acondicionado, abrir ventanas. Todas estas cosas afectan a los demás, lo cual hace que se debe pedir permiso a todos antes de hacerlo.

Los roces o conflictos que puedan producirse entre compañeros de trabajo son muy comunes, y, aunque resulten muy desagradables, no debe dárseles demasiada importancia.

Debe evitar los grupos demasiado cerrados. No se encierre en "camarillas" que excluyan a algunos por prejuicios de uno de los miembros del grupo, o cualquier otro motivo semejante. Esto tiende a alimentar actitudes muy negativas y contraproducentes como el favoritismo, los chismes, los comentarios de doble sentido.

Cuando un recién llegado trata de integrarse a su pequeño mundo, no permita que se debata angustiosamente en una atmósfera de desconfianza. Ayúdelo. Póngale al corriente de las cosas y preséntele a sus compañeros y, en fin, haga lo posible por hacerlo sentir tranquilo y aliviar las dificultades de tal adaptación.

Jamás participe en chismes, ni divulgue secretos que le haya confiado algún compañero. La discreción es una de las cualidades más importantes para poder mantener un ambiente de armonía y respeto entre sus compañeros. También debe ser discreto y acomedido en lo que respecta a las llamadas telefónicas personales durante horas de trabajo. Siempre es necesario en casos de urgencia, pero procure hacer las llamadas lo más breves posible.

VI

Del modo de conducirnos en los establecimientos públicos

1 – En las oficinas establecidas para la administración de los negocios públicos, no se entra jamás sino con objetos propios de sus respectivas atribuciones, ni se penetra a otros lugares que los destinados a dar audiencia, ni se ejecuta ningún acto contrario a la policía del local, aun cuando no haya de incurrirse por esto en ninguna pena.

2 – En los establecimientos industriales, y demás casas que estén abiertas al público, deberán aplicarse las mismas reglas del párrafo anterior: en ellas no entraremos nunca a distraer inútilmente a los que trabajan; y si puede ser tolerable que les hagamos visitas, es únicamente en los casos en que no podamos hacerlo en sus casas y en que al mismo tiempo sea tal la intimidad de nuestras relaciones, que nuestra presencia no los prive de atender a sus más urgentes quehaceres.

3 – Hay, sin embargo, casos excepcionales, en que puede ser lícito hacer una visita en su escritorio a un hombre de negocios con quien no tengamos íntima confianza; pero esta visita habrá de ser tan corta, que podamos quedar seguros de no haberle

causado ningún perjuicio, aun dado que para recibirnos haya tenido que interrumpir una ocupación importante.

4 – Jamás entremos en una oficina con el sombrero puesto, ni fumando. Aquellos que tal hacen, incurren en una imperdonable falta de respeto, y manifiestan apreciar en poco su propio decoro.

5 – Es un acto de grosera inconsideración el hacer que los comerciantes se ocupen en mostrarnos sus mercancías, cuando no tenemos absolutamente la intención de comprarlas, lo mismo que tocarlas y traerlas entre las manos, de manera que se ajen y pierdan de su mérito.

6 – No nos acerquemos nunca a un lugar donde existan descubiertas prendas o dinero. Una persona de elevados principios no debe, en verdad, hacerse la injuria de admitir como posible que se le atribuya jamás una acción torpe; mas el que echa de menos una cosa de su propiedad, necesita poseer principios igualmente elevados para apartar de sí una sospecha indigna, y así, la prudencia nos aconseja ponernos en todos los casos fuera del alcance de la más infundada y extravagante imputación.

7 – Las personas bien educadas se abstienen severamente de levantar la voz y de entrar en discusiones acaloradas en los establecimientos públicos; y huyen de encontrarse ellos en lances que hayan de referirse luego, y generalizarse hasta caer bajo el dominio del público.

8 – Cuando nos encontremos en una fonda o restaurante, jamás paguemos lo que se haya servido a una persona con quien no tengamos amistad, pues esto, lejos de ser un obsequio, es un acto incivil y hasta cierto punto ofensivo.

9 – Tampoco nos es lícito ofrecer en un restaurante comidas ni bebidas a personas que no sean de nuestra amistad.

10 – Evitemos, en cuanto nos sea posible, el que otro pague lo que nosotros hayamos tomado; fuera de los casos en que preceda una invitación especial, pues entonces la sola pretensión de pagar nosotros, sería una ofensa que haríamos al amigo que ha querido obsequiarnos.

11 – Cuando ocasionalmente nos encontremos en un restaurante con amigos nuestros y tomemos junto con ellos alguna cosa, sin invitación especial de ninguno, procuraremos ser nosotros los que paguemos; sin llamar para ello la atención de modo alguno, a fin de que no se crea que sólo hemos querido afectar generosidad, ofreciendo a otros la ocasión de acudir a relevarnos del pago. Nada hay, por otra parte, más ridículo, más indecoroso, ni más indigno, que la conducta de aquellos que después de haber comido o bebido en tales casas en compañía de sus amigos, se alejan disimuladamente y con mal fingidos pretextos en la oportunidad de pagar.

12 – Cuando en el ascensor o elevador de un hotel, restaurante, etc., se encuentran señoras, los caballeros se descubren, puesto que el establecimiento debe considerarse como residencia accidental de aquéllas, y es de elemental educación no permanecer cubierto en casa ajena.

13 – No es tan riguroso este acto de cortesía en el elevador de otros edificios públicos, en los que este medio de transporte puede equipararse a un tranvía, donde nunca nos descubrimos aun cuando en él viajen señoras. Sin embargo, es recomendable hacerlo para el caballero que vaya acompañando a una dama (N. del E.).

VII

Del modo de conducirnos en los viajes

1 – Cuando hayamos de viajar en compañía de otras personas, seamos exactos en reunirnos con ellas a la hora señalada para emprender la marcha; pues si siempre es impolítico hacerse esperar, lo es todavía más en estos casos, en que toda demora produce trastornos y aun perjuicios de más o menos trascendencia.

2 – En los caminos se relaja un tanto la severidad de la etiqueta, y pueden dirigirse un saludo las personas entre sí desconocidas que se encuentren; pero este saludo, que adelantará el inferior deberá ser autorizado por una mirada del superior.

3 – Para los casos en que se ha de viajar en un carruaje público es enteramente excusada la recomendación del párrafo 1, por cuanto no esperándose entonces por ningún pasajero, cada cual tendrá el cuidado de acudir oportunamente a tomar su asiento. Pero existen reglas que se observan cuando una vez llegada la hora de la partida, se viaja de esta manera, y vamos a exponerlas en los párrafos siguientes.

4 – El caballero ofrecerá la mano a la señora, para subir al coche y para bajar de él; y de la misma manera, cederá su asiento a una señora a quien haya tocado uno menos cómodo o menos digno. Para esto es conveniente saber que los asientos más cómodos, son los del fondo del coche, y los menos cómodos, todos los que tienen la espalda hacia su frente; y que de los primeros los preferentes son siempre los de la derecha, y de los segundos los de la izquierda. Cuando los asientos son laterales, los más cómodos, y al mismo tiempo preferentes, son los que están más hacia el fondo del coche; a menos que en este lugar esté la puerta como sucede en los ómnibus, pues entonces la comodidad y la preferencia están en razón de la mayor distancia de aquélla.

5 – Las señoras, por su parte, procurarán no abusar de la preferencia que la urbanidad les concede, aceptando sin instancias un asiento que no les pertenezca; a menos que las circunstancias sean tales, que la fácil prestación no haga recaer sobre ellas la nota de inconsideradas.

6 – En los coches pueden entrar en conversación personas que no se conozcan entre sí; pero nunca será el inferior el que dirija primero la palabra al superior, ni el caballero a la señora, ni la señorita al caballero. Entre señoras, señoritas y caballeros, una notable diferencia de edad puede autorizar la alteración de esta regla, dirigiendo primero la palabra, por ejemplo, un anciano a una señora joven, o una señorita a un joven de mucho menor edad que ella.

7 – Según lo hemos indicado ya (párrafo 2), la etiqueta en los viajes no es tan severa como en las demás situaciones sociales; así, al mismo tiempo que nos está permitido conversar en un coche con personas que nos son absolutamente extrañas, podemos, igualmente, sin faltar a la urbanidad, dejar

de tomar parte en la conversación general, guardar absoluto silencio, limitándonos a contestar a lo que se nos pregunte, y aun entregarnos a la lectura o al sueño.

8 – Es un acto extraordinariamente incivil el fumar dentro de un coche, aun cuando no haya entre los pasajeros ninguna señora; cuando la hay, no es posible que exista un hombre medianamente educado que sea capaz de hacerlo.

9 – En los lugares donde se detenga el coche, veamos si las señoras que vayan con nosotros desean algo que les podamos proporcionar, y ofrezcámosles de las comidas y bebidas que encontremos.

10 – En los viajes por mar se observarán los mismos principios que rigen para los viajes en coche, debiendo siempre el hombre de buena educación sacrificar su propia comodidad a la de las señoras, y mostrarse en todas ocasiones cortés y condescendiente.

11 – Si por desgracia amenaza algún peligro a la embarcación en que nos encontramos, rodeemos a las señoras; y aun cuando nos sintamos impresionados y temerosos nosotros mismos, procuremos aparecer ante ellas tranquilos y serenos, a fin de consolarlas y de comunicarles aquel grado de valor que se necesita en tales ocasiones.

12 – Terminado un viaje, cesa enteramente la comunicación en que durante él hayan estado las personas entre sí desconocidas; y en los lugares en que más adelante se encontraren, toca a las señoras autorizar con una mirada el saludo de los caballeros, y a los superiores el de los inferiores.

13 – En los coches del ferrocarril, los asientos más cómodos son aquellos que permiten al viajero mirar naturalmente en la misma dirección en que el tren marcha, y de las dos localidades en que se divide cada asiento, es mejor aquella que está junto a la

ventanilla. En los coches dormitorios, el billete de cama baja da derecho a ocupar el asiento preferente.

14 – Ha sido costumbre que el lado derecho del asiento posterior del automóvil, se reserve a las personas de mayor respeto. Sin embargo, si el caballero ha de entrar o salir forzosamente por la portezuela de la derecha molestando al pasar a la señora que ocupa el indicado asiento, es preferible que ésta se siente en el de la izquierda. Así, el caballero puede más fácilmente salir del coche, y ofrecer la mano a las damas cuando éstas desciendan.

15 – En los tranvías y autobuses es de rigor que los caballeros cedan sus asientos a las damas que se ven obligadas a permanecer de pie por falta de lugares donde acomodarse. (N. del E.).

LAS COPAS

En realidad el tipo de copa que se utiliza para servir cada clase de vino no es trascendental, más aún en una comida algo informal y a sabiendas de que vivimos en una sociedad moderna un tanto práctica, en la que las reglas de etiqueta por lo general suelen ser bastante flexibles. No obstante, si desea seguir las normas de etiqueta al pie de la letra para causar una buena impresión de refinamiento y elegancia, puede esmerarse y guiarse por las siguientes guías: Para el sherry, debe usarse una copa fina y alargada de tamaño mediano; para los vinos de mesa en general (rojo y blanco) se usa la copa tradicional grande en forma de tulipán; el oporto se suele servir en una copa mediana, similar a la que se usa para el sherry, pero no tan alargada y un poco más redondeada; para el champagne se usa una copa alargada y fina, con una base bastante larga; los licores, por otra parte, se sirven en una copita pequeña en forma de dedal, aunque ahora existen muchos estilos de este tipo de copa muy modernos que vienen en combinación con el escanciador y que resultan igualmente apropiadas y elegantes; el brandy se sirve a temperatura ambiente y en la copa tradicional, es decir, la copa grande de base gruesa y redondeada y la parte superior más angosta.

Capítulo Quinto

DEL MODO DE CONDUCIRNOS EN SOCIEDAD

I

De la conversación

A

De la conversación en general

1 – La conversación es el alma y el alimento de toda sociedad, por cuanto sin ella careceríamos del medio más pronto y eficaz de transmitir nuestras ideas, y de hacer más agradable y útil el trato con nuestros semejantes. Pero pensemos que ella puede conducirnos a cada paso a situaciones difíciles y deslucidas, cuando no se esté presidida por la dignidad y la discreción, y que no basta el deseo y la facilidad de comunicar nuestros pensamientos, para hacerlo de manera que nos atraigamos el aprecio y la consideración de las personas que nos oyen.

2 – Nada hay que revele más claramente la educación de una persona, que su conversación: el tono y las inflexiones de la voz, la manera de pronunciar, la elección de los términos, el juego de la fisonomía, los

movimientos del cuerpo, y todas las demás circunstancias físicas y morales que acompañan la enunciación de las ideas, dan a conocer, desde luego, el grado de cultura y delicadeza de cada cual, desde la persona más vulgar hasta aquella que posee las más finas y elegantes maneras.

3 – La infinita variedad de los asuntos que se tratan en sociedad, los diferentes grados de instrucción y de experiencia que muestran los interlocutores, el empeño que naturalmente toma cada cual en discurrir con erudición y acierto, y las diversas facetas que presenta el corazón humano en el comercio general de las opiniones, dan a la conversación un carácter eminentemente instructivo, y la hacen servir eficazmente al desarrollo de las facultades y al importante conocimiento del mundo.

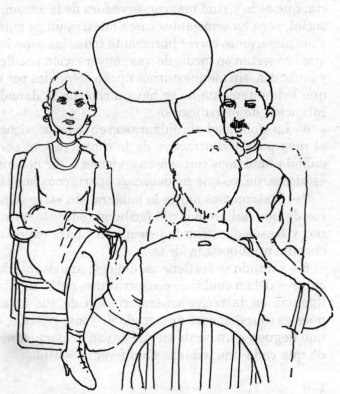

4 – La conversación debe estar siempre animada de un espíritu de benevolencia y consideración que se extienda, no sólo a todos los circunstantes, sino también a los que no se hallan presentes, siendo muy digno de notarse, que toda idea ofensiva a personas ausentes incluye también la falta de ofender el carácter de las que nos oyen, por cuanto de ese modo las consideramos capaces de hacerse cómplices de semejante vileza.

5 – Por muy discretas y muy cultas que sean las personas con quienes acostumbremos conversar, pensemos que alguna vez podremos oír palabras que bajo algún aspecto nos sean desagradables, pues en el ancho espacio que recorre la conversación, difícil es que sean siempre lisonjeados todos los gustos, todas las opiniones y todos los caprichos. La tolerancia, que es la virtud más conservadora de la armonía social, será en semejantes casos nuestra única guía; y así, dejaremos correr libremente todas las especies que se viertan en medio de una conversación pacífica y amistosa, sin manifestarnos nunca ofendidos por lo que evidentemente no se haya dicho con la dañada intención de mortificarnos.

6 – La afabilidad y la dulzura son en todas ocasiones el más poderoso atractivo de la conversación; pero cuando hablamos con señoras, vienen a ser deberes estrictos, de los que no debemos apartarnos jamás.

7 – No tomemos nunca la palabra, sin estar seguros de que hallaremos con facilidad todos los términos y frases que sean indispensables para expresar claramente nuestras ideas.

8 – Cuando se sostiene un diálogo, ambos interlocutores deben cuidar de conservar una perfecta inteligencia en la recíproca enunciación de sus ideas, pues es sobre manera desagradable y aun ridículo, el que lleguen a un punto en que hayan de persuadirse de que cada uno hablaba en diferente sentido.

9 – En el caso de conocer que la persona con quien hablamos no nos ha comprendido, guardémonos de decirle usted no me entiende, ni ninguna otra expresión semejante que pueda ofender su amor propio. Aunque creamos habernos explicado con bastante claridad, la buena educación exige que aceptemos siempre como nuestra la falta, y que con suma naturalidad y buen modo le digamos: «Veo que no he tenido la fortuna de explicarme bien; sin duda no he sabido hacerme entender»; o cualquiera otra cosa concebida en términos análogos.

10 – Tengamos especial cuidado de no perder jamás en sociedad la tranquilidad del ánimo, pues nada desluce tanto en ella a una persona, como una palabra, un movimiento cualquiera que indique exaltación o enojo. Cuando los puntos sobre los que se discurre se hacen controvertibles, se pone a prueba la civilidad y la cultura de los que toman parte en la discusión; y si queremos en tales casos salir con lucimiento y dar una buena idea de nuestra educación, refrenemos todo arranque del amor propio, y aparezcamos siempre afables y corteses.

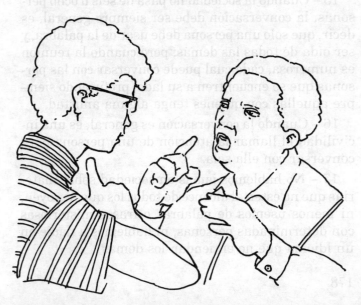

11 – En ningún caso entremos en una discusión con una persona, sobre materias que no interesen evidentemente a los demás circunstantes.

12 – Desde el momento que en una discusión observemos que nuestro adversario echa mano de sofismas, interpreta torcidamente nuestros conceptos, o bien empieza a perder la calma y a exaltarse, abandonemos decididamente la cuestión por medio de palabras suaves y corteses.

13 – Evitemos siempre entrar en discusión con personas que no sean conocidamente discretas y de buen carácter; y sobre todo con aquellas que estén siempre animadas de un espíritu disputador y de contradicción.

14 – Si a veces es lícito comunicar a nuestro razonamiento aquel grado de calor y energía, que se permiten los hombres cultos en medio de una decente discusión, tengamos presente que, en sociedad, con señoras, jamás debemos salir de un tono dulce y afable, sean cuales fueren las materias que con ellas discutamos.

15 – Cuando la sociedad no pasa de seis u ocho personas, la conversación debe ser siempre general, es decir, que sólo una persona debe usar de la palabra, y ser oída de todas las demás; pero cuando la reunión es numerosa, cada cual puede conversar con las personas que se encuentren a su lado, prefiriendo siempre aquellas con quienes tenga alguna amistad.

16 – Cuando la conversación es general, es una incivilidad el llamar la atención de una persona para conversar con ella sola.

17 – No hablemos jamás en sociedad sobre materias que no estén al alcance de todos los que nos oyen, ni menos usemos de palabras o frases misteriosas con determinadas personas, ni hablemos a nadie en un idioma que no entiendan los demás.

18 – Cuando se nos dirija una pregunta, y no podamos o no debamos satisfacerla, no contestemos con palabras que puedan arrojar la nota de indiscreción sobre la persona que nos habla.

19 – Es intolerable la costumbre que llegan a contraer algunos de hablar siempre en términos chistosos y de burla; y más intolerable todavía la conducta de aquellos que se esfuerzan en aparecer como graciosos. El chiste en sociedad necesita de gran pulso para que no se convierta en una necia y ridícula impertinencia; y no es, a la verdad, el que se afana en hacer reír, el que generalmente lo consigue.

20 – Cuando en un círculo llegan todos a guardar silencio, toca siempre al dueño de la casa, o a la persona más caracterizada, tomar la palabra para reanimar la conversación.

21 – Cuando acontezca que dos personas tomen simultáneamente la palabra, el inferior la cederá siempre al superior, y el caballero a la señora.

22 – Siempre que una persona canta, toca, o hace cualquiera otra cosa con el objeto de agradar a la sociedad, es una imperdonable incivilidad el conversar, aun cuando se haga en voz baja.

23 – Jamás deja de ser molesta y fastidiosa la conversación de una persona, cuando ésta habla con exceso. Los que llegan a adquirir este hábito, concluyen por hacerse intolerables en sociedad, y no hay quien no evite encontrarse con ellos.

24 – Es igualmente insoportable la excesiva parsimonia en el hablar. La persona que por lo general no hace otra cosa que oír a los demás, manifiesta un carácter insociable y reconcentrado, o bien una carencia absoluta de dotes intelectuales, circunstancias ambas que la excluyen de todo círculo de gente culta y bien educada.

COMPORTAMIENTO EN EL RESTAURANTE

Ante todo, recuerde siempre que, por mucha hambre que se tenga, nunca debe tirarse sobre el plato del pan y la mantequilla antes que lleguen los entremeses. Por ningún motivo puede tomar algo de un plato ajeno. Sólo a los enamorados o recién casados se les permite esto, y aún así deberán hacerlo con suma discreción. Si le falta algo, haga una señal discreta al camarero para que éste se lo proporcione. No haga como esas personas que siempre parecen estar insatisfechas de todo, pues tratan de dar la impresión de que son grandes conocedoras. No obstante, resulta muy desagradable y pedante su actitud para todos los presentes en la mesa, así como para el personal del restaurante. Si usted es una de esas personas de carácter jovial que siempre están alegres, de buen humor y gustan de hacer chistes para alegrar a los demás, debe evitar reírse demasiado estrepitosamente o hablar demasiado alto. Sólo las personas en su mesa deben poder oír sus chistes o comentarios. Las personas de la mesa contigua no tienen por qué participar también en sus narraciones, por muy divertidas que éstas sean.

B

Del tema de la conversación

1 – Al presentar un tema cualquiera de conversación, consultemos el carácter, las inclinaciones, las opiniones y todas las demás circunstancias de las personas que componen la sociedad, y en especial las de la familia de la casa en que nos encontremos, a fin de asegurarnos de que el asunto que elegimos ha de interesar a todos los que se hallen presentes, o de que, por lo menos, no habrá de serles desagradable bajo ningún respecto.

2 – Procuremos hablar a cada persona sobre aquellas materias que le son más familiares, y en que pueda por lo tanto discurrir con mayor facilidad y lucimiento; pero evitemos toda falta de naturalidad y discreción en este punto, pues el contraer demasiado la conversación a la profesión o industria de la persona con quien hablamos, podría hacerle pensar que nosotros la considerábamos carente de otros conocimientos.

3 – Siempre que nos reconozcamos incapaces de alimentar la conversación de una manera agradable a las personas con quienes nos encontramos, guardémonos de tomar en ella una parte activa, y limi-

181

témonos a seguir el movimiento que otros le impriman, emitiendo observaciones generales, que no nos conduzcan a poner en descubierto nuestra insuficiencia.

4 – La variedad de los temas contribuye en gran manera a amenizar la conversación; pero téngase presente que no se note haberse agotado ya el interés de aquél sobre que se discurre. Mientras el movimiento de la conversación sea rápido y animado, debe suponerse que la sociedad no desea pasar a otro asunto; y sólo nos sería lícito prescindir de esta consideración, cuando tuviéramos la seguridad de que llamando su atención hacia un objeto distinto la haríamos ganar notablemente en utilidad o placer.

5 – Es además indispensable encadenar en lo posible los diversos temas de la conversación, de manera que, al pasar de uno a otro, el que se introduce tenga alguna relación con el que se abandona. Puédese, no obstante, presentar un tema totalmente inconexo, 1°., cuando se sabe que la materia que ocupa a la sociedad, no puede menos de ser desagradable para algunos de los circunstantes; 2°., cuando la conversación toma un giro que pueda conducirla a turbar la armonía o buen humor de la sociedad; 3°., cuando el movimiento de la conversación es lento y pesado, necesitando por lo tanto la sociedad de otro tema cualquiera que despierte su interés; 4°., cuando la sociedad divaga indiferentemente en materias de poca importancia; 5°., cuando el tema que se presente sea tan interesante, que no dé lugar a extrañar su falta de relación con el que se abandona.

6 – Las personas de mayor respetabilidad que se encuentran en un círculo, son las que principalmente están llamadas a variar los temas de la conversación.

7 – Los temas que generalmente son más propios de la conversación en sociedad, son aquellos que versan sobre acontecimientos coetáneos que no ata-

quen en manera alguna la vida privada, sobre las virtudes de alguna persona, sobre literatura, historia, ciencias y artes, y muy especialmente sobre asuntos que tengan vivamente interesada la atención pública.

8 – Cuando en el círculo en que nos encontramos se manifiesta una general tendencia a discurrir sobre un asunto determinado, es altamente impolítico llamar la atención de los circunstantes, para ocuparla en materias indiferentes o que no tengan una grande importancia.

9 – Es una vulgaridad hablar en sociedad detenidamente de nuestra familia, de nuestra persona, de nuestras enfermedades, de nuestros conflictos, de nuestros negocios y materias puramente profesionales. La persona, por ejemplo, que entrase en una tertulia a hacer la historia de una enfermedad, se haría imponderablemente fastidiosa; y el abogado o comerciante que ocupasen la atención de los demás en los asuntos que traen entre manos, o en razonamientos abstractos sobre sus respectivas profesiones, aparecerían además como hombres de pequeños alcances.

10 – Hay personas que tienen un tema favorito, sobre el cual discurren en todos los círculos en que se encuentran, y otras que contraen el hábito de no hablar sino de aquellas materias que son de su particular agrado. Las primeras obran de un modo altamente ridículo; y las segundas dan una muestra de poca consideración a la sociedad.

11 – Guardémonos de presentar un tema de conversación sacado de una materia cuyo estudio estemos haciendo; a más de que no podríamos discurrir con facilidad y acierto, nos expondríamos a que alguno de los circunstantes, que dominara la materia, nos llamase en la conversación a puntos distantes que nos fuesen aún desconocidos, quedando desde luego

conceptuados nosotros como pedantes, o cuando menos como imprudentes.

12 – Las personas bien educadas no hablan jamás contra las ajenas profesiones. La costumbre de denigrar a los médicos y a su ciencia, cuando no han alcanzado a salvar la vida de un deudo o amigo, es tan sólo propia de gente ordinaria y de mal carácter; incluye casi siempre el odioso sentimiento de la ingratitud y muestra poco respeto a los decretos del Altísimo.

13 – Los que se encuentran empeñados en una litis, o traen entre manos cualquier negocio de importancia que les ofrece dificultades graves, se preocupan generalmente hasta el punto de contar con que todos participan de sus impresiones, y a cada paso pretenden hacer de la idea que los domina el tema de la conversación. Tengamos por regla segura e invariable, que esta especie de temas son altamente fastidiosos en sociedad, jamás incurramos en el error de medir por el interés que en nosotros exciten, el interés de las personas que nos oyen.

14 – Al incorporarse a un círculo una persona cuyas circunstancias no exijan que se varíe de tema, corresponde al dueño de la casa, o al que llevare la palabra, imponerle brevemente del asunto de que se trata, epilogando, si es posible, las observaciones más importantes que sobre él se hayan hecho, a fin de que pueda tomar parte en la conversación.

15 – En cuanto a la persona que se incorpora a un círculo, se abstendrá severamente de inquirir el asunto de que se trataba antes de su llegada; y si, conforme a lo prevenido en el párrafo anterior, le fuere dado espontáneamente este informe, se guardará de tomar la palabra inmediatamente, esperando para ello a que lo hayan hecho otras personas.

C

De las condiciones físicas de la conversación

1 – El razonamiento debe ser claro, inteligible y expresivo; coordinando las ideas de manera que la proposición preceda a la consecuencia, y que ésta se deduzca fácil y naturalmente de aquélla; empleando para cada idea las palabras que la representen con mayor propiedad y exactitud; evitando comparaciones inoportunas e inadecuadas; eslabonando los pensamientos de manera que todos sean entre sí análogos y coherentes; huyendo de digresiones largas o que no sean indispensables para la mejor inteligencia de lo que hablamos; y finalmente, limitando el discurso a aquella extensión que sea absolutamente necesaria, según la entidad de cada materia, a fin de no incurrir nunca en la difusión, que lo oscurece y enerva, y lo despoja al mismo tiempo de interés y atractivo.

2 – El estilo en la conversación será más o menos llano y sencillo, según el grado de inteligencia y cultura de las personas con quienes se hable, y según la mayor o menor amistad que con ellas se tenga. Pero

adviértase que aun conversando con personas doctas y de etiqueta, será siempre ridículo el excesivo esmero en la elección de las palabras y frases.

3 – Sin el conocimiento de las reglas gramaticales del idioma que se habla, no es posible expresarse jamás con aquella pureza de lenguaje que es tan indispensable para el trato con gentes cultas y bien educadas; y es de advertirse, que por muy adornada de buenas cualidades sociales que aparezca una persona, las faltas gramaticales en que incurra comunicarán a su conversación cierto grado de vulgaridad que eclipsará notablemente su mérito. ¿Hasta qué punto no se desluce el que dice *cualesquier* cosa por *cualquier* cosa, *dijistes* por *dijiste*, *yo soy de los que digo* por *yo soy de los que dicen*, *cabayo* por *caballo*, *háyamos* por *hayamos*?

4 – El estudio de la gramática es, por tanto, indispensable a todas las personas que aspiran a poseer una buena educación, las cuales procurarán adquirir, por lo menos, aquellos conocimientos que basten para hablar con propiedad, y para conocer los giros del idioma que sirven para expresar más claramente cada idea.

5 – Es igualmente importante poseer una buena pronunciación, articulando las palabras clara y sonoramente, sin omitir ninguna sílaba ni alterar su sonido, y elevando o deprimiendo la voz, según las reglas prosódicas y ortológicas.

6 – El tono de la voz debe ser suave y natural en toda conversación sobre materias indiferentes, esforzándolo tan sólo en aquellas que requieran un tanto de calor y energía, aunque jamás hasta hacerlo penetrante y desapacible. En la mujer, como ya hemos dicho, página 137, párrafo 2, la dulzura de la voz es no sólo una muestra de cultura y de buena educación, sino un atractivo poderoso y casi peculiar de su sexo.

7 – Las personas que tienen naturalmente una voz demasiado grave o demasiado aguda deben tener especial cuidado, al esforzarla, de no llegar a hacerla desapacible; sin que por esto se entienda que dejen de darle aquella modulación que exigen siempre los sonidos orales, para no incurrir en la monotonía, que es un defecto no menos fastidioso y desagradable al oído.

8 – Así la lentitud como la rapidez en la expresión, cuando se hacen habituales, son extremos igualmente viciosos y repugnantes. Pero conviene observar que según es la naturaleza del asunto, y según el grado de interés o curiosidad que ha llegado a excitarse en los oyentes, así debe hablarse con mayor o menor pausa o celeridad. Un asunto serio requiere generalmente una expresión más o menos lenta; al paso que la relación de un hecho interesante o chistoso se haría pesada y molesta, si no estuviese animada por una pronta y desembarazada locución.

9 – Guardémonos de pronunciar las palabras con ese tono enfático, acompasado y cadencioso, que algunos emplean para darse importancia, y con el cual sólo consiguen ridiculizarse y rebajar a veces el mérito real que poseen, mérito que resaltaría indudablemente en el fondo de una conversación sencilla y natural.

10 – La palabra debe ir acompañada de una gesticulación inteligente y propia y de ciertos movimientos del cuerpo que son tan naturales y expresivos, cuanto que en ellos se reflejan siempre unas mismas ideas, sea cual fuere el idioma que se hable. Pero esta gesticulación y estos movimientos no tienen siempre igual grado de expresión y vehemencia, pues dependen de la gravedad o sencillez del asunto de que se trata y de la mayor o menor circunspección que imponen el carácter y las demás circunstancias de las personas que oyen.

11 – La fisonomía del que habla debe presentar las mismas impresiones que sus ideas han de producir en los demás; así es que en ella han de encontrarse los rasgos del dolor o de la compasión, si trata de acontecimientos tristes y desastrosos, o de las desgracias y miserias de sus semejantes; y los de la alegría, si el asunto que le ocupa es agradable o chistoso. La persona que tomara un semblante festivo al discurrir sobre una materia de suyo imponente y grave, o un semblante serio y adusto al referir una anécdota divertida, o que conservara una fisonomía inalterable en toda especie de razonamientos, no movería jamás el interés de sus oyentes, y daría a su conversación un carácter ridículo y fastidioso.

12 – El juego de la boca, que tanto contribuye a la expresión de la fisonomía, debe ser enteramente propio y natural. Las personas que apenas separan los labios para despedir la voz, las que los separan demasiado y las que dan a la boca movimientos estudiados y extravagantes, no sólo se ridiculizan, sino que renuncian a todo el atractivo que este importante órgano está llamado a comunicar a la conversación.

13 – Los movimientos del cuerpo deben identificarse de tal modo con la naturaleza de las ideas, y con la energía de la expresión, que formen un todo con las palabras, y no se hagan jamás notables por sí solos. Una persona que al hablar mantuviese el cuerpo enteramente inmóvil comunicaría cierta insipidez aun a la conversación más interesante; pero aquella que lo moviese demasiado, haciéndolo girar fuera de la órbita de los pensamientos, oscurecería sus propios raciocinios y fatigaría la atención de sus oyentes.

14 – Por lo que hace a las manos, ellas desempeñan, especialmente la derecha, un papel importantísimo en la conversación. Sus movimientos deben también formar un todo con las palabras; pero como son movimientos más notables que los del resto del cuerpo, necesitan ser cuidadosamente estudiados, a fin de que den fuerza y energía a la expresión, lejos de contrariar o debilitar su efecto.

15 – Ambas manos deben tomar parte en la acción; pero si la izquierda puede muchas veces mantenerse inmóvil, especialmente en una conversación llana y sencilla, no sucede así con la derecha, la cual debe acompañar la enunciación de casi todas las ideas. Y téngase presente, que de todos los movimientos, los de las manos son los que menos pueden exagerarse sin dar una muestra de poca cultura, y

sin comunicar a toda la persona un aire tosco y enfadoso.

16 – Son actos vulgares e inciviles, el remedar en la conversación a otras personas, imitar la voz de los animales o cualesquiera otros ruidos, hablar bostezando, ponerse de pie en medio del discurso, hablar en voz baja con otra persona en una conversación general, y sobre todo, tocar los vestidos o el cuerpo de aquellos a quienes se dirige la palabra. La mujer que tocase a un hombre, no sólo cometería una falta de civilidad, sino que aparecería inmodesta y desenvuelta; pero aún sería mucho más grave y más grosera la falta en que incurriera el hombre que se permitiese tocar a una mujer.

17 – Dirijamos siempre la vista a la persona con quien hablamos. Los que tienen la costumbre de no ver la cara a sus oyentes son por lo general personas de mala índole o de poco roce con las gentes; y es además de notarse que así pierden la ventaja de conocer en los semblantes las impresiones que producen sus razonamientos.

18 – Cuando tomemos la palabra en una conversación general, dirijámonos alternativamente a todos los circunstantes, con un juicioso discernimiento de los pasajes del discurso que a cada cual puedan ser más interesantes. Pero en estos casos habrá siempre una persona en quien deberemos fijarnos más frecuente y detenidamente, y ésta será, con la preferencia que marca el orden en que van a expresarse, una de las siguientes: 1°., la persona con quien sostengamos un diálogo; 2°., la que de cualquier modo nos excite a hablar, menos cuando sea pidiéndonos la relación de un hecho que ya conoce, para que lo oiga otra persona, pues entonces será ésta la preferente; 3°., la señora de la casa; 4°., el señor de la casa; 5°., la persona del círculo con quien tengamos mayor amistad.

19 – Usemos siempre de palabras y frases de cumplido, de excusa o de agradecimiento, cuando preguntemos o pidamos algo, cuando nos importe y nos sea lícito contradecir a una persona, y cuando se nos diga alguna cosa que nos sea agradable; como por ejemplo: *sírvase usted decirme, tenga usted la bondad de proporcionarme, permítame usted que le observe, dispénseme usted, perdóneme usted, y doy a usted las gracias*, etc. Pero no sembremos demasiado la conversación de estas expresiones, sobre todo cuando no hablemos con señoras, lo cual la haría empalagosa y fatigante, y manifestaría estudio y afectación, donde el principal mérito consiste en la sinceridad.

20 – Es una costumbre incivil y ridícula, y que hace la conversación sumamente pesada y desagradable, la de interrumpirse a cada instante para dirigir a la persona con quien se habla las preguntas: *¿Está usted? ¿Comprende usted? ¿Me entiende usted?*, y otras semejantes.

21 – Cuando hablemos con señoras, con personas

de poca confianza, o con cualquiera que por su edad y demás circunstancias sea superior a nosotros, no contestemos nunca *sí* o *no*, sin añadir las palabras *señor* o *señora*.

22 – Debemos anteponer las palabras *señor* o *señora*, a los nombres de las personas que mencionemos en la conversación. Los que adquieren la costumbre de omitirlas no saben, sin duda, cuán grave es la falta en que incurren, ni cuánto se deslucen ante las personas sensatas y bien educadas que los oyen. Sin embargo, la igualdad en la edad, unida a una íntima confianza, podrá a veces autorizarnos para omitir aquellas palabras; pero en esto debe guiarnos siempre la discreción, pues hay ocasiones, como cuando hablamos en un círculo de etiqueta, en que semejante omisión es absolutamente injustificable.

23 – Delante de personas que no sean de nuestra misma familia, o de nuestra íntima confianza, no hagamos jamás mención de nuestros padres, abuelos, tíos o hermanos, sino por las palabras *mi padre, mi madre, mi abuelo, mi abuela, mi tío N. de N., mi hermano N.* Y cuando hayamos de referirnos a uno de nuestros parientes más cercanos que esté investido de algún título, abstengámonos de expresar éste al nombrarlo.

24 – Tampoco están admitidos en la buena sociedad los refranes y dichos vulgares, las palabras y frases anfibológicas, y toda expresión cuyo sentido sea oscuro y pueda conducir a los oyentes a diversas aplicaciones y conjeturas. El hombre culto apenas se permite uno que otro donaire, uno que otro equívoco presentado con gracia, oportunidad y discreción, y cuya ambigüedad no haga fluctuar un solo instante el juicio de sus oyentes; aunque jamás, cuando se encuentra en círculos de etiqueta; o donde hay alguna persona con quien no tenga ninguna confianza.

25 – No empleemos nunca en la conversación palabras inusitadas, ni las que sean técnicas de alguna ciencia o arte, cuando podamos valernos de vocablos o frases o bien de locuciones perifrásticas, que, sin apartarnos del lenguaje común, nos permitan expresar claramente nuestras ideas.

26 – También debemos abstenernos de introducir en la conversación palabras o frases de un idioma extranjero, cuando no estemos seguros de que lo poseen todas las personas que nos oyen; y aun teniendo esta seguridad, pensemos que el exceso o la inoportunidad en este punto puede comunicar a nuestra conversación cierto sabor pedantesco.

27 – El uso de los adagios y sentencias requiere especial tino y cordura; tanto para no prodigarlos, haciendo de este modo pesado y fastidioso el razonamiento, como para elegir aquellos que sean menos comunes y al mismo tiempo más graves y sentenciosos, y sobre todo más análogos a la idea que vienen a reforzar, adornar o esclarecer.

DETALLE ADICIONAL PARA LA CENA FORMAL

Después de los platos principales e inmediatamente seguido del postre, debe presentarse a los comensales un bol con una toallita para limpiarse las manos. Esto no es indispensable, por supuesto, debido a la gran flexibilidad e informalidad que nos permite nuestra sociedad actual; sin embargo, es absolutamente necesario cuando se ha servido algún plato que haya requerido cierto grado de manipulación con las manos. Aunque este alimento no haya podido ensuciar las manos de sus invitados, siempre este detalle resulta de muy buen gusto y es indicador de consideración y esmero de su parte. Al agua en que se remoja la toallita puede añadírsele unas gotitas de limón o alguna esencia para mayor placer de sus comensales.

D

De las condiciones morales de la conversación

1 – Nuestro lenguaje debe ser siempre culto, decente y respetuoso, por grande que sea la llaneza y confianza con que podamos tratar a las personas que nos oyen.

2 – No nos permitamos nunca expresar en sociedad ninguna idea poco decorosa, aun cuando nazca de una sana intención, y venga a formar parte de una conversación seria y decente. Lo que por su naturaleza es repugnante y grosero, pierde bien poco de su carácter por el barniz de una expresión delicada y culta y con excepción de algún raro caso en que nos sea lícito hablar de cosas tales entre nuestros íntimos amigos, ellas son siempre asuntos de conferencias privadas, que la necesidad preside y tan sólo ella legitima.

3 – Guardémonos de emplear en la conversación palabras o frases que arguyan impiedad, o falta de reverencia a Dios, a los santos y a las cosas sagradas.

4 – Es sobre manera chocante y vulgar el uso de expresiones de juramentos; y de todas aquellas con

que el que habla se empeña en dar autoridad a sus asertos, comprometiendo su honor y la fe de una palabra, o invocando el testimonio de otras personas. El que ha sabido adquirir la reputación de veraz, no necesita por cierto de tales adminículos para ser creído; y puede más bien, al recurrir a ellos, introducir la duda en el ánimo de sus oyentes. Y el que no tiene adquirida tal reputación, en vano buscará en las formas el medio de comunicar fuerza de verdad a sus palabras.

5 – La regla que antecede puede todavía admitir alguna otra excepción entre personas que se tratan con íntima confianza; mas como en este punto no es dable determinar los diferentes casos que pueden ofrecerse, tengamos por único y seguro norte un respeto inalterable a las leyes del decoro, y una atenta observación de lo que se permiten las personas cultas y bien educadas.

6 – Aun en los casos en que, con arreglo a lo establecido en los dos párrafos anteriores, pueda hacerse mención de alguna parte del cuerpo, deben elegirse las palabras más cultas y de mejor sonido, que son las que se oyen siempre entre la gente fina. Las palabras cogote, pescuezo, cachete, etc., serán siempre sustituidas en los diversos casos que ocurren, por las palabras cuello, garganta, mejilla, etc., dejando a la ciencia anatómica la estricta propiedad de los nombres, que casi nunca se echa de menos en las conversaciones comunes.

7 – Por regla general, deberemos emplear en todas ocasiones las palabras más cultas y de mejor sonido, diciendo, por ejemplo: puerco por cochino; aliento o respiración por resuello; arrojar sangre por echar sangre, etc., etc. Pero conviene observar el uso de las personas verdaderamente instruidas y bien educadas, y tener algún conocimiento de la sinonimia de la lengua que se habla a fin de no incurrir

en el extremo de emplear palabras y frases alambicadas y redundantes, ni echar mano de aquellas que no hayan de expresar clara y propiamente las ideas.

8 – Respecto de las interjecciones, y de toda palabra con que hayamos de expresar la admiración, la sorpresa o cualquiera otro afecto del ánimo, cuidemos igualmente de no emplear jamás aquellas que la buena sociedad tiene proscritas, como caramba, diablo, demonio y otras semejantes.

9 – En ningún caso nos es lícito hacer mención de una persona por medio de un apodo o sobrenombre. Con esto no sólo ofendemos a aquel a quien nos referimos, sino que faltamos a la consideración que debemos a las personas que nos oyen.

10 – La conversación entre personas de distinto sexo debe estar siempre presidida por una perfecta delicadeza, por una gran mesura, y por los miramientos que se deben a la edad, al carácter y al estado de cada uno de los interlocutores. Por regla general, un hombre no se permitirá jamás ninguna palabra, frase o alusión que pueda alarmar el pudor de una mujer; así como tampoco podrá una mujer dirigir a ningún hombre expresiones inmoderadas o irrespetuosas, que pongan a una dura prueba la esmerada consideración que se debe a su sexo.

11 – El medio más natural y expresivo para agradar a los demás en sociedad es ciertamente el de la palabra; y un hombre de buenas maneras lo aprovecha siempre en su trato con el bello sexo, sembrando su conversación de manifestaciones galantes y obsequiosas, que toma en la fuente de la discreción y el respeto, y dirige con exquisita delicadeza y evidente oportunidad. Pero téngase presente que es altamente impropio y desacatado el uso de requiebros y zalamerías en todas ocasiones, con toda mujer con quien se habla, sin miramiento alguno a la edad, al estado, ni a las demás circunstancias de las perso-

nas, y sin atender al grado de confianza que con ellas se tiene.

12 – El hombre que incurre en la falta indicada en el párrafo anterior no ofende tan sólo la dignidad de la mujer, sino también su amor propio; pues al ocupar tan frívolamente su atención, la declara de hecho incapaz de sustentar una conversación más seria e interesante. Y la mujer juiciosa y culta que así se ve tratada debe rechazar el insulto y hacerse respetar, combinando para ello la moderación, que le es tan propia, con la energía y la firmeza de que en tales casos debe también vestirse.

13 – Nada hay más vulgar ni más grosero, que la costumbre de usar de chanzas e indirectas con referencia a relaciones entre personas de distinto sexo, sobre todo cuando aquella a quien se dirigen está acompañada con alguna otra, y cuando no se tiene con ella una íntima confianza.

14 – La natural propensión que todos tenemos a echar mano de la sátira en nuestros razonamientos, no debe ser enteramente reprimida, sino ilustrarse y morigerarse, para que pueda ser dirigida de una manera discreta, inofensiva y conveniente. La sátira es una de las sales que más sazonan la conversación, y tiene además la tendencia moral de corregir y mejorar las costumbres; pero jamás cuando se la emplea en atacar la dignidad o el amor propio de señaladas personas, pues entonces se convierte en un arma envenenada y alevosa, tan sólo propia para encender y dividir los ánimos, y para destruir las más sólidas relaciones sociales.

15 – Otro tanto debe decirse de la ironía, la cual comunica a la conversación cierta gracia que la hace animada y agradable, cuando se usa con prudente oportunidad y sin ofensa de nadie.

16 – Las personas vulgares y de mala índole sacrifican frecuentemente las más graves consideraciones sociales, a la necia vanidad de aparecer como agudas y graciosas, y con una sola expresión satírica o irónica llevan a veces la intranquilidad y la amargura al seno de una familia entera. Tan torpe conducta debe excitar siempre la indignación de todo hombre de bien, y encontrar en los círculos de la gente de moralidad y de cultura la reprobación que merece, en lugar del aplauso que busca.

17 – Excluyamos severamente la ironía de toda discusión, de todo asunto serio, y de toda conversación con personas con quienes no tengamos ninguna confianza. Cuando hayamos de refutar las opiniones de los demás, o de responder a un argumento, y siempre que se nos hable con seriedad y se espere de nosotros una contestación, toda frase irónica será considerada como una manifestación de menosprecio, y por lo tanto, como un insulto.

18 – No emitamos nunca un juicio que hayamos

formado por sospechas, propias o ajenas, o por relaciones poco fidedignas, presentándolo de modo que pueda entenderse que hablamos de un hecho real y verdadero. Y respecto de los juicios que no adolezcan de estos defectos, abstengámonos siempre de emitirlos, cuando directa o indirectamente hayan de recaer sobre personas y puedan por algún respecto serles desagradables.

19 – Seamos muy medidos para sentar principios generales contra las costumbres o defectos de los hombres, pues con ellos podemos desagradar a nuestros mismos amigos, atacar los intereses o el buen nombre de un gremio o corporación, y aun aparecer como excitados por nuestros particulares resentimientos. La persona que asegurase que en el mundo no hay más que ingratos, ofendería naturalmente a sus oyentes; la que hablando de los extravíos de un personaje histórico, los presentase como inherentes a su estado o profesión, arrojaría una mancha sobre todo el gremio; y la mujer, en fin, que dijese que todos los hombres son inconstantes, no guardaría por cierto un perfecto decoro.

NIÑOS BIEN EDUCADOS

Los niños deben ser disciplinados, discretos y obedientes. Debe inculcárseles buenos modales desde pequeños. Al dirigirse a una persona mayor deben hablarle de usted, y usar el nombre de la persona, ej.: señor Roble... Deben evitarse por todos los medios las discusiones cuando hay visitas. Sin embargo, si la situación ocurre a la inversa, es decir, que se encuentra de visita en una casa y el niño motiva la ira de los padres, no debe interferir de ninguna manera. El niño estará demasiado irritado para poder ser sosegado por el visitante. Por otra parte, si el invitado reprocha o critica la conducta del pequeño, sin duda los padres se sentirán ofendidos. Por esto es que decimos que las visitas no deben inmiscuirse jamás en discusiones familiares.

E

De las narraciones

1 – Como el objeto de la narración es imponer a otros de un hecho o anécdota cualquiera, que haya de interesar su atención, y como el que desea desde luego llegar pronto a un cabal conocimiento de aquello que se le refiere, repugna todo lo que puede oscurecer su inteligencia o hacerle esperar innecesariamente, el narrador debe usar siempre de un lenguaje fluido, sencillo y breve, y omitir toda circunstancia inconducente, toda disertación intermedia, y en general todo aquello que embarace o alargue su discurso.

2 – La narración debe ser espiritual y animada, para que no decaiga ni se entibie el interés de los oyentes; empleándose en ella cierto ingenioso y discreto artificio, de manera que los hechos que se refieren se representen vivamente a la imaginación. Para esto es indispensable que los incisos y períodos sean más o menos cortos, según que las cosas hayan pasado con mayor o menor celeridad; que se imite en lo posible el lenguaje de las personas cuyos razonamientos se reproducen, y que la locución se

adapte perfectamente a la naturaleza de los acontecimientos.

3 – Las exposiciones preliminares deben ser cortas, y contraerse exclusivamente a aquellas noticias
que sean indispensables para la inteligencia de lo
que va a referirse. Nada hay más desagradable y fatigante que un preámbulo difuso y minucioso, cuando
se aguarda con interés o curiosidad el asunto principal de la narración. Un narrador entendido y discreto, difiere, por el contrario, algunos datos explicato-
rios que los hechos requieran, para después que ha
satisfecho la ansiedad que ha llegado a descubrir en
sus oyentes.

4 – Igual consideración debe obligarnos a reducir
a estrechos límites la parte descriptiva de las narraciones. A veces es imposible tomar un conocimiento
exacto de los sucesos, sin tener por lo menos una ligera idea de los usos o costumbres de un pueblo, del
carácter o fisonomía de una persona, de la disposición en que estaban ordenados ciertos objetos, de la
topografía de un lugar, de la vista de una ciudad,
de un campo, de un sembrado, etc., etc. Mas en ningún caso debe perderse de vista un solo instante que
la descripción que se haga no es el asunto principal
del discurso, y que ella no debe ir nunca más allá de
la necesidad de ilustrar la atención de los oyentes.

5 – La edad, el carácter, y las demás circunstancias
de las personas que nos oyen, pueden a veces influir
en la mayor o menor brevedad de las narraciones.
Los detalles demasiado minuciosos fastidian a las
personas de edad provecta, y a aquéllas que han elevado su espíritu a mucha altura en alas de las ciencias o de las bellas artes; mas no siempre son oídos
con disgusto por los jóvenes, y por aquellos que sólo
poseen una mediana instrucción.

6 – Jamás emprendamos una narración, sin estar
seguros de que recordemos perfectamente todo lo que

vamos a referir; pues es molesto y pesado que nos detengamos en medio de ella para recorrer en silencio la memoria, y altamente ridículo el tener al fin que renunciar a nuestro propósito, cuando, por haber olvidado enteramente algunos puntos importantes, nos vemos en la imposibilidad de continuar.

7 – Cuando la persona que narra se detenga algunos instantes, tratando de recordar algo que ha olvidado y que nosotros sepamos, abstengámonos de auxiliar su memoria, especialmente si fuere superior a nosotros; mas sea ella quien fuere, si su detención se prolongase, ocurramos discreta y delicadamente a sacarla del embarazo. Y cuando veamos que ha cometido la imprudencia de emprender una narración que no puede continuar, apresurémonos, si conocemos el hecho, a acabarlo de referir, a fin de libertarla de la pena que experimentaría al dejar frustrada la atención de los oyentes.

8 – Podemos añadir algo a lo que otro ha referido, cuando se trata de una materia importante, y estamos en posesión de datos que se han omitido y pueden servir para ilustrarlo con provecho de los oyentes; mas para esto es necesario que tengamos alguna confianza con la persona que ha hecho la narración, y que además nos excusemos con ella cortésmente, por la libertad que vamos a tomarnos de ampliar su discurso.

9 – Sólo entre personas de íntima confianza, y en muy raros casos, puede sernos lícito advertir las inexactitudes en que haya incurrido la que ha referido algún hecho, y esto, pidiéndole el debido permiso. Pero cuando las inexactitudes sean notablemente ofensivas a una persona ausente, podemos en todas ocasiones tomarnos la libertad de demostrarlas, valiéndonos siempre de las palabras más atentas, y alejando toda idea de increpación a aquel que ha hablado contra la realidad de los hechos, aun cuando

tengamos motivos para sospechar que su intención no ha sido enteramente sana.

10 – Cuando advirtamos que el hecho cuya narración emprendemos, es conocido por una de las personas presentes que sea superior a nosotros, excitémosla a que lo refiera ella misma; mas en caso de negarse, no insistamos ni una sola vez en nuestra excitación, pues la prolongación de tales cumplidos y excusas mantendría desagradablemente suspensa la atención de los circunstantes.

11 – No recomendemos nunca el mérito de lo que vamos a referir, especialmente cuando se trate de un asunto chistoso. Nuestra recomendación, lejos de añadir importancia a las cosas, podría más bien atenuar la que realmente tuviesen, porque la imaginación del hombre le hace casi siempre encontrar pequeño lo que se le ha ponderado como grande.

12 – Evitemos el reírnos en medio de la relación que hagamos de suceso chistoso, cuando nuestros oyentes se mantengan serios.

13 – Jamás llamemos la atención de una sociedad, para referir hechos demasiado conocidos o que estén circulando impresos; a menos que tengamos la seguridad de que son ignorados por la mayor parte de los circunstantes, o que expresamente se nos excite a referirlos.

14 – Las anécdotas chistosas sirven en sociedad para comunicar animación y amenidad a la conversación; pero guardémonos enteramente de introducirlas en los círculos de etiqueta, y tengamos gran cuidado de hacerlo con prudente parsimonia en los de poca confianza, y de no prodigarlas ni en los de mucha confianza.

15 – Los que contraen la costumbre de alimentar la sociedad con anécdotas chistosas, manifiestan un entendimiento vacío y un carácter poco elevado; la reputación que llegan a adquirir tan sólo les sirve

para alejarles la consideración y el respeto de las personas de juicio; y al fin concluyen por hacerse pesados en todas partes, pues agotado el caudal de lo verdaderamente gracioso, tienen que echar mano de ocurrencias insípidas y aun de sandeces.

16 – No es libre, por otra parte, referir anécdotas cualesquiera ni de cualquier parte; es necesario que ellas nazcan del tema de la conversación, que sean verdaderamente agradables por la novedad, gracia y agudeza, y que no ocupen por largo tiempo la atención de los circunstantes; requiriéndose, además, que nos sintamos con las dotes que son indispensables para hacer resaltar el mérito de lo que contamos, con el artificio y donaire del relato.

17 – Cuando en un círculo se han referido consecutivamente anécdotas por dos diversas personas, no emprendamos nosotros referir otra inmediatamente, porque de este modo se comunicará a la sociedad cierto carácter frívolo y pueril. Sólo nos sería lícito quebrantar esta prohibición, cuando el mérito de nuestra anécdota fuera tan sobresaliente, que pudiéramos tener la seguridad de excitar en nuestros oyentes un particular interés. Una cuarta persona no deberá jamás permitirse otro tanto.

18 – Antes de resolvernos a referir un hecho o anécdota cualquiera, pensemos si bajo algún respecto puede ser desagradable a alguna de las personas presentes, o a sus allegados o amigos, pues en tal caso deberemos desistir enteramente de nuestro intento.

19 – No es una falta el nombrar a las personas que han intervenido en el hecho que se refiere, cuando sus acciones han sido evidentemente buenas y recomendables; pero si éstas han sido malas, deberán silenciarse absolutamente sus nombres. Y téngase presente que a veces la misma naturaleza de un hecho o

las circunstancias que lo acompañan, dan a conocer a sus autores, aun cuando no sean nombrados.

20 – Seamos muy circunspectos para transmitir noticias políticas, o de cualquiera otra especie, que hayan de circular desde luego y puedan llegar a comprometer nuestra responsabilidad moral; y cuando, atendidas todas las circunstancias, la prudencia nos autorice para ello, limitémonos cuidadosamente a ser fieles narradores, sin incurrir nunca en la grave falta de exagerar o desfigurar los hechos.

21 – Por regla general, jamás nos hagamos órgano de noticias que no hayan venido a nuestro conocimiento por conductos seguros y fidedignos, o que evidentemente carezcan de verosimilitud.

22 – Tengamos especial cuidado de no referir más de una vez a una persona una misma cosa; y aun en los casos en que estemos seguros de que aquella con quien hablamos no ha oído de nosotros el hecho que queremos referirle, pensemos que acaso lo conoce tanto como nosotros. No es difícil que recordemos en cada ocasión lo que hemos referido a las personas con quien tenemos un trato íntimo y frecuente; y respecto de las demás, procuremos antes de entrar en la relación de un hecho, averiguar prudentemente si lo ignoran.

LA HORA DE DISTINTOS EVENTOS

Los horarios más usuales y correctos para diferentes tipos de reuniones son los siguientes:

1. Café matutino (11 a.m.); 2. Merienda (1 ó 1:30 p.m.); 3. Té (4 ó 4:30 p.m.); 4. Cenas (7:30 a 9 p.m.); 5. Bailes (de 10 a 11 p.m.); 6. Picnics, Barbecues o comidas al aire libre (de 3 a 6:30 p.m.); 7. Coctel (entre 6 y 8 p.m.).

F

De la atención que debemos a la conversación de los demás

1 – Presentemos una completa atención a la persona que lleve la palabra en una conversación general, y a la que nos hable particularmente a nosotros, dirigiendo siempre nuestra vista a la suya, y no apartándola sino en aquellas breves pausas que sirven de natural descanso al razonamiento.

2 – Es un acto impolítico, y altamente ofensivo a la persona que nos habla, el manifestar de un modo cualquiera que no tenemos contraída enteramente la atención a lo que nos dice, como ejecutar con las manos alguna operación, tocar con los dedos sobre un mueble, jugar con un niño o con un animal, fijar la vista en otro objeto, etc.

3 – La urbanidad exige que manifestemos tomar un perfecto interés en la conversación de los demás, aun cuando no nos sintamos naturalmente movidos a ello. Así nuestro continente deberá participar siempre de las mismas impresiones que experimente la persona que nos habla, sobre todo cuando nos refiere algún hecho que la conmueve, o nos discurre sobre un asunto patético de cualquiera especie.

206

4 – No quiere decir esto que debemos contribuir a aumentar la exaltación de aquel que nos refiere la ofensa que ha recibido, ni la amargura del que nos habla de sus desgracias. Por el contrario, debemos siempre tratar de calmar al uno, y de consolar al otro, con palabras y observaciones delicadas y oportunas, pero sería grande incivilidad e indolencia manifestarnos serenos y tranquilos con el que está agitado, alegres con el que está triste, mustios y displicentes con el que se muestra animado y contento.

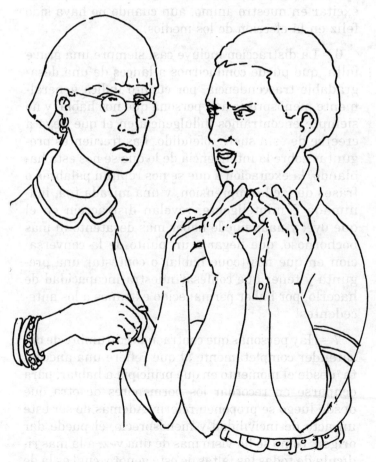

5 – De la misma manera nuestra atención debe corresponder siempre a las miradas del que habla, o al espíritu de su conversación; manifestándonos admirados o sorprendidos, cuando se nos refiera un hecho con el carácter de extraordinario, y compadecidos, si el hecho es triste y lastimoso; aplaudiendo aquellos rasgos que se nos presenten como nobles y generosos; celebrando los chistes y agudezas, y manifestando siempre, en suma, con naturalidad y sencillez, todos los efectos que la persona que nos habla ha esperado excitar en nuestro ánimo, aun cuando no haya sido feliz en la elección de los medios.

6 – La distracción incluye casi siempre una grave falta, que puede conducirnos a lances de una desagradable trascendencia, por cuanto indica generalmente menosprecio a la persona que nos habla, y no siempre encontramos indulgencia en el que llega a creerse de esta suerte ofendido. Las frecuentes preguntas sobre la inteligencia de lo que se nos está hablando, la excitación a que se nos repitan palabras o frases de fácil comprensión, y una mirada fija, inanimada e ininteligente, revelan distracción en el que oye; y nada puede haber más desatento ni más bochornoso, que llegar a un punto de la conversación en que nos toque hablar o contestar una pregunta y tener que confesar nuestra incapacidad de hacerlo, por haber permanecido extraños a los antecedentes[1].

7 – Hay personas que contraen la costumbre de desatender completamente al que refiere una anécdota, desde el momento en que principia a hablar, para ocuparse en recordar los pormenores de otra que desde luego se proponen referir. Además de ser éste un acto de incivilidad y menosprecio, él puede dar origen, como se ha visto más de una vez, a la más ridícula de todas las faltas de este género, cual es la de

repetir precisamente el mismo hecho que acaba de relatarse.

8 – Cuando una persona con quien tengamos poca

1. En los "Consejos de Lord Chesterfield a su hijo", encontramos avanzada una proposición tan inexacta como peligrosa para la armonía social, y no podemos menos que combatirla aquí, a pesar del respeto que nos merece aquel autor. "De la creación acá, dice, tan sólo en Sir Isaac Newton, en M. Locke, y a lo sumo en cinco o seis personas más, ha podido ser disculpable la distracción por la concentración de espíritu en que los ha sumergido la profundidad de sus investigaciones".

Considerada la distracción, según nosotros mismos lo hemos indicado, como una muestra de menosprecio a la persona que habla, ¿a cuántas desgracias, a cuántas desavenencias, y aun a cuántos lances desgraciados no daría ella lugar todos los días, si, siguiendo la opinión de Lord Chesterfield, la juventud se educase en la creencia de que sólo ha habido ocho hombres en el mundo, en quienes ha podido atribuirse a causas inofensivas? Nosotros hemos tenido el cuidado de decir en el texto que la distracción indica generalmente menosprecio, a fin de que los jóvenes que se educan estén apercibidos de que no siempre debe interpretarse de esta manera. Son muchas las personas que se distraen en medio de la conversación más animada e interesante, a pesar de poseer una educación esmerada, y de ser incapaces de ofender deliberadamente a nadie. La distracción es a veces un vicio orgánico, que el individuo no puede dominar ni menos destruir; a veces es el resultado de largos y crueles infortunios, que abaten el ánimo y lo hacen divagar, sin parte alguna en la voluntad; a veces, un movimiento involuntario y tenaz del espíritu, cuando se ha habituado a esas investigaciones profundas, en que Lord Chesterfield nos representa únicamente a Newton y a Locke, y en que sin embargo han pasado y pasan su vida otros muchos hombres eminentes; y a veces, en fin, la simple e inocente expresión de una perturbación accidental del alma, ocasionada por un conflicto, por un pesar profundo o por un negocio grave que se trae entre manos.

El mismo Albert, en su *Fisiología de las pasiones*, habla de la distracción, y la define "aquel estado habitual que algunos individuos, que dejan vagar su espíritu en el sueño y en la dudosa contemplación". Y discurriendo más adelante sobre aquella atención maniática que suele dirigirse con una fuerza irresistible hacia ciertas cosas, dice: "Esta concentración de todas las facultades del sistema sensible hacia un solo objeto es una verdadera pasión que la razón no puede dominar".

209

confianza nos refiere algún suceso de que ya estemos impuestos, conduzcámonos en todo como si hasta aquel momento lo hubiéramos ignorado.

9 – Aunque al principiar una persona la relación de un hecho notemos que no está tan bien impuesta como nosotros de todas sus circunstancias, guardémonos de arrebatarle el relato para continuarlo nosotros, si ella no llega a encontrarse en el caso que queda previsto en el párrafo 7 de la página 202.

10 – Si la persona que narra un acontecimiento, entra en pormenores inconducentes, se extravía en largas digresiones, o de cualquiera otra manera hace difusa y pesada su narración, no le manifestemos que estamos fastidiados, ni la excitemos a concluir, con palabras o frases que tengan evidentemente esta tendencia, sobre todo si es una señora, un anciano, o cualquiera otra persona digna de especial consideración e indulgencia.

11 – Por regla general jamás interrumpamos de modo alguno a la persona que habla. En los diálogos rápidos y animados, en que se cruzan las observaciones con demasiada viveza, suelen ser excusables aquellas ligeras e impremeditadas interrupciones que nacen del movimiento mismo de la conversación. En todo otro caso, este acto está justamente considerado como incivil y grosero, y por lo tanto proscrito entre la gente fina.

12 – La más grave, acaso, de todas las faltas que pueden cometerse en sociedad, es la de desmentir a una persona, por cuanto de este modo se hace una herida profunda a su carácter moral; y no creamos que las palabras suaves que se empleen puedan en manera alguna atenuar semejante injuria. Es lícito en ciertos casos contradecir un relato equivocado; mas para ello deberemos tener muy presentes las reglas que acerca de este punto quedan establecidas, y

sobre todo, la estricta obligación en que estamos de salvar siempre la fe y la intención de los demás.

13 – No está admitido contradecir en ningún caso a las personas que se encuentran en un círculo de etiqueta, ni a aquéllas que están constituidas en alta dignidad. Lo que generalmente autoriza para contradecir es la necesidad de vindicar la ajena honra, cuando delante de nosotros puede quedar en alguna manera vulnerada; mas en sociedad con tales personas no hay lugar a esto, porque de ellas no podemos oír jamás ninguna palabra que salga de los límites de la más severa circunspección.

14 – Cuando una persona se manifiesta seriamente interesada en el asunto de que habla, es una incivilidad llamar su atención para referirle una anécdota, o para que nos oiga una ocurrencia chistosa; y todavía lo es mucho más hacer degenerar su conversación, dándole por nuestra parte un carácter burlesco, aun cuando pretendamos de este modo distraerla de ideas que la agiten o la tengan disgustada.

15 – Es asimismo incivil, cuando una persona nos refiere algo a que concede entera fe, el contestarle bruscamente oponiéndole nuestra incredulidad a nuestras dudas. El que cree firmemente lo que refiere, se siente siempre mortificado, si para advertirle su engaño no procedemos con mesura y cortesía, y si no reconocemos, por lo menos, la verosimilitud de aquello que ha creído.

16 – Cuando por algún motivo nos sea desagradable el asunto de que nos hable una persona, y creamos prudente variar de conversación, no lo hagamos repentinamente, ni valiéndonos de ningún medio que pueda dejar entrever la intención que nos guía. A menos que el asunto produzca en nosotros impresión demasiado profunda, pues entonces nos es lícito manifestarlo francamente, y aun alejarnos con cualquier pretexto razonable.

17 – Siempre que oigamos una palabra o frase que sólo admita una inteligencia absurda, procuremos discretamente hacer que la persona que nos habla nos repita el concepto; pues sería para ella ofensivo que la considerásemos capaz de expresarse de semejante modo, cuando en realidad no hubiese habido de su parte sino una simple equivocación.

18 – Guardémonos de darnos por entendidos, y sobre todo de reírnos, de alguna palabra o frase poco culta que involuntariamente se escape a la persona que habla.

19 – Finalmente son faltas contra la atención que debemos prestar a la persona que habla: 1°., interrumpirla a cada instante con las palabras *sí, sí, señor*, y otras semejantes; 2°., emplear, para excitarla a repetir lo que no oímos claramente, las palabras *¿cómo?, ¿eh?,* y otras que indican poco respeto; 3°., suministrarle palabras que ha de usar, cuando se detiene algunos instantes por no encontrarlas prontamente; 4°., corregirle las palabras o frases, cada vez que incurre en una equivocación; 5°., usar con frecuencia de interjecciones, y de palabras y frases de admiración o de sorpresa.

LOS CUMPLIDOS

Hay personas a las que resulta sumamente difícil, casi imposible, aceptar un cumplido. Éstas siempre buscan alguna excusa para quitarse mérito y negar el halago: "Ese vestido es viejísimo, ya casi está fuera de moda". "Ese soufflé no es ni la cuarta parte de lo delicioso y elegante que debía ser". Debe aprender a aceptar los cumplidos con gracia y modestia, pero sin rechazarlos. Esto hará que la persona se sienta más satisfecha, pues su comentario ha sido bienvenido y ha provocado el efecto deseado: hacerle sentirse bien.

II

De las presentaciones

A

De las presentaciones en general

1 – La buena sociedad no reconoce otro medio que el de las presentaciones, así para la creación de las amistades, como para todo acto de comunicación que no esté naturalmente legitimado por un grave accidente del momento, por la necesidad de tratar sobre un negocio, o por alguna circunstancia excepcional de las que se expresarán más adelante.

2 – Las presentaciones pueden ser *especiales* u *ocasionales*; las primeras son las que se hacen premeditadamente, y con la intención de poner a dos o más personas en contacto amistoso; las segundas son las que nacen de encuentros casuales o de circunstancias puramente transitorias, y sólo tienden a establecer relaciones accidentales. Unas y otras pueden hacerse por medio de cartas de recomendación o de simple introducción.

3 – Grande debe ser en todos casos nuestra circunspección y prudencia para presentar una persona a otra, porque este acto incluye siempre cierta

suma de garantía que prestamos en favor de la persona que presentamos, respondiendo, por lo menos, de que no es indigna de la estimación de la otra. Mas si bien las presentaciones ocasionales no comprometen de una manera absoluta nuestra responsabilidad moral, por su carácter esencialmente accidental, no puede decirse otro tanto respecto de las especiales. Por medio de éstas expresamos, como acaba de verse, una intención deliberada de poner a dos o más personas en relación permanente; y esta intención debe, por tanto, estar apoyada en el deseo o consentimiento que cada una de ellas nos haya manifestado sobre el particular o en el convencimiento íntimo que una serie de observaciones haya hecho nacer en nosotros, de que a todas habrá de ser agradable y conveniente el tratarse.

4 – Este convencimiento no nos autoriza, sin embargo, sino para presentar una persona a otra, siendo ambas de un mismo sexo, y no creándose de hecho relaciones que se hagan extensivas a una familia; para presentar un caballero a una señora, o a un padre o madre de familia, es requisito indispensable el expreso y formal consentimiento de la persona a quien se ha de hacer la presentación.

5 – Para presentar una persona a una señora, debe además tenerse en consideración que las amistades inconvenientes no perjudican tanto al hombre como a la mujer, ni puede ésta cortarlas con igual facilidad que aquél al persuadirse de que por algún respecto pueden llegar a ser contrarias a sus intereses morales.

6 – El caballero debe ser siempre presentado a la señora, y el inferior al superior; excepto en las presentaciones por carta, en que, como se verá más adelante, el portador de la carta es siempre el presentado. Cuando el superior sea de nuestra propia familia, podremos presentarle al inferior; a menos que la di-

ferencia de edad o de categoría sea demasiado notable, pues entonces seguiremos la regla general. Los dueños de una casa no podrán ser en ella los presentados, si no en los casos en que el presentante sea uno de ellos mismos.

7 – Cuando la persona presentada está investida de un título de naturaleza permanente, como el de obispo, doctor, general, etc., el título se menciona antes del nombre; mas cuando aquél tan sólo es inherente a la posesión de un empleo de naturaleza transitoria, como el de representante de la nación, ministro de Estado, tesorero, etc., va generalmente pospuesto.

8 – Cuando la persona presentada ocupa una posición social muy elevada, y está investida de un título de naturaleza permanente, es una muestra de respeto y de obsequiosa cortesanía silenciar su nombre, mencionando únicamente su título y su apellido.

9 – Cuando nos encontremos en una reunión con un amigo recién casado, el cual no nos haya participado formalmente su enlace, guardémonos de pretender que nos presente a su señora; y caso de que él lo haga espontáneamente, consideraremos este acto como una simple presentación ocasional.

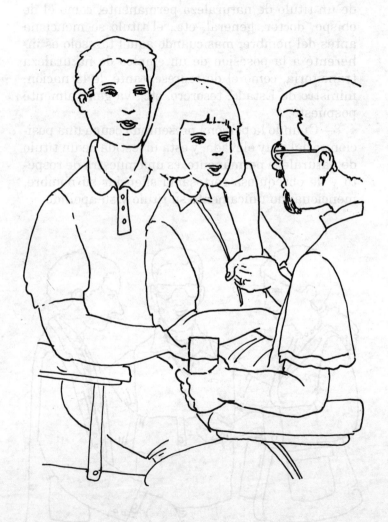

B

De las presentaciones especiales

1 – Para presentar a una persona, se requiere generalmente que tengamos alguna confianza con aquella a quien vayamos a hacer la presentación, o que, por lo menos, nuestras relaciones con ella no sean recientes; e idénticas·circunstancias deben mediar respecto de la persona a quien pedimos nos presente a nosotros.

2 – En cuanto a la presentación de un caballero en una casa, las personas más llamadas a hacerla son las que con ella están ligadas por vínculos de familia, o por los de una íntima amistad; no siéndonos lícito pedirles que nos presenten a nosotros, si no tenemos con ellas ninguna confianza.

3 – De todas las presentaciones, la que se hace de un caballero en una casa es la más grave y trascendental, y la que puede comprometer en mayor grado la responsabilidad moral del presentante. Seamos, pues, muy circunspectos para pedir que se nos presente a nosotros, y seámoslo todavía mucho más para acceder a exigencias de esta especie.

4 – Cuando hayamos de presentar a un caballero en una casa, veamos ante todo si su posición social, su educación, sus principios, y todas sus demás circunstancias personales, están en armonía con las de la familia en cuya amistad vamos a introducirle.

5 – No procedamos a pedir a un padre o a una madre de familia, o a una señora cualquiera, el permiso expreso y formal que es indispensable para presentarle a un caballero, sino después que, por medios prudentes e indirectos, hayamos descubierto disposición a admitirle en su amistad. Si no existe tal disposición, deberemos abstenernos de solicitar el permiso, ocultando cuidadosamente el resultado de nuestras observaciones a la persona que intentábamos presentar.

6 – Para presentar a una persona en una casa no elijamos nunca el día en que se prepare en ella algún festín o en que se celebre o conmemore un acontecimiento feliz, o en que por cualquier motivo se experimente un gran pesar; a menos que medie alguna particular circunstancia, que evidentemente nos autorice para prescindir de tales consideraciones, no sólo a nosotros, sino también a la persona que vamos a presentar.

7 – El lugar más propio para una presentación especial es la casa de la persona a quien se hace; bien que no es una falta aprovechar para ello una ocasión favorable que las circunstancias proporcionen en otra parte, sobre todo cuando la presentación es de una persona a otra de su mismo sexo, y el acto no se extiende a toda una familia.

8 – Para la presentación de un caballero en una casa se observarán las reglas siguientes: 1ª., al llegar a la sala de recibo, conduciremos al caballero ante el señor de la casa, el cual, por su parte, deberá desde luego dirigirse a nosotros, y le haremos la presentación, mencionándole el nombre del presentado,

en la forma que ha quedado establecida; 2ª., el señor de la casa conducirá luego al caballero ante la señora y se lo presentará él mismo, quedando así presentado a toda la familia; 3ª., cuando la señora no tenga marido, y tenga hijos ya formados, después que el caballero le haya sido presentado, lo presentará ella al más caracterizado de sus hijos, quedando de hecho presentado a los demás; 4ª., cuando en el caso de la regla anterior, el caballero sea notablemente superior al hijo más caracterizado de la señora, bien por su edad, o por cualesquiera otras circunstancias, el segundo será presentado al primero; 5ª., al terminarse la visita el presentado rendirá sus respetos a los dueños de la casa, en breves y precisos términos, principiando por la señora, y ellos le contestarán con palabras obsequiosas de ofrecimiento, las cuales serán también breves y precisas.

9 – En todo acto de presentación especial, la persona a quien ésta se hace extenderá la mano a la persona presentada, dirigiéndole algunas cortas palabras de ofrecimiento y en que le manifieste el placer que tendrá de cultivar su amistad, las cuales deberán serle contestadas con otras de igual naturaleza.

10 – Cuando es una señora la que ha de ser presentada en una casa, la presentación se hará a la señora de ésta, la cual le presentará inmediatamente su marido; y si no teniendo marido, tuviese hijos ya formados, el más caracterizado de ellos será presentado a aquélla por su madre. Al retirarse la señora, rendirá sus respetos a la de la casa en la forma ya indicada; mas el marido o el hijo adelantarán siempre estas manifestaciones a la señora presentada.

11 – Cuando presentemos a un caballero en una casa, procuremos que durante la visita permanezca a nuestro lado y tan cerca como sea posible de los due-

ños de la casa. Si es una señora la presentada, la señora de la casa la situará precisamente a su lado.

12 – En ningún caso podrá el presentante separarse de la visita de presentación, ni antes ni después del presentado, tocando siempre al primero excitar al segundo a terminar la visita, cuando aquél no sea un miembro de la familia de la casa; si lo fuere, esperará la excitación del presentado, el cual la hará algo más tarde de lo que debe hacerla siempre el presentante, como se verá en el artículo de las visitas.

13 – Cuando una persona recibe un servicio de grande importancia, o una muestra cualquiera de especial consideración y aprecio, de otra persona de posición social análoga a la suya y con la cual no tenga amistad, debe considerarse, por este solo hecho, como presentada especialmente a ésta, y hacerle desde luego una visita, la cual tendrá por objeto, no sólo manifestarle su agradecimiento, sino ofrecerle su amistad y sus respetos. Esta visita, sin embargo, deberá reputarse como la de presentación.

14 – Debemos una visita a la persona a quien hemos sido presentados, después de la que haya tenido por objeto el acto de la presentación; siendo de advertir que la mayor o menor distancia que media entre este acto y nuestra visita, será considerada como un signo del mayor o menor aprecio que hacemos de la amistad que acabamos de contraer. La etiqueta no admite, sin embargo, que esta visita se haga al siguiente día, cuando a ello no obliga alguna particular circunstancia.

15 – Cuando con arreglo al párrafo 7 de la página 218, la presentación haya ocurrido fuera de la casa de la persona a quien se ha hecho, la visita de presentación quedará suplida por el mismo acto, y el presentado procederá desde luego a hacer la que se indica en el párrafo anterior.

16 – La persona que es presentada por medio de

una carta está relevada del deber que impone el párrafo 15; y así, luego que ha hecho su visita de presentación, no hace ninguna otra cosa hasta que aquélla no le ha sido pagada.

CÓMO SERVIR LA MESA

Los cubiertos en la mesa se colocan de manera que las personas tengan que tomarlos de afuera hacia adentro, es decir, los primeros que se utilizan de acuerdo con el orden que se sirven los platos son los de afuera. Para cualquier comida ordinaria, los cubiertos que deben ir del lado derecho del comensal (de derecha a izquierda, es decir, en dirección hacia el plato) son: cuchara de sopa, cuchillo para pescado, cuchillo para carne y para mantequilla. Los cubiertos que van del lado izquierdo del comensal (de izquierda a derecha) son: tenedor de pescado y ensalada, seguido del tenedor de carne.

Directamente encima del plato en posición horizontal, o sea, transversal a los demás cubiertos que se encuentran a los lados del plato, se colocan la cucharita y tenedor del postre, o en caso de que piensen servir frutas, el cuchillo de postre. Estos suelen colocarse en direcciones opuestas. Los vasos se colocan del lado derecho del comensal, al lado de los cubiertos del postre. A la izquierda, aproximadamente al mismo nivel del vaso, al otro lado de los cubiertos de postre, puede colocarse un platito para los panecillos.

En una cena algo formal o más concurrida, suelen hacerse necesarias las tarjetitas en cada lugar de la mesa con el nombre de la persona a la cual corresponde cada puesto. De este modo, los invitados podrán localizar fácilmente su posición asignada en la mesa y no se sentirán desorientados. Esto permite otra ventaja, que consiste en que la anfitriona podrá colocar a las personas según su criterio, seleccionando puestos contiguos para aquéllos que ella considere más compatibles. Esto, en el caso de personas que no se conocen, resulta muy útil, pues puede ser el factor determinante en que se desarrolle un ambiente animado y cordial entre sus comensales, y que la conversación sea interesante y fluida. En el caso de una cena formal, o que se acostumbre servir vino con las comidas, debe sustituir el vaso que dijimos anteriormente por las copas correspondientes. Por lo general, se coloca una copa grande tradicional para agua, otra para el vino y una tercera para el champagne. Las copas de los licores se traerán a la mesa junto con el licor. Aunque esto no es muy correcto, si alguno de sus invitados rechaza algún plato por razones de salud, éste debe serle retirado junto con los cubiertos correspondientes.

221

C

De las presentaciones ocasionales

1 – Según se ha visto ya, una presentación ocasional no es otra cosa que aquella ceremonia por la cual quedan autorizadas dos o más personas entre sí desconocidas, para comunicarse en una visita, en un festín, o en un lugar cualquiera donde se reúnan con un amigo común, sin que ninguna de ellas pueda considerarse obligada, por este solo hecho, a darse por conocida de las demás en ninguna otra ocasión en que se encuentren.

2 – Esto no obsta para que personas de un mismo sexo, que así hayan sido puestas en comunicación, se saluden o se comuniquen en otra parte, y aun establezcan relaciones permanentes, cuando a ello las mueva una recíproca simpatía, y según las circunstancias particulares que medien en cada caso. Pero jamás podrá entenderse que sea ésta la intención del presentante, el cual, con las únicas excepciones que aquí se verán, cuenta y debe contar siempre con que los efectos de su presentación cesan enteramente desde el momento en que se disuelve la reunión en que ella ha ocurrido.

3 – Para haber de continuar y consolidarse las relaciones establecidas por una presentación ocasional, según lo indicado en el párrafo anterior, se requiere que sea el superior el que de algún modo manifieste su disposición al inferior. Y respecto de un simple saludo entre personas así presentadas, en cualquier lugar en que se encuentren, el inferior no podrá dirigirlo nunca al superior, ni el caballero a la señora, sin ser autorizado para ello con una mirada.

4 – No hay inconveniente para que personas de un mismo sexo, que se encuentren en un festín cualquiera, se comuniquen en todo el curso de la reunión, sin necesidad de que sean unas a otras presentadas; pues el hecho de hallarse reunidas por un amigo común, suple naturalmente en tales casos la presentación ocasional. Mas téngase presente que la discreción aconseja esperar para esto a descubrir en los demás cierta disposición a prescindir de aquella ceremonia, y que la etiqueta prescribe que, sin un motivo justificado, no sea nunca el inferior el que se anticipe a dirigir la palabra al superior.

5 – En los banquetes, y en cualesquiera otros festines, desde el momento en que un caballero es excitado por el dueño de la casa a atender y servir a una señora o señorita, debe considerarse como presentado a ella, y autorizado por lo tanto para dirigirle la palabra en todo el curso de la reunión.

6 – Cuando un caballero ha sido presentado ocasionalmente a una señora o señorita en un festín, puede comunicarse con ella en otro festín, sin necesidad de ser nuevamente presentado.

7 – Respecto de aquellas personas que frecuentan unas mismas tertulias, o visitan a unos mismos amigos, no llega a suceder que sean presentadas muchas veces ocasionalmente unas a otras; ya porque la comunidad de sus amistades, que indica en ellas cierta analogía de circunstancias personales, les llama ge-

neralmente a contraer relaciones permanentes, ya porque es natural que se den por conocidas, cuando menos para comunicarse en cada lugar en que se encuentren, después que han sido una vez puestas en comunicación, y observan que han de hallarse a menudo en unos mismos círculos.

8 – Cuando estemos en nuestra casa con una persona amiga, y llegue otra para ella desconocida, las pondremos inmediatamente en comunicación por medio de una presentación ocasional, siempre que entre ambas medien circunstancias análogas. Si son dos las personas con quienes estamos, y llegare otra desconocida para entrambas, procederemos de la misma manera; si son más de dos, sin exceder de seis u ocho, la que llegue será presentada a todas en general, sin mencionarle a ella sus nombres; y si la reunión fuere numerosa, nos abstendremos de presentar a la que entre, la cual estará naturalmente autorizada para tomar parte en la conversación, conforme a las reglas anteriormente establecidas.

9 – De la misma manera procederemos cuando estemos acompañados de amigos nuestros en la calle, en el teatro, o en cualquiera otro lugar, y se nos acerquen otros amigos; con tal que esto no sea en una casa ajena y nos encontremos a presencia de los dueños de ella, pues entonces todo acto de presentación nos será enteramente prohibido a nosotros.

10 – Si yendo por la calle acompañados de un amigo, se nos acercase otro para él desconocido, y no creemos prudente ponerlos en comunicación, procuraremos no detener al que encontramos, para que no se haga notable la falta de aquella ceremonia; y si no pudiéremos evitar que se detenga, dirigiremos alternativamente la palabra a uno y a otro, de modo que no lleguen a verse en la necesidad de hablarse.

11 – Por regla general, siempre que yendo por la calle con un amigo, la persona para él desconocida

que se nos acerque, no haya de permanecer con nosotros sino breves instantes, nos abstendremos de ponerlos en comunicación, si no tenemos para ello un
motivo especial.

12 – La presentación de un caballero a una señora
o señorita en un baile, para que, según las reglas de
la etiqueta, le sea lícito invitarla a bailar, será
hecha preferentemente por un miembro de la familia de aquélla, o por una persona de la casa, y no
siendo esto fácil, por cualquier amigo común; pero
en ningún caso por otro caballero que le haya sido
presentado en la misma reunión.

13 – En una presentación ocasional, la persona a
quien ésta se hace, y la que es presentada, se limi-
tarán a hacerse recíprocamente una inclinación, sin
dirigirse ninguna palabra relativa a la presentación;
y al despedirse, se abstendrán de hacerse ninguna
especie de ofrecimiento, y sólo se darán la mano si
fueren de un mismo sexo. Sin embargo, en las presentaciones ocasionales por cartas está admitido el
darse siempre la mano, y aun hacerse recíprocamente ofrecimientos obsequiosos.

14 – Una presentación ocasional puede dar origen
a la más larga y sólida amistad; pero esto, como se
ha dicho antes, es obra de las simpatías y de otras
circunstancias particulares que pueden influir en
cada caso, las cuales no entran en la mente del que
hace la presentación, así como no podrían compren-
derse en los estrechos límites de un libro elemental.

HABITOS QUE SON DE MAL GUSTO

1. Chuparse o morderse un mechón de pelo.
2. Morderse las uñas o cutículas.
3. Sentarse con las piernas separadas o con las piernas cruza-
   das o torcidas de una manera poco convencional.

continúa en la pág. 352

D

De las presentaciones por cartas

1 – Cuando al ausentarse un amigo nuestro, nos vemos en el caso de introducirle al conocimiento de otro amigo que reside en el lugar adonde aquél se dirige, le damos con este objeto una carta, que conduce él mismo, en la cual va contenida la presentación que de él hacemos.

2 – Estas presentaciones son especiales, cuando recomendamos al amigo a quien escribimos las cualidades del portador de la carta, y le excitamos a admitir a éste en su amistad; y son ocasionales, cuando nos limitamos a una simple introducción, para que dispense al portador determinadas atenciones, o todas aquellas que son más necesarias a un forastero, o para que coopere por su parte al éxito de algún negocio que lleva entre manos. Las cartas toman desde luego su nombre de la misma naturaleza de las presentaciones, y se llaman *cartas de presentación especial* y *cartas de presentación ocasional*.

3 – Las presentaciones por carta están sujetas a todas las reglas de este artículo que a ellas son aplicables; así es que para hacerlas, no menos que para exigirlas, deberán tenerse presentes las mismas consideraciones y los mismos requisitos que quedan

expresados. Pero entre las presentaciones ocasionales verbales, y las que se hacen por medio de cartas, existe una notable diferencia que no debe jamás perderse de vista: las primeras, como se ha dicho, no dejan obligadas a las personas que por ellas se han puesto en comunicación, a darse por conocidas ni a saludarse en otra manera; mas no sucede lo mismo respecto de las segundas, las cuales, por su propia naturaleza, incluyen siempre la prestación de un servicio que recibe la persona presentada de aquella a quien se presenta y esta sola circunstancia constituye a la una en el deber de saludar a la otra dondequiera que la encuentre, y aun de manifestarle en todo tiempo su agradecimiento de un modo análogo a la entidad del servicio que haya recibido.

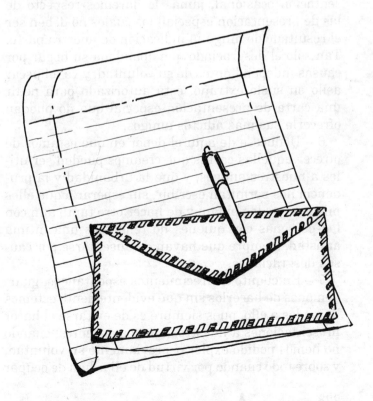

4 – No cesando, pues, enteramente las relaciones que establecen las presentaciones ocasionales por carta, como sucede cuando se hacen verbalmente, debemos ser muy circunspectos para pedir estas cartas y pensar, sobre todo, que siendo demasiado penoso el negarlas, podrán dársenos a veces tan sólo para evitarnos el sonrojo de la negativa.

5 – Las cartas de introducción son más satisfactorias, y anuncian una acogida más favorable, cuando no las pedimos, sino que se nos dan espontáneamente, a lo cual debemos esperar, cuando nuestra marcha no es precipitada, y ha podido por lo tanto llegar con alguna anticipación al conocimiento de nuestros amigos. Pero si en circunstancias extraordinarias y en casos particulares nos es lícito pedir cartas de presentación ocasional, jamás lo haremos respecto de las de presentación especial, las cuales no deben ser el resultado de ninguna indicación de nuestra parte. Tan sólo el desgraciado que abandona su hogar por causas independientes de su voluntad, y va a buscar asilo en suelo extraño, está autorizado para pedir una carta de presentación especial que no puedan ofrecerle sus más adictos amigos.

6 – Dedúcese de aquí el deber en que estamos de ofrecer aquellas cartas que creamos pueden ser útiles a nuestros amigos, y que la urbanidad y la prudencia nos permitan escribir, sin esperar a que ellos mismos nos las pidan; y de hacer otro tanto aun con las personas con quienes no tengamos una íntima amistad, siempre que hayan de ausentarse por causas desgraciadas.

7 – En cuanto a ofrecimientos espontáneos, guardémonos de hacerlos sin que evidentemente estemos llamados a ello, pues siempre es de evitarse el hacer presentaciones a nuestros amigos ausentes, cuando no hemos podido explorar previamente su voluntad, y sobre todo cuando por virtud de ellas han de ocupar

su tiempo en atender y servir a las personas que les presentamos.

8 – Cuando alguna persona poco discreta nos ponga en el caso de darle una carta de presentación, que la prudencia nos habría impedido escribir si hubiésemos obrado con nuestra libre voluntad, apresurémonos a escribir por otro conducto a la misma persona a quien hayamos dirigido aquélla, con el objeto de imponerla del verdadero carácter de la introducción, y de dejarla por consiguiente, en libertad de acogerla con frialdad, si no le conviniere proceder de otra suerte por su propio consejo. En esto no hay nada de indigno, pues ya que no nos ha sido posible el negarnos a semejante exigencia, no es justo que quedemos por indiscretos ante el amigo a quien escribimos, ni que le dejemos en la ignorancia del valor que debe dar a nuestra carta.

9 – Las cartas de presentación especial se entregan cerradas y selladas al portador, y las de presentación ocasional, siempre abiertas.

10 – La persona portadora de una carta de presentación especial, al llegar al punto en que reside aquélla a quien va dirigida, se la remitirá junto con una tarjeta en que se halle, además de su nombre su *dirección*[1], es decir, una indicación circunstanciada del lugar de su alojamiento, e irá algunas horas después a hacerle su visita de presentación. Sin embargo, cuando el presentado sea una persona muy respetable, el que recibe la carta se anticipará a hacerle una visita, si no tiene para ello un grave inconveniente; y entonces innecesaria como es ya la visita de presentación, tan sólo queda el presentado en el deber de pagar la que ha recibido.

---

1. No hemos encontrado una palabra española que pueda sustituir ventajosamente a la palabra dirección.

11 – El que recibe una carta de presentación especial, debe servir y obsequiar, en cuanto sus medios se lo permitan, a la persona que le es presentada, considerando que de este modo sirve y obsequia también al amigo que le ha hecho la presentación.

12 – Las cartas de presentación ocasional se entregan en persona, prefiriendo siempre para ello el escritorio de aquella a quien se dirigen, si es un hombre de negocios; y no incluyen la obligación de ninguna visita, ni de otros actos de comunicación, que aquellos que se deduzcan del objeto de la introducción. Sin embargo, el presentado no podrá ausentarse del lugar en que se encuentra, sin acercarse a la persona a quien fue introducido, con el exclusivo objeto de pedirle sus órdenes, y de darle las gracias por los servicios y atenciones que de ella hubiere recibido.

13 – Cuando la carta de presentación ocasional tiene por objeto el tratar sobre un negocio, la política no permite que se ponga a la persona a quien se dirige, en el caso de entrar inopinadamente en una conferencia para la cual no está preparada; y así, el portador debe remitirle aquélla junto con una esquela, en que le ofrezca sus respetos, y le pida el señalamiento de hora y lugar de presentársele en persona. El que recibe esta esquela debe contestarla inmediatamente, y sólo por un grave motivo dejará de recibir al presentado en el mismo día.

14 – Luego que nos hayamos puesto en comunicación con la persona a quien hemos sido presentados por una carta, lo participaremos por escrito a la que nos presentó, manifestándole al mismo tiempo nuestro agradecimiento, aunque ya lo hayamos hecho al acto de tomar la carta. Y si ésta hubiere sido de presentación especial, o si habiéndolo sido de presentación ocasional, recibiéramos por virtud de

ella servicios importantes, haremos a nuestro regreso, a la persona que nos presentó, una visita de agradecimiento.

SELECCIÓN DE LOS REGALOS

1. Para una señora a quien conoce poco. Debe evitar regalarle un objeto demasiado personal, como la ropa o las joyas, por ejemplo. Más bien, puede obsequiarle flores o algunas golosinas.
2. Para una señora a quien conoce bien. Puede seleccionar algún objeto para decorar su hogar o para facilitar sus tareas domésticas. En este caso puede resultar muy apropiado el regalarle algún perfume, una suscripción a alguna revista, un libro, unas velas decorativas perfumadas para el hogar, etc. ...
3. Para un hombre a quien conoce poco. Puede elegir entre libros de arte, discos de música clásica, licoreras de cristal, prismáticos, mancuernillas, figuras antiguas, etc. ...
4. Para un hombre a quien conoce bien. En este caso, la lista puede ser bastante amplia. Puede considerar objetos para aumentar la comodidad de su auto, como una cigarrera imantada, un portamapas de piel. Otras posibilidades son un encendedor de bolsillo o de casa, artículos para oficina, como un cortapapeles, plumas, etc. Si le agrada la lectura, un libro. Las colonias para después de afeitarse, los perfumes, los jabones, etc. ... resultan regalos muy bienvenidos.
5. Para los jugadores o deportistas. Naturalmente aquí se facilita la labor de selección, pues se puede obsequiar un juego de ajedrez, damas, un elegante set de barajas. En el caso de los deportistas, puede obsequiar algún adorno que recuerde su deporte favorito, o bien algún instrumento o prenda de vestir relacionada al deporte.
6. Para adolescentes. En este caso, también el terreno de selección es extenso, desde los libros, discos de música moderna o clásica, estuche de manicura, accesorios de deporte o pasatiempo favorito: esquís, patines, balones profesionales, tienda de campaña, casco o lentes para motociclistas, etc. ...

continúa en la pag. 267

III

De las visitas

A

De las visitas en general

1 – Las visitas son los actos que más eficazmente contribuyen a fomentar, consolidar y amenizar las relaciones amistosas; a conservar las fórmulas y ceremonias que tanto brillo y realce prestan a la sociabilidad; a facilitar todos los negocios y transacciones de la vida; y a formar, en fin, los buenos modales y todas las cualidades que constituyen una fina educación, por la multitud de observaciones que ellas nos permiten hacer a cada paso, las cuales nos conducen a imitar lo que es bueno y a desechar lo que es malo, adoptando insensiblemente los usos y estilos de las personas que más se insinúan en el ánimo de los demás, por su trato agradable, delicado y culto.

2 – Las visitas son indispensables para el cultivo de la amistad, pues por medio de ellas manifestamos a nuestros amigos, de la manera más evidente y expresiva, cuán grato es para nosotros verlos y tratarlos, así como la parte que tomamos en sus placeres, en sus conflictos y en sus desgracias, y el agradecimiento que nos inspiran sus atenciones y servicios.

3 – Por esto es que la sociedad ha dado universalmente una gran importancia a las visitas, y como actos que expresan afecto, consideración y agradecimiento, las ha hecho necesarias y obligatorias, interpretando siempre su omisión como una grave falta a los deberes sociales.

4 – Seamos, pues, cuidadosos y esmerados en hacer oportunamente todas aquellas visitas a que tales consideraciones nos obliguen, y pensemos que por más que nuestra omisión no tenga origen en la ignorancia de las leyes de la etiqueta, ni en la falta de sentimientos amistosos, ella será casi siempre atribuida en una u otra causa, por cuanto es por las señales exteriores que se juzga más generalmente de nuestra educación y de nuestras disposiciones para con los demás; siendo digno de notarse, que son muchos los casos en que la falta de una visita llega a ocasionar serios desagrados y aun a disolver los lazos de una antigua amistad.

5 – Como según las reglas anteriormente establecidas, debemos permanecer en nuestra casa decentemente vestidos, y a las horas de recibo en un traje propio para recibir toda especie de visitas y como nuestra sala debe estar siempre perfectamente arreglada, de modo que no sea necesario prepararla ocasionalmente al anunciársenos una visita, es de todo punto innecesario que las señoras, como ha solido acostumbrarse, se pasen recado pidiéndose permiso para visitarse en señaladas horas. Aunque no medie entre ellas ninguna confianza, pueden visitarse libremente sin previo permiso.

6 – Nos es enteramente lícito negarnos, o hacer decir a las personas que nos soliciten que no estamos de recibo, cuando no nos encontremos en disposición de recibir, ya sea porque tengamos entre manos alguna ocupación que no podamos abandonar, ya porque nos preparemos a salir con urgencia,

ya por cualquiera otro motivo, que a ninguno le es permitido entrar a juzgar ni a examinar. Y es mostrar poca cultura, y una completa ignorancia de los usos de la buena sociedad, el darnos por ofendidos porque una persona se excuse de recibirnos, o porque hayamos sospechado, y aun llegado a descubrir, que se encuentra en casa, habiéndosenos contestado estar fuera de ella.

7 – Sin esta libertad, las visitas, que son generalmente actos de amistad y de consideración, se convertirían en muchos casos en actos tiránicos y aun llegarían a ser, hasta cierto punto odiosas, según fuese la entidad del perjuicio que una persona recibiese en sus intereses, por haber de someterse a recibir una visita, precisamente a tiempo en que un negocio de importancia y de naturaleza perentoria exigiese su presencia en otra parte.

8 – Es evidente que el reconocimiento de estos principios y su aplicación a la práctica, comunica grande expedición a las relaciones sociales, y las liberta al mismo tiempo de las diferencias y resentimientos que sin ellos ocurrirían a cada paso, pues ninguno está exento de la imposibilidad absoluta de recibir en ciertas ocasiones, ni de que, habiéndose negado, se descubra por las personas que le solicitan, que se halla en su casa.

9 – Este general consentimiento nos ahorra también el embarazo en que nos encontraríamos muchas veces en una visita, por ignorar si habíamos llegado en oportunidad; pudiendo, desde luego, estar tranquilos y satisfechos al considerar que la persona que nos recibe ha tenido la libertad de excusarlo.

10 – Para terminar esta breve disertación sobre la libertad de excusarse de recibir visitas, que admite hoy la buena sociedad en todas partes, advertiremos que el que usa de este derecho, lo hace muchas veces aun cuando se trate de la visita de un amigo muy querido, cuya compañía le proporciona los ratos más amenos, o de una persona que le solicita con el objeto de hablarle sobre negocios para él importantes, consideración que hace subir de punto la justificación de todo el que, impulsado por un motivo cualquiera, tiene a bien hacer que se diga a los que le soliciten en su casa que no se encuentra en ella o que no está de recibo.

11 – Por regla general, siempre que se nos diga que la persona que solicitamos en su casa está fuera de ella, nos abstendremos de hacer ninguna inquisición sobre el lugar en que pueda encontrarse; y aun cuando tengamos motivos para sospechar que se ha negado, o la hayamos alcanzado a ver en el interior de la casa, nos retiraremos sin decir una sola palabra sobre el particular, y sin darnos por ofendidos. Y en el caso de que se nos conteste que no está de recibo, guardémonos de dirigirle ningún recado pretendiendo que nos reciba a nosotros, y retirémonos igualmente, sin creernos tampoco por esto en manera alguna ofendidos.

12 – Siempre que se nos niegue, o excuse recibirnos, una persona a quien solicitemos para advertirla de un peligro que la amenaza, o para tratar de un asunto cualquiera de urgencia, la discreción y las circunstancias nos indicarán de qué manera debemos conducirnos, si es que nos fuere imposible dejarle una nota en que la impongamos brevemente del objeto de nuestra visita.

13 – Jamás solicitemos a una persona una casa que no sea la suya. Tan sólo podría ser esto excusable en circunstancias enteramente extraordinarias, o en caso de que, existiendo una íntima y recíproca confianza entre la persona que solicitásemos, la familia de la casa en que se encontrase y nosotros mismos, tuviésemos que tratar con aquélla un asunto de alguna importancia.

14 – Las señoras deben evitar el hacer visitas de noche a grandes distancias de su domicilio, sobre todo cuando puede existir algún peligro en el tránsito, siempre que no vayan acompañadas por caballeros de su familia, a fin de no poner a los que encuentren en las visitas en el caso de salir a conducirlas hasta su casa[1].

15 – Jamás debe un caballero permitirse visitar

diariamente una casa de familia, sino en los casos siguientes: 1°., cuando a ello se vea impulsado por circunstancias excepcionales, que puedan merecer una discreta sanción del público; 2°., cuando sea pariente muy cercano de la familia que visita; 3°., cuando en la casa haya una tertulia establecida y constante, y esto en las horas en que ordinariamente se reúna la sociedad. Siempre que un caballero se permita quebrantar esta prohibición, un padre o una madre de familia estará no sólo en la libertad, sino en el deber de exigirle, por medios indirectos y aun directos, a hacer menos frecuentes sus visitas; sin que deba detenerle para ello la respetabilidad y buena conducta del caballero, ni el grado de amistad que entre ellos medie, sea cual fuere.

16 – Abstengámonos de visitar a personas que no sean de toda confianza, cuando nos aflija alguna pena intensa, o cuando por cualquiera otro motivo nos sintamos notablemente desagradados. Y evitemos visitar en tales casos aun a nuestros íntimos amigos, siempre que ignoren, y no podamos comunicarles, la causa de nuestra desazón.

17 – Está admitido que visitemos a nuestros amigos cuando se encuentran hospedados en una casa donde no tenemos amistad; mas la comunicación ocasional en que tales visitas nos ponen con las personas de la casa, no nos deja obligados, ni a ellas ni a nosotros, a darnos por conocidos ni a saludarnos en ninguna otra parte en que nos encontremos.

18 – No hagamos ni recibamos visitas de poca confianza cuando por enfermedad u otro accidente cualquiera no podamos guardar estrictamente las reglas

---

1. Esta regla tiene poca aplicación en los países en que es costumbre andar en automóvil.

del aseo, o presentarnos decentemente vestidos; con excepción de los casos en que nos encontremos en circunstancias extraordinarias, en los cuales nos excusaremos debidamente ante la persona que nos recibe o que recibamos nosotros (párrafo 7, página 80).

19 – No es de buen tono que entremos en una casa donde no tenemos amistad, acompañando a una persona que se dirige a ella con el objeto de hacer una visita que no es de negocios, cuando aquélla no lleva ni puede llevar la intención de presentarnos de una manera especial a los dueños de la casa.

20 – Es una impertinente vulgaridad el preguntar individualmente en una visita por las diferentes personas de una familia. Hecha en general la pregunta que exige siempre la cortesía, tan sólo nos es lícito informarnos en particular de la persona que está ausente, de la que acaba de llegar de un viaje, o de aquella que sabemos se encuentra indispuesta.

FORMA CORRECTA DE COMER FRUTAS

Las frutas deben comerse siempre con tenedor y cuchillo de plata especiales para postre. Éstas deben cortarse en mitades o cuartas partes y luego debe quitárseles la cáscara. Las porciones que sean comestibles deben luego proceder a cortarse en trozos lo suficientemente pequeños como para poder ser introducidos en la boca con la ayuda del tenedor. Tenemos el caso de las frutas pequeñas como las uvas y cerezas que pueden comerse con la mano. Por supuesto, en las reglas de etiqueta estricta, éstas son excepciones. No obstante, en la actualidad, en una situación un tanto informal, existe bastante flexibilidad con respecto a la manipulación de todas las frutas en general.

En el caso de las frutas pequeñas, las semillitas deben colocarse en el plato nuevamente. Esto se hace colocando la mano en forma de puño, llevándola hasta la boca e introduciendo la semillita en el hoyito que se forma al poner la mano en forma de vaso. Todo este proceso requiere delicadeza, discreción y elegancia para que no resulte de mal gusto a los demás comensales y resulte lo menos evidente posible.

B

De las diferentes especies de visitas

1 – Las diferentes especies de visitas pueden reducirse a las siguientes: visitas de negocios, de presentación, de ceremonia, de ofrecimiento, de felicitación, de sentimiento, de duelo, de pésame, de despedida, de agradecimiento y de amistad.

2 – Son visitas de negocios, todas las que se hacen con el exclusivo objeto de tratar sobre un negocio cualquiera, sin que sea necesario que medie ninguna amistad entre el visitante y el visitado.

3 – Son visitas de presentación, las que hacemos con el objeto de ser introducidos al conocimiento y amistad de otras personas.

4 – Las visitas de ceremonia son actos de rigurosa etiqueta, que tienen generalmente por objeto cumplimentar a personas de carácter público en muchos y variados casos, de los cuales pueden citarse los siguientes como ejemplos: 1°., visitas al encargado del poder supremo del Estado, por los altos funcionarios civiles, militares y eclesiásticos, por los miembros del cuerpo diplomático y por personas particulares de elevado carácter, en su advenimiento al mando y en

los días de grandes fiestas nacionales[1]; 2°., a los obispos y demás prelados, por el clero y los empleados eclesiásticos, por los altos funcionarios públicos y por personas particulares de elevado carácter, en su exaltación a la dignidad de que son investidos, en la inauguración o muerte de un Pontífice, y en cualquiera otra ocasión en que ocurra un grande acontecimiento próspero o adverso para la Iglesia; 3°., a los jefes de oficinas públicas, por los empleados de su inmediata dependencia y por los jefes de otras oficinas al entrar aquéllos en el ejercicio de sus funciones; 4°., a la primera autoridad civil de todo lugar en que no reside el jefe del Estado, por los empleados públicos y por personas particulares de elevado carácter, en las mismas ocasiones indicadas en el caso primero; 5°., a la primera autoridad eclesiástica de todo lugar en que no reside el prelado de la diócesis, por el clero, por los empleados públicos, y por personas particulares de elevado carácter, en las mismas ocasiones indicadas en el caso segundo; 6°., la primera visita que el representante de una nación extranjera que llega hace al ministro de Relaciones Exteriores[2] y a los demás agentes diplomáticos de otras naciones que existen en el lugar, y la que a él se hace en retribución; 7°., la visita que hacen al representante de una nación extranjera los demás agentes diplomáti-

---

1. Estas visitas dependen enteramente de lo que sobre ellas tenga establecido el ceremonial de cada palacio de gobierno; y si las indicamos aquí, es sólo con el objeto de que queden clasificadas, para los casos en que esté admitido cumplimentar de este modo al jefe del Estado en su carácter de tal. En cuanto a los jefes de las monarquías, hay diferencias especiales que no pueden ser objeto de este tratado.

2. En algunos países el agente diplomático que llega hace también visita a los demás miembros del gabinete, y si el gobierno es monárquico, a las personas de la familia real, según la etiqueta de cada corte.

cos del lugar, y las personas caracterizadas que le tratan, en los aniversarios que su gobierno solemniza, y a la noticia de un grande acontecimiento próspero o adverso para su nación.

5 – Son visitas de ofrecimiento las que una persona hace a sus amigos para participarles que ha tomado estado, que le ha nacido un hijo, o que ha mudado de residencia, y todas aquellas que hace con el objeto de ofrecer su amistad o sus servicios a una persona o familia cualquiera (párrafo 3, página 123; párrafo 15, página 126, y párrafo 17, página 127.

6 – Son visitas de felicitación las que hacemos a nuestros amigos en señal de congratulación, el día de su cumpleaños, cuando nos participan su mudanza de estado o el nacimiento de un hijo, por su elevación a empleos de honor y confianza, por su feliz arribo de un viaje, y en general, cada vez que ocurre entre ellos o entre sus parientes más cercanos algún acontecimiento feliz que les hace experimentar una extraordinaria complacencia.

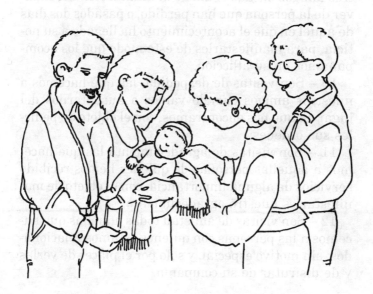

7 – Son visitas de sentimiento, las que hacemos a nuestros amigos como una manifestación de la parte que tomamos en sus sufrimientos, ya sea por enfermedades, ya por acontecimientos desagradables, ocurridos entre ellos o entre sus parientes más cercanos, ya por la inminencia de algún mal, ya en fin, por cualquier accidente que no sea la muerte y que los mantenga bajo la impresión del dolor.

8 – Son visitas de duelos, las que hacemos a nuestros parientes y a nuestros amigos de confianza, en señal de que nos identificamos con ellos en su dolor, en los dos primeros días después que han experimentado o llegado a saber la pérdida de un miembro de su familia, en cualquiera de los días en que el difunto aún no ha sido inhumado, en el mismo día en que se ha hecho la inhumación, en aquel en que se celebran las exequias, o en el aniversario de la muerte acaecida, si la conmemoran con alguna función religiosa.

9 – Son visitas de pésame, las que hacemos a nuestros amigos pasado el día de la inhumación del cadáver de la persona que han perdido, o pasados dos días de aquel en que el acontecimiento ha llegado a su noticia, para manifestarles de este modo que los acompañamos en su aflicción.

10 – Son visitas de despedida, las que hacemos a nuestros amigos cuando vamos a ausentarnos del lugar en que nos encontramos, con el objeto de pedirles sus órdenes.

11 – Son visitas de agradecimiento las que hacemos a aquellas personas de quienes hemos recibido servicios de alguna importancia, con el objeto de manifestarles nuestro agradecimiento.

12 – Son visitas de amistad todas aquellas que hacemos a las personas con quienes estamos relacionados, sin motivo especial, y sólo por el placer de verlas y de disfrutar de su compañía.

13 – La primera visita que debemos hacer a un amigo que llega de un viaje, luego que nos lo participa, cuando recientemente ha perdido un miembro de su familia o ha experimentado cualquiera otra desgracia, no es visita de felicitación, sino de pésame o de sentimiento; pues en sociedad las demostraciones de contento se posponen siempre a las demostraciones de dolor.

14 – Con excepción de las visitas de presentación, de las de ceremonia y de las de ofrecimiento y agradecimiento cuando para ellas no media ninguna relación anterior, todas las cuales, por su propia naturaleza, son siempre visitas de etiqueta, las demás tendrán el carácter que les comunique el grado de amistad que las autorice, y serán, por lo tanto, según los casos, visitas de confianza, de poca confianza o de etiqueta (párrafos 7 y 9, página 48).

15 – No está admitido hacer visitas de negocios en las casas de habitación a personas que tienen separadamente un escritorio en que puede encontrárselas fácilmente. Estas visitas no se pagan en ningún caso, ni dejan a las personas que en ellas se han comunicado en la obligación de darse por conocidas ni de saludarse en otro lugar en que se encuentren.

16 – Las visitas de presentación no se pagan sino en casos excepcionales, como es indicado en el párrafo 16 de la página 221, la que se paga siempre es la segunda visita que debe hacer el presentado, según el párrafo 14 de la página 220.

17 – Respecto de las visitas de ceremonia, las que recibe el jefe del Estado en su carácter de tal no son pagadas en ningún caso, porque se consideran como homenajes tributados en su persona a la nación entera; y en cuanto a las que reciben los demás funcionarios públicos, éstos no pagan sino aquellas que le han sido hechas por motivos que les son personales, y sólo a las personas que tratan, y a las que hayan

de continuar tratando. Entre agentes diplomáticos hay una estricta obligación de pagar siempre estas visitas.

18 – Las visitas de ofrecimiento no se pagan sino entre personas que llevan relaciones de amistad, o en los casos en que ellas tienen por objeto establecer estas relaciones (párrafo 3, página 123).

19 – Las visitas de duelo no se pagan. Las personas a quienes hacemos esta particular demostración de afecto nos la retribuyen viniendo a su vez a acompañarnos, cuando la muerte nos arrebata a nosotros un miembro de nuestra familia.

20 – Las visitas de agradecimiento no se pagan sino en los casos excepcionales, por ser ellas mismas la correspondencia de un acto amistoso.

21 – Las visitas de felicitación, de sentimiento, de pésame, de despedida y de amistad, se pagan siempre, en la oportunidad, en la forma, y con las restricciones que se expresarán más adelante.

22 – Las visitas de cumpleaños no se pagan; pero sí ponen en el deber de hacer visitas de la misma especie a las personas de quienes se reciben.

23 – Las visitas de felicitación, de sentimiento o de pésame, que una persona hace a otra repetidas veces en un mismo caso, le quedan todas pagadas con una sola visita. Y cuando a las visitas de sentimiento se sigue inmediatamente una de felicitación, como sucede en los casos en que los acontecimientos desagradables tienen un resultado o término feliz, también quedan todas pagadas con una sola visita.

24 – Las personas de avanzada edad o de un elevado carácter, no deben pagar las visitas que reciben de jóvenes que se educan, o que aún no ocupan una posición social bien definida.

25 – Hay personas que niegan a sus amigos que están sufriendo, el consuelo que en tales casos ofrece siempre una visita, dando para ello por excusa que

su extremada sensibilidad las hace sufrir a ellas demasiado. Semejante conducta no representa otra cosa que una sutileza del egoísmo, y una falta de respeto a las leyes de la caridad y de la amistad, en que no incurre jamás el hombre de buenos principios. El que acompaña al amigo en medio de su dolor, no es presumible que sufra nunca hasta el punto de verse en la necesidad de abandonarle; y puede asegurarse, generalmente hablando, que cuando el afecto no alcanza hasta el esfuerzo que es necesario para presenciar el espectáculo de la desgracia, no es tal afecto. Por otra parte, no siempre llegamos a encontrarnos al lado de nuestros amigos en los momentos más solemnes de sus grandes infortunios, como en la muerte del padre, del esposo, del hijo, etc., pues lo natural es que entonces sólo estén rodeados de su propia familia, y cuando más, de aquellas personas tan adheridas a ellos, que tengan derecho a acercárseles en tales situaciones.

26 – Es notable vulgaridad e inconsideración el fijarse innecesariamente en las casas de los enfermos, o donde ha ocurrido una muerte u otra desgracia cualquiera, o permanecer en ellas a horas de sentarse a la mesa, bajo el pretexto de acompañar y servir a los que sufren. Estos actos están reservados exclusivamente a los parientes y amigos de más intimidad; y aun respecto de estos mismos debe siempre entenderse que su residencia en la casa, o su presencia en las horas de comer, sea evidentemente indispensable. A medida que una familia es más corta y de menos relaciones íntimas, van entrando en la excepción los parientes y amigos menos cercanos.

27 – Pocas son las ocasiones en que nos es lícito llevar con nosotros los niños que nos pertenecen a las casas de nuestros amigos; pero téngase presente que es una gravísima e inexcusable falta el hacerlo en los casos indicados en el párrafo anterior.

28 – Las visitas de duelo no están permitidas a las personas de etiqueta, quienes sólo pueden hacerlas en el aniversario de la muerte acaecida, en el caso indicado en el párrafo 8 de esta sección.

29 – Es una vulgaridad creerse autorizado para hacer una visita de duelo, a menos que sea la expresada en el párrafo anterior, sólo por haber llevado amistad íntima con el difunto, sin tener ninguna confianza con las personas de la familia dolorida.

30 – Las visitas de duelo que se hacen dentro de los ocho primeros días de acaecida la muerte, no son recibidas personalmente por los deudos, muy inmediatos del difunto, como padres, esposos, etc., los cuales permanecen entretanto apartados de toda comunicación con la sociedad, y tan sólo rodeados de aquellos de sus parientes con quienes tienen mayor confianza, y de algún íntimo amigo que los haya acompañado en los cuidados y fatigas de la enfermedad. El término expresado puede prorrogarse por algunos días más, según el estado de dolor de las personas.

31 – Tampoco son recibidas personalmente las visitas de pésame, por los deudos del difunto indicados en el párrafo anterior, hasta pasados quince días de la inhumación del cadáver; bien que, de los ocho días en adelante, suelen ya recibir ellos mismos a las personas de mayor confianza. Ambos términos pueden prorrogarse prudencialmente, según las circunstancias especiales que concurran en cada caso.

246

C

La oportunidad de las visitas

1 – Por más que las visitas expresen amistad y consideración, y por más lícitas que sean las que sólo tienen por objeto tratar sobre negocios, nos desluciremos completamente, y aun llegaremos a hacernos molestos, si no elegimos para ellas las oportunidades, días y horas que la etiqueta establece.

2 – Las visitas de negocios se hacen en los días y horas que cada cual tiene fijados para recibirlas; y a las personas que no han establecido ninguna regla en este punto, a cualquier hora de los días de trabajo hasta las cuatro de la tarde, prefiriéndose siempre en lo posible el centro del día. Sólo en casos extraordinarios y urgentes, es lícito hacer visitas de esta especie después de la comida, por la noche, o en un día festivo.

3 – Cuando tengamos que acercarnos a una persona de respetabilidad con el objeto de hablarle sobre un negocio extraño a su profesión o industria, y que no haya de ocuparla tan sólo por pocos momentos, le dirigiremos previamente una nota o una llamada telefónica en que le pidamos una entrevista; y lo mismo

haremos con cualquier persona, sea quien fuere, siempre que la naturaleza del negocio exija una larga conferencia.

4 – Si una señora dirige a un caballero la nota que se indica en el párrafo anterior, y éste no tiene un grave inconveniente para acercarse a su casa, debe contestarle anunciándole que tendrá el honor de pasar por ella personalmente, lo cual, si no le es imposible, hará el mismo día.

5 – No está admitido hacer visitas de negocios a las personas que acaban de experimentar una desgracia, o se encuentran por cualquier motivo entregadas al dolor. En tales casos se aguardará a que la persona que sufre entre de nuevo en sus ordinarias ocupaciones; a no ser que se trate de un asunto que no admita demora y no haya de aumentar su aflicción, pues entonces nos es lícito dirigirnos a ella, haciéndolo, si es posible, por medio de alguno de sus allegados.

6 – Así como debemos hacer prontamente la visita que ha de seguirse a la presentación, para indicar de este modo el aprecio que nos merece a la amistad que acabamos de contraer (párrafo 14, página 220), la misma consideración nos obliga a pagar aquella visita sin demora, bien que no debamos nunca hacerlo en el día siguiente.

7 – La visita de presentación que hace una persona que ha sido presentada por medio de una carta (párrafo 10, pág. 229), debe serle pagada con la mayor brevedad, sin que sea impropio que esto se haga al siguiente día. Y cuando la persona que recibe la carta se anticipe a visitar al presentado (párrafo 10, pág. 229), éste deberá pagarle su visita en un término que no pase del siguiente día.

8 – Las visitas de ceremonia que no tienen un día señalado se hacen dentro de un período que no excede de ocho días, a contar desde aquel en que ha ocu-

rrido o ha llegado al conocimiento del funcionario que ha de recibirlas el acontecimiento que las motiva. En los casos en que estas visitas han de pagarse, esto se hace en los quince días siguientes a la terminación de aquel período, con excepción de las que hace un agente diplomático a su llegada (párrafo 4, pág. 239), las cuales le son pagadas dentro de un término muy corto.

9 – Las visitas de ofrecimiento por haber mudado de estado se hacen en un período de quince días. Cuando el estado que se toma es el del matrimonio, este período empieza a contarse al terminar los quince y aun los treinta primeros días que siguen a la ceremonia; y cuando es el estado del sacerdocio, al terminar los ocho primeros días. La etiqueta de las familias (párrafos 7 y 8, pág. 48) exige, sin embargo, que hagamos en estos casos una participación anticipada a todos nuestros parientes, la cual podemos hacer extensiva a nuestros más inmediatos amigos.

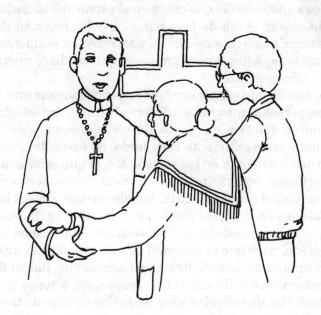

10 – En el caso de un matrimonio se observarán las reglas siguientes: 1ª., después de los acuerdos y arreglos que deben proceder entre los padres respectivos, y al acercarse el día de la ceremonia, el novio procederá a hacer personalmente la participación de que habla el párrafo anterior, la cual hará también a los parientes más cercanos de la novia, y a aquellos de los menos cercanos que estén íntimamente ligados con ella; 2ª., la novia no hace ninguna participación anterior; son sus padres los que la hacen, limitándose únicamente a su parentela; 3ª., el ofrecimiento que se hace después de la ceremonia a las demás personas, según el párrafo anterior, se circunscribe a aquellas de las relaciones del novio y de la novia, que hayan de componer su círculo de allí en adelante, el cual forman éstos con entera libertad e independencia, pues el que hasta entonces ha tenido cada uno de los dos se considera de hecho enteramente disuelto.

11 – También queda disuelto el círculo de relaciones amistosas del que entra en el estado del sacerdocio, desde el día de la ceremonia; y los que han de formar su círculo de allí en adelante son exclusivamente aquellos de sus amigos a quienes hace visita de ofrecimiento.

12 – Según esto, a ninguno le es lícito visitar más a las personas que, habiendo tomado uno u otro estado, omiten hacerle su visita de ofrecimiento; siendo punto universalmente convenido, en favor del buen orden y armonía de las sociedades, el que semejante exclusión no inspire jamás ningún sentimiento de enemistad o malevolencia. Son demasiado graves las razones en que está fundada la amplia libertad con que debe proceder bajo este respecto el que toma un estado, para que la sociedad no esté ella misma interesada en despojarla de una odiosidad que, habiendo naturalmente de coartarla, prepararía a todos una multitud de dificultades y de males de grande tras-

cendencia. El que en tales casos procede a escoger de entre sus relaciones aquéllas que quiere conservar, tiene siempre en su favor la presunción de que todas sus exclusiones están fundadas en causas independientes de sus afectos, y por lo tanto distintas de las que pudieran ser mortificantes para los amigos que no trae a su nuevo círculo.

13 – Cuando las visitas de ofrecimiento son motivadas por el nacimiento de un hijo, o por haber mudado de residencia, se hacen todas dentro de los quince primeros días.

14 – Cuando mudemos de domicilio, tan luego como hayamos arreglado nuestra nueva casa, procederemos a hacer en los quince días inmediatos nuestras visitas de ofrecimiento; principiando por las personas con quienes llevemos amistad, y terminando por aquéllas con quienes, no teniéndola, deseemos entrar en relación, a las cuales, en este caso, nos es enteramente lícito ofrecernos.

15 – Las visitas que tienen por objeto pagar las de ofrecimiento, y que en muchos casos son visitas de felicitación, se hacen dentro de un período que no exceda de quince días, a contar desde aquél en que se ha recibido la que se paga.

16 – Cuando una persona hace a otra una visita de ofrecimiento, ya sea en persona o por tarjeta (párrafo 1, pág. 261), y ésta, antes de corresponderla, hace a aquélla un ofrecimiento cualquiera por tarjeta, la primera conserva el derecho de ser visitada en persona por la segunda, y entretanto no está en el deber de hacerle visita.

17 – Respecto de las visitas de felicitación, cuando no tienen día señalado, podemos hacerlas desde aquel en que ocurre o llega a noticia de nuestros amigos, el acontecimiento por el cual hemos de felicitarlo, dentro de un período que no exceda de quince días.

18 – No hagamos visitas de cumpleaños cerca de las horas de comer ni por la noche, sino a personas con quienes tengamos una íntima amistad. A tales horas suele haber en las casas reuniones extraordinarias de invitación, y nos expondríamos a pasar por la pena de encontrarnos en alguna de ellas sin estar convidados, pues por lo general sucede que lo están únicamente las personas de mayor confianza.

19 – Para que nuestros amigos puedan hacernos visita de felicitación cuando lleguemos de un viaje, es indispensable que les demos noticia de nuestro arribo, dirigiéndoles nuestra tarjeta tan luego como estemos ya en disposición de recibir. Siempre que nuestra ausencia haya sido de corta duración, haremos únicamente esta participación a aquellos que hayan recibido de nosotros visita de despedida y nos la hayan pagado.

20 – Cuando una persona hospeda en su casa a alguno de sus parientes que reside en otro punto, lo participa a aquellos de sus amigos a quienes quiere y le es lícito presentarle, remitiéndoles su tarjeta, a la cual acompaña la de la persona hospedada. Este acto produce una visita de felicitación, la cual debe hacerse dentro de los ocho días siguientes.

21 – Una señora a cuya noticia llega el regreso de un caballero amigo suyo, de un viaje para el cual se despidió de ella, puede felicitarle por tarjeta, aun cuando él no la haya visitado todavía, ni le haya hecho la participación que se indica en el párrafo 20, si el caballero vive solo, o ella no tiene amistad con su familia.

22 – Las visitas de sentimiento se hacen desde que se tiene noticia de los accidentes que las ocasionan, y se repiten, según el grado de amistad que medie, durante el tiempo en que las personas que las reciben están sufriendo.

23 – Las visitas de pésame se hacen en un período que no exceda de treinta días, el cual empieza a contarse al siguiente de la inhumación del cadáver, o a los dos de haber llegado la noticia de la muerte, cuando ésta ha acaecido en otro punto, aunque jamás en el día en que se celebran las exequias.

24 – Las visitas de despedida se hacen y se pagan en los días próximos al viaje que va a emprenderse.

25 – Las visitas de agradecimiento siguen siempre inmediatamente al servicio o demostración que les da origen.

26 – Las visitas de amistad pueden hacerse en cualquiera oportunidad y en cualquier día, atendidas las restricciones que aquí se establecen, y las demás que indique la prudencia de las diferentes circunstancias de la vida social. Estas visitas se hacen entre personas que se tratan con íntima confianza y que están bien seguras de su recíproco afecto, sin llevar ninguna cuenta para haber de corresponderlas, y no teniendo otra cosa en consideración que la posibilidad de repetirlas y el placer con que sean recibidas. Pero siempre que una persona note en otra una omisión premeditada y sistemática, deberá abstenerse, por su parte, de visitarla con frecuencia, y limitarse a pagarle sus visitas; sin echar aquella omisión a mala parte cuando no esté acompañada de verdaderas señales de desafecto, pues ella no reconoce generalmente sino causas domésticas y de todo punto inofensivas.

27 – Cuando tengamos que visitar a muchas personas, con el objeto de pagarles visitas de felicitación, pésame, etc., lo haremos luego que haya pasado el período de recibirlas, con la mayor prontitud que nos sea posible. No es dable indicar para esto un determinado número de días, por cuanto él dependerá siempre de la extensión de nuestras relaciones y de otras

circunstancias particulares que no puedan preverse, pero no es menos cierto que sería una muestra de desatención y poco afecto, el diferir una de éstas por un espacio de tiempo que la hiciese distar demasiado de aquélla que la ocasiona.

28 – Si antes de explicar el término en que un amigo deba hacernos visita por cualquier motivo, perdiere él un miembro de su familia o experimentare cualquiera otra desgracia, le haremos nuestra visita de duelo, de pésame, o de sentimiento, prescindiendo enteramente de la que él nos debe.

29 – Las visitas de presentación y de ceremonia, y todas las demás visitas con excepción de las de negocios, cuando son de etiqueta o de poca confianza, se hacen de las doce del día a las cuatro de la tarde; prefiriendo, en lo posible, las horas de la una a las tres para la de presentación, las de ceremonia y todas las que sean de etiqueta, y las horas de las doce a la una y de las tres a las cuatro para las de poca confianza[1].

30 – Las visitas de confianza, con excepción de las que sean de negocios, se hacen generalmente de noche, o bien a las horas indicadas en el párrafo anterior; prefiriendo en lo posible para las de mayor intimidad, las horas de las doce a la una, de las tres a las cuatro. Las visitas de poca confianza suelen también hacerse de noche, según las circunstancias que las acompañan.

31 – Abstengámonos de visitar a las personas que viven de una profesión o industria cualquiera, en las

1. Respecto a las horas de que se habla, deberemos ajustarnos a las más convenientes, de acuerdo con el lugar donde nos hallemos. (N. del E.).

horas que tienen destinadas al trabajo, cuando nuestra visita no tenga por objeto el tratar sobre alguno de los negocios en que se ocupan.

32 – Antes del almuerzo toda visita que no tenga por objeto el tratar sobre un negocio urgente es inoportuna, aun entre gentes que se tratan con íntima confianza. La mañana está destinada al aseo y arreglo de las personas y de las habitaciones, y a otras ocupaciones domésticas que son enteramente incompatibles con la atención que exige siempre una visita.

33 – Las visitas a horas de comer son casi siempre inoportunas, y apenas son excusables entre personas de mucha confianza, las cuales deberán evitarlas, en cuanto sea posible, aun cuando no sea más que por la razón indicada en el párrafo 13 de la página 81.

34 – Así, cuando al entrar a una casa advirtamos que las personas que solicitamos están en la mesa nos retiraremos inmediatamente, sin quedarnos nunca a esperarlas de un modo visible, pues esto turba la tranquilidad de que debe gozarse siempre en tales momentos.

35 – Evitemos, en todo lo posible, hacer visitas a personas que han pasado la noche en vela, a las que preparen en su casa un festín, y a las que estén íntimamente relacionadas con enfermos graves, con familias afligidas, o con personas que por cualquiera otro motivo debamos suponer necesiten de su asistencia.

LAS DENOMINACIONES DE LA REMUNERACIÓN EN DISTINTOS EMPLEOS

La remuneración a ciertas profesiones tiene un nombre específico en cada caso. Conviene siempre sabérselo para referirse a cada caso con la denominación apropiada, especialmente en situaciones de gran formalidad.

1. Honorarios - abogados, médicos, arquitectos.
2. Participación o porcentaje - accionistas de alguna sociedad.
3. Pago, retribución - actores.
4. Bolsa - boxeadores.
5. Emolumentos - diputados, senadores, personal del cuerpo judicial.
6. Derechos de autor - escritores, músicos.
7. Sueldo - empleados, funcionarios.
8. Regalías - inventores.
9. Salario - obreros, trabajadores domésticos.
10. Porcentaje, comisión - vendedores.
11. En el caso de personal militar:
    a. paga o sueldo - oficiales superiores.
    b. soldada - oficiales y suboficiales.
    c. haberes - hombres de la tropa.

D

De la duración de las visitas

1 – Así como deben hacerse las visitas en las oportunidades, días y horas que la etiqueta establece, de la misma manera debe dárseles la duración que está igualmente establecida para cada una de ellas.

2 – Las visitas de negocios no deben extenderse más allá del tiempo absolutamente indispensable para llenar su objeto. El prolongarlas sin motivos justificados es una inconsideración tanto menos excusable, cuanto mayor es el número y entidad de las ocupaciones que rodean a las personas que las reciben.

3 – Una visita de presentación durará siempre de quince a veinte minutos, si el presentante tiene poca confianza en la casa que la recibe; si éste tiene en ella intimidad, la visita podrá extenderse hasta tres cuartos de hora, prolongándose por un espacio hasta de diez minutos, cuando toque al presentado excitar al presentante a terminarla (párrafo 12, página 220).

4 – Las visitas de ceremonia duran de diez a quince

minutos; las que son de etiqueta y no tienen señalada especial duración, de quince a veinte minutos; y las de poca confianza, hasta tres cuartos de hora. En cuanto a las de confianza, cuando son puramente de amistad pueden durar hasta dos horas, y sólo hasta una hora cuando tienen por objeto cumplidos y demostraciones especiales, como ofrecimientos, felicitaciones, etc. Una visita de confianza o de poca confianza puede, sin embargo, ser muy corta en cualquier caso, según las circunstancias particulares que la acompañan, para lo cual no puede existir otra norma que la prudencia y el buen juicio del visitante. Con todo, es una regla general que estas visitas, cuando se hacen de día, especialmente en días de trabajo, deben ser más cortas que cuando se hacen de noche.

5 – Las visitas que se hacen en persona en las casas de los enfermos, y todas las demás visitas de sentimiento, deben ser generalmente muy cortas, y aun reducirse a dejar el visitante su tarjeta según que la gravedad del enfermo o cualesquiera otras circunstancias de la casa puedan hacer embarazoso el recibirle.

6 – Las personas que concurren habitualmente a una tertulia, están en libertad de permanecer en ella todo el tiempo a que generalmente se extienda, sea cual fuere.

7 – Siempre que al entrar en una casa notemos que hay en ella alguna reunión extraordinaria, o que la persona que solicitemos va a salir, y siempre que por cualquiera otro motivo creamos que no hemos llegado en oportunidad, retirémonos al punto, sin llamar la atención de nadie. Y cuando no hayamos podido evitar el ser vistos y se nos insista en que entremos, o bien hayamos penetrado ya en la pieza de recibo, permaneceremos por un corto rato y nos retiraremos, aun cuando se nos invite a quedarnos.

8 – Si encontrándonos de visita en una casa llega de viaje una persona que viene a hospedarse en ella, sea o no de la familia, nos retiraremos pasados algunos instantes.

9 – Al entrar en una pieza de recibo donde se encuentren otras visitas, observaremos discreta y sagazmente los semblantes, el giro que tome la conversación, y todo lo demás, que pueda conducirnos a averiguar por nosotros mismos, y sin hacer ninguna pregunta, si antes de entrar nosotros se trataba de algún asunto de que no se nos quiera imponer; y en este caso pretextamos, si es posible, haber entrado con un determinado objeto que por su naturaleza haya de detenernos breves momentos, y de cualquiera manera retirémonos sin ceder a ninguna invitación a quedarnos; a menos que el dueño de la casa no se limite a insistirnos, sino que nos manifieste francamente que no se trataba de ningún asunto para nosotros reservado, pues entonces podemos, sin escrúpulos, dar a nuestra visita la duración correspondiente.

10 – También nos retiraremos inmediatamente de una visita, cuando entrare otra persona y notáramos de algún modo que los dueños de la casa desean quedarse a solas con ella.

11 – Si durante la visita que hacemos recibiere una carta el dueño de la casa, le excitaremos a que la lea, y si no la leyere, retirémonos a poco; lo cual haremos también, aunque llegue a leerla, a no ser que al acto de despedirnos nos insista en que nos quedemos, manifestándonos con franqueza que la carta no contiene nada de importancia. Téngase presente que entre varias personas que se encuentren de visita, la excitación al dueño de la casa a que lea una carta que le llega, no toca nunca al inferior, sino al superior; que entre una señora y un caballero, toca a la señora; y que una persona muy inferior a

otra, como lo es un joven respecto de un anciano, no le hace nunca semejante excitación, sino que se retira dentro de un breve rato.

12 – Si durante nuestra visita entrare otra persona, y tuviéramos motivo para pensar que trae un asunto urgente, sobre el cual no pueda tratar a nuestra presencia, retirémonos asimismo dentro de un breve rato, a no ser que nuestra visita sea también interesante para nosotros, y no hayamos aún llenado nuestro objeto.

13 – Cuando nos encontremos a solas con una persona muy superior a nosotros a quien estemos haciendo visita, y llegue otra persona que sea también para nosotros muy respetable, nos retiraremos inmediatamente, aprovechando el momento en que nos habremos puesto de pie junto con el dueño de la casa al entrar la nueva visita. Por regla general, siempre que sean muy respetables para nosotros todas las personas que compongan el círculo en que nos encontremos, daremos a nuestra visita una duración muy corta.

14 – Siempre que encontrándonos de visita en una casa ocurriere en ella algún accidente que llame seriamente la atención de sus dueños, retirémonos al punto, si no podemos prestar ninguna especie de servicio.

15 – En todos los casos en que se nos manifieste deseo de que prolonguemos una visita, daremos una muestra de agradecimiento a tan obsequiosa invitación, quedándonos sin instancias un rato más; pero después de esto, no cederemos otra vez, si ya hemos dado a nuestra visita una duración excesiva.

E

De las dos diferentes formas de visitas

1 – Las visitas pueden ser *en persona* o *por tarjeta*. Una visita en persona es aquella que hacemos presentándonos en la casa del que ha de recibirla, ya sea que lleguemos a verle, ya sea que le dejemos nuestra tarjeta, y una visita por tarjeta, la que hacemos limitándonos a enviar ésta desde nuestra residencia.

2 – No es libre en todos los casos hacer las visitas en una y otra forma: las reglas de la etiqueta ofrecen gran variedad en este punto, y, según vamos a verlo, hay visitas que debemos hacer siempre en persona, otras que generalmente se hacen por tarjeta, y otras, en fin, que pueden hacerse indiferentemente en persona o por tarjeta.

3 – También hay variedad en las mismas visitas en persona, pues hay algunas que no se nos imputan como tales si no llegamos a ver a las personas a quienes las hacemos y otras que son válidas aun en los casos en que limitándonos a llenar la fórmula de presentarnos en persona, omitimos anunciarnos y tan sólo dejamos nuestra tarjeta.

4 – Las visitas de presentación, como bien se deduce de su propia naturaleza, no pueden menos que hacerse en persona, sin que nos sea lícito dejar tarjeta cuando no llegamos a ser recibidos; mas la segunda visita de que habla el párrafo 14 de la página 220 es válida, si por no encontrarse en su casa o no estar de recibo la persona a quien hemos sido presentados, le dejamos nuestra tarjeta.

5 – Cuando al hacer nuestra primera visita a la persona que nos ha sido presentada especialmente, no podamos ser recibidos, dejaremos nuestra tarjeta; mas no será válida esta visita hasta que no la repitamos, ya sea que en la segunda vez se nos reciba, o que nos veamos de nuevo en el caso de dejar tarjeta. Lo mismo se entiende respecto de la visita que debemos a la persona a quien hemos sido presentados por una carta cuando ella se anticipa a venir a nuestro alojamiento sin haber recibido nuestra visita de presentación (párrafo 10, página 229).

6 – Entre caballeros, una visita de ceremonia y cualquiera otra de etiqueta que no sea de negocios o de presentación, puede reducirse a dejar el visitante su tarjeta sin llegar a anunciarse aunque el visitado se encuentre en su casa, siempre que haya de ser poco discreto hacer ocupar a éste su tiempo en recibirla, o que aquél no pueda detenerse por impedírselo premiosas ocupaciones u otro motivo igualmente justificado. En esto deben guiarnos muy especialmente los usos recibidos en cada país, y aun los que sean peculiares a cada gremio social; entre agentes diplomáticos, por ejemplo, la primera visita que se hacen se ve con frecuencia reducida a la fórmula indicada.

7 – Las visitas que, según los párrafos 9 y 10 de las páginas 249 y 250, debemos hacer a nuestros parientes y a las demás personas que allí se indican, para participarles que vamos a tomar estado, no sólo

deben hacerse en persona, sino que no son válidas cuando no llegamos a ser recibidos.

8 – Las visitas de ofrecimiento por haber mudado de estado o de domicilio o por el nacimiento de un hijo, se hacen generalmente por tarjeta; pero un caballero que muda de habitación las hace siempre en persona a sus amigos vecinos[1].

9 – Las visitas de ofrecimiento al llegar a un nuevo domicilio se hacen indiferentemente en persona o por tarjeta; pero siempre en esta segunda forma, a aquellas personas con quienes no se tiene amistad (párrafo 14, página 251).

10 – Todos los demás ofrecimientos que puedan ocurrir los haremos en persona o por tarjeta, según que por la mayor o menor entidad de los accidentes que les den origen, sea o no natural o indispensable que tributemos a los que han de recibirlos el homenaje de presentarnos personalmente.

---

1. Para alguno de estos ofrecimientos, así como para suplir visitas de felicitación, de sentimiento y de despedida, suele usarse de recados, en lugar de presentarse o de enviar una tarjeta; pero este medio de comunicación ofrece graves inconvenientes, no sólo en los casos indicados sino en todos los demás que ocurren en el comercio de la vida social, y es por lo tanto conveniente que se evite en cuanto sea posible. Las manifestaciones escritas van siempre a manos de las personas a quienes se dirigen, y en ellas no puede encontrarse otra cosa que la expresión genuina de las ideas que han querido transmitirse; al paso que las manifestaciones por mensajes no siempre llegan a recibirse o bien se reciben con notable alteración de las ideas, originándose en ambos casos frecuentes desagrados, que a veces concluyen por turbar las más sólidas relaciones. Podría objetarse que el acto de enviar una tarjeta a la casa de un enfermo, no pasa de una manifestación de sentimiento para cumplir con la amistad, y que él no produce, como un recado, el informe que siempre se desea sobre el estado del enfermo; pero esta objeción queda sin fuerza alguna, al considerar que el portador de la tarjeta debe ir encargado de obtener aquel informe.

11 – Las visitas que tengan por objeto pagar las de ofrecimiento se harán precisamente en persona, aun cuando aquéllas hayan sido hechas por tarjeta.

12 – Las visitas de felicitación se hacen y se pagan en persona. Mas respecto a las de cumpleaños, tan sólo estamos obligados a hacerlas en esta forma a las personas con quienes llevemos estrechas relaciones de amistad, y a aquellas a quienes, por consideraciones de cualquier otro orden, sea propio y natural que tributemos el obsequio de felicitar personalmente; las demás pueden hacerse indiferentemente en persona o por tarjeta.

13 – Las visitas de sentimiento se hacen y se pagan en persona. Sin embargo, cuando se trate de un enfermo grave, y no estemos llamados a rodearle ni podamos prestarle ningún servicio, haremos estas visitas por tarjeta sin anunciarnos (párrafo 5, página 258). Es conveniente que pongamos la fecha en las diferentes tarjetas que pasemos a la casa de un enfermo grave, pues de este modo quedará perfectamente comprobado nuestro interés por su salud, y el cuidado en que hayamos estado durante su gravedad.

14 – Las visitas de duelo se hacen en persona, y las de pésame se hacen y se pagan en la misma forma.

15 – Las visitas de despedida se hacen indiferentemente en persona o por tarjeta; pero a las personas con quienes se tiene una íntima amistad se hacen en la primera forma si a ello no se opone un inconveniente insuperable. Estas visitas se pagan en persona o por tarjeta; mas cuando no se tiene una íntima amistad con aquel que se ha despedido, y se le quiere visitar en persona, es muy propio y delicado limitarse a dejarle tarjeta sin anunciarse, a fin de no poner embarazo en las múltiples ocupaciones de que debe suponérsele rodeado.

16 – Las visitas de agradecimiento se harán en persona; mas cuando no medie ninguna amistad, ni haya llegado el caso a que se contrae el párrafo 13 de la página 220, se harán por tarjeta, o bien en persona, limitándose el visitante a dejar su tarjeta sin anunciarse. En los casos en que tales visitas hayan de pagarse, esto se hará precisamente en persona.

17 – Las visitas de amistad, como se deduce de su propia naturaleza, se hacen y se pagan siempre en persona.

18 – No es lícito a las señoras visitar en persona a los caballeros que no tienen familia, por íntima que sea la amistad que con ellos tengan, y aun cuando puedan ir acompañadas de personas de su sexo, sino únicamente para tratar sobre negocios urgentes, o en casos extremos, como un peligro de la vida, etc. Sin embargo, un anciano valetudinario, o un sacerdote venerable por su carácter y por sus años, puede ser visitado por señoras de su amistad, con tal que éstas vayan siempre acompañadas y que sus visitas no sean frecuentes.

19 – Las personas que se encuentran físicamente impedidas de salir de su casa hacen todas sus visitas por tarjeta, siéndoles imputadas como visitas en persona todas aquellas que debiera hacer en esta forma.

20 – La persona que recibe una tarjeta de ofrecimiento desde un lugar distinto de aquel en que se encuentra, la corresponde con una tarjeta o con una carta, y este acto le es imputado como una visita.

21 – También se considera como una visita el acto de dirigir una tarjeta o una carta a la persona que reside en otro país o en otro pueblo, y se encuentra en circunstancias en que debe ser visitada por sus amigos. En tales casos se corresponderá a aquella demostración en la misma forma en que se haya recibido.

22 – Con las únicas excepciones que aquí se establecen, toda visita en persona en que no lleguemos a ser recibidos, será válida, con tal que dejemos nuestra tarjeta. En estos casos cuidaremos de doblar a la tarjeta una de sus esquinas, por ser éste el signo convencional que representa en una tarjeta que la visita ha sido hecha en persona[1].

23 – Respecto de las personas con quienes se tiene una íntima confianza, se considera como un acto poco amistoso el dejarles tarjeta cuando no se las encuentra en su casa. Esto sólo está admitido cuando, por algún motivo especial, conviene que un amigo no quede en la ignorancia de que le hemos solicitado, y no tenemos otro medio pronto y seguro de hacérselo saber.

24 – La tarjeta de una madre de familia, cuando se emplea en una visita en persona, incluye implícitamente el nombre de cada una de sus hijas, y el de cualesquiera otras señoritas de su familia que viven con ella o bajo su dependencia.

25 – Siempre que usemos de tarjeta para visitar a una persona emancipada que viva con otras personas, pondremos en ella manuscrito su nombre, a fin de evitar equivocaciones.

26 – Las tarjetas, en cuanto a su forma y a su contenido, están sujetas a los caprichos y variaciones de la moda; pero nunca dejaremos de incluir en ellas nues-

---

1. Suele usarse el indicar en la misma tarjeta la especie de visita que se hace, y aun estampar en sus cuatro esquinas los nombres de otras tantas especies de visitas, con el fin de doblar la esquina donde se encuentra el nombre de aquélla para la cual se emplea.

tra dirección, en los casos en que debamos o podamos suponer que sea ignorada de las personas a quienes la dirigimos.

SELECCION DE LOS REGALOS

(viene de la pág. 231)

7. Para un niño. Estos regalos son un tanto delicados, pues no sólo debemos considerar el placer de los pequeños, sino también tomar en consideración a los padres. Al escoger el regalo, debe evitar objetos ruidosos que puedan provocar regaños y perturbar la paz del hogar, objetos que puedan estorbar en un departamento pequeño, o juguetes que ensucien y por tanto ocasionen trastorno a los padres de la criatura. Tampoco deben seleccionarse juguetes que puedan resultar peligrosos. Para esto debemos tomar en consideración la edad del niño y asegurarnos de que el juguete sea apropiado para su capacidad. Resultan peligrosos, y probablemente indeseables los juguetes como los dardos, el arco y flecha, los equipos de química, etc. ... Antes de regalar algún animal como mascota a un niño, debe consultarse francamente con los padres, pues debe asegurarse de que posean las facilidades necesarias para que al animalito no resulte un trastorno en vez de una alegría y un placer para el niño tanto como para la familia en general. Puede obsequiar un libro de colorear con sus lápices, libros de cuentos, un reloj para niños, etc. ...
8. Para el niño enfermo. Pueden seleccionarse libros de colorear o de cuentos para leer, juegos de mesa o de cualquier tipo que se pueda jugar en la cama, así como cualquier juguete que proporcione entretenimiento sin necesidad de levantarse de la cama, como muñequitos para recortar (acompañado de una tijera redondeada, sin punta con la que se pueda herir el niño), muñecos de peluche, etc. ...
9. Para las personas que lo han recibido en su casa. Si le han invitado a cenar o a comer, al día siguiente es un detalle muy cortés y delicado de su parte el enviar flores al ama de casa acompañadas de una tarjeta que exprese su agradecimiento. También puede mandar una caja de golosinas finas que sea lo suficientemente grande como para poder ser compartida por toda la familia.

F

Del modo de conducirnos cuando hacemos visitas

1 – Al penetrar en una casa, si no encontramos un portero u otra persona cualquiera a quien dirigirnos, desde luego, llamaremos a la puerta; teniendo presente que aun en este acto, al parecer demasiado sencillo y de ninguna importancia, se manifiesta el grado de delicadeza y de cultura que se posee.

2 – Cuando la persona que llama a la puerta debe, por su posición social u otras circunstancias, tributar un especial respeto a los dueños de la casa, tocará siempre con poca fuerza, sea cual fuere el grado de amistad que con ellos tenga.

3 – Los toques a la puerta se repetirán, con intervalos que no sean muy cortos, hasta advertir que sí han oído; y las personas que se encuentren en el caso del párrafo anterior, darán a estos intervalos una duración algo mayor.

4 – Guardémonos de tocar nunca fuertemente a la puerta de una casa donde sepamos que hay un enfermo de gravedad.

5 – Jamás permanezcamos ni por un momento con el sombrero puesto en la casa en que entremos, desde

que tengamos que dirigir la palabra a cualquiera de las personas de la familia que la habita, que no sea un niño o un doméstico, aun cuando todavía no hayamos penetrado en la pieza de recibo.

6 – Es un acto enteramente vulgar y grosero el nombrar a una persona, al solicitarla en su casa, sin la anteposición de la palabra *señor* o *señora*, aunque no sea de este modo el que se acostumbre nombrarla al hablar con ella. Apenas está esto permitido cuando media una íntima confianza, no sólo con la persona que se solicita, sino también con aquella a quien se dirige la pregunta, bien que jamás en los casos en que ésta se dirija a un niño o a un doméstico.

7 – Por regla general, al solicitar a una persona en su casa no se enuncia su nombre, sino su apellido, o algún título de naturaleza permanente de que se halle investida, como el *señor N.,* el *señor doctor,* el *señor general*, etc. Cuando se visita a una señora, se pregunta simplemente por la señora.

8 – En las oficinas públicas se menciona únicamente el título del empleado que se solicita, aunque no sea de naturaleza permanente, como el *señor provisor,* el *señor ministro*, el *señor administrador,* etcétera.

9 – Luego que hayamos sido informados de que la persona que solicitamos está de recibo, daremos nuestro nombre al portero o a cualquier otra persona que haya de anunciarnos, y entraremos a la pieza que se nos designe, donde aguardaremos a que aquella se presente a recibirnos. Durante este espacio de tiempo, permaneceremos situados a la mayor distancia posible de los lugares en que haya libros o papeles, y de manera que nuestra vista no pueda dirigirse a ninguno de los sitios interiores del edificio.

10 – Cuando en el corredor principal de la casa no exista el mueble de que habla el párrafo 8 de la página 106, podremos entrar a la sala de recibo con el sombrero en la mano, y aun con el bastón que llevamos si es una pieza fina y agradable a la vista. El paraguas debe dejarse siempre en el corredor.

11 – Al presentarse la persona que viene a recibirnos, nos dirigiremos hacia ella y la saludaremos cortés y afablemente, esperando, si hemos de darle la mano, a que ella nos extienda la suya. Luego pasaremos a sentarnos, lo cual haremos en el sitio que ella nos indique, sin precederle en este acto, y guardando cierta distancia de manera que no quedemos demasiado próximos a su asiento.

12 – A los dueños de la casa se les da siempre la mano; mas entre personas de distinto sexo el uso es vario en este punto, y es necesario que sigamos el que esté admitido en el país en que nos encontremos (párrafo 14, pág. 50; párrafo 17, pág. 51). Lo más general es que las señoras den la mano a los caballeros de su amistad.

13 – Si la persona que visitamos fuere para nosotros muy respetable, y nos convidase a sentarnos a su lado, no lo haremos en el lugar más honorífico sino después de haberlo rehusado por una vez. Conviene, desde luego, saber que el lugar más honorífico en una

casa, es el lado derecho de los dueños de ella, y preferentemente el de la señora.

14 – Cuando la persona que visita sea una señora, no rehusará ni por una sola vez ser colocada al lado derecho de la señora o del señor de la casa.

15 – Cuando son varias las personas que se han anunciado y aguardan al dueño de la casa, son las más caracterizadas las que primero se acercan a saludarle, y las que toman los asientos más cómodos y honoríficos.

16 – Cuando el dueño de la casa se encuentre en la sala de recibo con otras personas, observaremos las reglas siguientes: 1ª., luego que se nos informe que podemos ser recibidos[1] y que hayamos sido anunciados, penetraremos en la sala, haciendo a la entrada una cortesía hacia todos los circunstantes[2]; 2ª., sin detenernos, nos dirigiremos al lugar donde esté el dueño de la casa y le saludaremos especialmente, volviéndonos luego de nuevo hacia los demás circunstantes y haciéndoles otra cortesía, después de lo cual tomaremos asiento; 3ª., si nuestra visita es de etiqueta, nos abstendremos de dar la mano a toda otra persona que no sea el dueño de la casa; si no es de etiqueta, podremos dar, además, la mano a las dos personas que, a derecha e izquierda, estén inmediatas al asiento que tomemos, siempre que con ellas tengamos amistad, pues por íntima que sea nuestra confianza con el dueño de una casa, jamás nos permitiremos el acto, altamente vulgar, de dar la mano a las personas que encontremos en ella con quienes no tengamos ninguna amistad[3].

17 – Cuando nuestra visita se dirija a una familia, y ésta se halle en la sala de recibo con otras visitas, observaremos lo siguiente: 1°., luego que hayamos hecho la primera cortesía al entrar en la sala, saludaremos especialmente a la señora y a las personas de su familia que se encuentren inmediatas a ella, hare-

272

mos después una cortesía a las demás personas presentes y tomaremos asiento; 2°., si el señor de la casa estuviere presente, y hubiere salido del círculo para

1. Véase aquí como aun en el caso de encontrarse el dueño de la casa en la sala de recibo con otras personas, está en la libertad de hacer decir a las demás que le soliciten que no está de recibo, sin que puedan éstas considerarse desatendidas. ¿No nos sería muy desagradable que, no existiendo esta libertad, penetrásemos desde luego en una sala, y nos encontrásemos con una junta constituida, que se desordenase al entrar nosotros, o con una reunión cualquiera promovida con el exclusivo objeto de tratar sobre un negocio en que no tuviésemos parte? ¿Y no es preferible que se nos diga al llamar a la puerta que no se nos puede recibir, a pasar por la pena de hacernos molestos, y de tener que retirarnos inmediatamente y acaso sin haber llegado a tomar asiento? (Véanse los párrafos 6 a 12, páginas 233 a 236).

2. La cortesía, o sea, la reverencia que hacemos a las personas al saludarlas, en señal de atención y respeto, tiene dos formas que no se usan indiferentemente: la una inclinando todo el cuerpo, y la otra inclinando sólo la cabeza. El uso de cada una de estas dos formas es muy vario, y sólo puede aprenderse por medio del contacto con la buena sociedad; mas no dejaremos de indicar aquí por punto general, que la primera expresa mayor respeto que la segunda, siendo por lo tanto la que usa el inferior al saludar al superior, el caballero al saludar a la señora, y todo el que saluda colectivamente a varias personas, como en el caso a que se contrae la regla del texto.

Es igualmente importante advertir que la cortesía es uno de aquellos movimientos del cuerpo que por sí solos revelan la cultura de una persona, y que debe por tanto aparecer en ella la dignidad hermanada con la gracia y la elegancia, y cierto despejo y naturalidad que no se adquieren sino con la costumbre de presentarse en sociedad; y por medio del trato con las personas bien educadas.

Diremos, por conclusión, que los movimientos exagerados, los dobleces ridículos que suelen darse al cuerpo, y el acto de arrastrar un pie hacia atrás al hacer una cortesía, dan una idea notablemente desventajosa del carácter y de la educación de una persona.

3. La costumbre de dar una señora la mano a todas las señoras que encuentra en una visita es sobre manera impropia y está por lo tanto desterrada de la buena sociedad.

venir a nuestro encuentro, le saludaremos desde luego especialmente; mas si sólo se hubiere puesto de pie sin abandonar su puesto, prescindiremos de él al principio y saludaremos primero a las señoras, haciendo siempre una cortesía a los demás circunstantes al acto de tomar asiento.

18 – Las personas que se encuentran en una sala deben corresponder con una cortesía, a cada una de las cortesías que haga una visita que entra o se retira.

19 – Jamás manifestemos de ningún modo ni aun el más ligero desagrado, cuando encontremos en una visita, o llegare después de nosotros, una persona con quien estemos enemistados.

20 – Al acto de ocupar un asiento entre dos personas, no demos nunca la espalda a aquellas de las dos que sea superior a la otra.

21 – Luego que se ha tomado asiento es costumbre dirigir a los dueños de la casa, prefiriendo siempre para esto a la señora, alguna pregunta amistosa que comúnmente se refiere a su salud y a la de su familia; pero adviértase que jamás se hace esta pregunta en una visita de ceremonia, así como tampoco en ninguna otra que sea de etiqueta, cuando no existe en la casa un particular motivo de aflicción.

22 – Sólo en una casa de mucha confianza podrá un caballero apartar su sombrero de las manos, para colocarlo en un lugar cualquiera de una pieza de recibo, sin ser a ello invitado por los dueños de la casa.

23 – No nos es lícito ofrecer asiento a la persona que nos recibe, ni indicarle ningún sitio para sentarse, ni hacer esto respecto de otra persona que entre durante nuestra visita; pues toca siempre a cada cual *hacer los honores de su casa*[1], y cualquier demostración obsequiosa que nos permitiésemos hacer en una casa ajena sin un motivo justificado, sería un acto de verdadera usurpación y una grave falta contra las leyes de la etiqueta.

1. Esta frase no pertenece a la lengua castellana; pero no hemos dudado adoptarla, porque se usa con mucha generalidad en la conversación, y nos parece muy significativa y muy propia para expresar la idea de conducirse los dueños de una casa, cuando reciben en ella, conforme a las reglas de la civilidad y de la etiqueta, tributando a cada uno las atenciones que le son debidas, y manifestando en todos sus actos aquella dignidad que sabe combinarse con la amabilidad y la franqueza, aquella delicadeza, aquel tino en la manera de obsequiar, que deja a todos contentos y satisfechos.

No somos nosotros los primeros en emplear esta frase: ya la han usado muy buenos escritores españoles, entre los cuales puede citarse a don Modesto Lafuente.

24 – Sin embargo, cuando los dueños de la casa en que nos encontremos se vean en la necesidad de atender a un mismo tiempo a varias personas, nos apresuraremos a rendir aquellos obsequios que sean indispensables, los cuales serán considerados como recibidos de los mismos dueños de la casa; reservándose siempre a éstos, en cuanto será posible los que hayan de tributarse a las señoras y a los caballeros más respetables.

25 – Si acostumbramos tratar con familiaridad a las personas de la casa, abstengámonos de manifestársela cuando estén acompañadas de personas a quienes no podamos nosotros, o no puedan ellas, tratar del mismo modo; tomando entonces un continente más o menos grave, y usando de un lenguaje más o menos serio, según sea el grado de respetabilidad de unas y de otras. Igual conducta observaremos cuando sea a las personas extrañas que se hallen presentes a quienes acostumbremos tratar con familiaridad, y no podamos nosotros, o no puedan ellas, tratar del mismo modo a las personas de la casa.

26 – Según esto, siempre que nos encontremos en una casa formando parte de un círculo de confianza, y se incorpore a él una persona que no pueda ser tratada familiarmente por todos los circunstantes, contribuiremos por nuestra parte a que el círculo varíe inmediatamente de carácter, tomando desde luego el grado de seriedad que sea análogo a las circunstancias de aquella persona y de los dueños de la casa.

27 – Nuestro continente, y todas nuestras palabras y acciones, deben estar siempre en armonía con el grado de amistad que nos una a las personas que visitemos, y a aquellas de que se encuentren acompañadas; sin olvidarnos jamás de los principios establecidos en los párrafos 7, 8, 9, 10 y 11 de las páginas 48 y 49, ni de los deberes que impone cada una de las

diferentes situaciones sociales, según las reglas contenidas en este tratado.

28 – De la misma manera adaptaremos siempre nuestro continente y todas nuestras palabras y acciones a la naturaleza de cada visita, manifestando con moderación y delicadeza ya la satisfacción y alegría que debemos experimentar cuando vemos a nuestros amigos en estado de tranquilidad y de contento, ya el cuidado y la aflicción que deben excitar en nosotros sus conflictos y sus desgracias.

29 – En una visita de etiqueta o de poca confianza, no nos es lícito abandonar el lugar de nuestro asiento, para ir a saludar de un modo especial a la persona que entra o se retira, ni aun en una visita de mucha confianza, si para ello tenemos que atravesar una gran distancia.

30 – Si en medio de nuestra visita se presenta otra persona de la casa, o entra otra visita, nos pondremos en el acto de pie, y así permaneceremos hasta que haya tomado asiento. También nos pondremos de pie cuando una persona que esté de visita se levante para retirarse, y no volveremos a sentarnos hasta que no se haya despedido.

31 – Las señoras que se encuentren de visita no se ponen de pie, sino cuando entran o se despiden de otras señoras.

32 – Cuando se levanten accidentalmente de su asiento una señora o cualquier sujeto respetable, y haya de pasar cerca del sitio que ocupamos, nos pondremos de pie y no permitiremos que pase por detrás de nosotros. En un círculo de confianza podremos alguna vez omitir el ponernos de pie; mas siendo una señora la que se levante, semejante omisión no nos será lícita sino en el caso de que haya de pasar por delante de nosotros.

33 – Cuando un caballero se encuentre sentado al lado derecho de la señora o del señor de la casa, y

entre una señora, abandonará inmediatamente aquel puesto para que sea ocupado por la señora que entra.

34 – No nos pongamos nunca de pie para examinar cuadros, retratos, etc., ni tomemos en nuestras manos ningún libro ni otro objeto alguno de los que se encuentren en la sala de recibo, si no somos a ello invitados por los dueños de la casa.

35 – Cuando entráremos o saliéremos por una puerta, o pasáremos por un lugar estrecho en compañía de alguna persona de la casa, guardémonos de pretender cederle el paso, pues es siempre el visitante el que debe ser obsequiado por el visitado, y cualquier demostración de esta especie sería usurparle el derecho de hacer los honores de su casa. Sin embargo, un caballero deberá siempre ceder el paso a una señora; y al subir o bajar una escalera, tendrá por regla invariable, si no le es posible ofrecerle el brazo, antecederla siempre al acto de subir, y seguirla al acto de bajar.

36 – Cuando el objeto de nuestra visita sea tratar sobre un negocio, y no tengamos amistad con la persona a quien nos dirigimos, luego que la hayamos saludado y tomemos asiento, daremos principio a nuestra conferencia, sin detenernos en hacerle preguntas relativas a su salud, ni en ningún razonamiento que sea extraño a nuestro objeto.

37 – Cuando al dirigirnos a una persona a tratar sobre un negocio, la encontremos acompañada, nos abstendremos de manifestarle el objeto de nuestra visita, hasta que ella misma nos proporcione la oportunidad de hablarle a solas; y si esto no fuera posible, le suplicaremos al despedirnos, se sirva indicarnos el día y la hora en que podamos conferenciar. Sin embargo, podremos luego entrar en conferencia, siempre que el asunto de que vayamos a tratar sea de poca entidad y no tenga ningún carácter de reserva, y que sólo sea por muy breves instantes el que hayamos de ocupar la atención de la persona a quien nos dirigimos.

38 – Es altamente impolítico el exigir a una persona un pago en momentos que se encuentra acompañada. Sin embargo, la celeridad que generalmente requieren las operaciones mercantiles, hace que sea lícito presentar a un negociante en aquel caso un pa-

garé, una letra de cambio, etc., cuando no es posible aguardar a que se le pueda hablar a solas, y siempre que esto se haga en su escritorio.

39 – Nunca debemos ser más prudentes y delicados que cuando visitamos la casa de un enfermo, sobre todo en los casos de gravedad. Si nos es lícito anunciarnos y entrar a la sala de recibo (párrafo 13, pág. 264), conduzcámonos de manera que bajo ningún respecto nos hagamos molestos; y no vayamos a aumentar la aflicción de los dolientes manifestando temores y alarmas, o con noticias y observaciones que les haga concebir la idea de un resultado funesto.

40 – Cuando nos encontremos en la casa de un enfermo, guardémonos de pretender que se nos introduzca en su aposento, por íntima que sea la amistad que con él nos una. Toca exclusivamente a las personas de la familia invitarnos a entrar, como que son las únicas que pueden saber cuándo esto sea oportuno, y no hayamos de causar ninguna incomodidad al enfermo.

41 – Una vez introducidos en el aposento de un enfermo, permaneceremos a su lado tan sólo por el tiempo que nos indique la prudencia, según la naturaleza de su enfermedad y el estado en que se encuentre; y entretanto, no le manifestemos que lo encontramos grave ni de mal semblante, ni le reprochemos los excesos o imprudencias que hayan podido acarrearle sus dolencias. Tampoco le indicaremos que otras personas han sufrido su misma enfermedad, si no es para decirle que se restablecieron pronta y fácilmente, ni menos le daremos noticias de la reciente muerte de ninguna persona; no le hablaremos, en fin, sobre asuntos tristes o desagradables de ninguna especie.

42 – Cuando en las causas de la enfermedad de una persona hayan concurrido circunstancias notables, de aquellas que generalmente mueven el interés o la

curiosidad, y nos sea lícito inquirirlas, no pretendamos que nos las refiera al mismo enfermo, sino su familia. Éste es un relato que naturalmente habrá de hacerse a cada una de las visitas, y no es justo que se imponga tan penosa tarea al que se encuentra en el lecho del dolor.

43 – Es sobre manera imprudente y vulgar el dar a los enfermos consejos que no nos piden, indicarles medicamentos, reprobar el plan curativo a que están sometidos, y hablarles despectivamente de los facultativos que los asisten.

44 – Las manifestaciones explícitas sobre el objeto de una visita, así como las expresiones congratulatorias o de sentimiento, no son de buen tono en las visitas de ceremonia, de duelo y de pésame, en las cuales está todo expresado por el solo acto de la visita.

45 – En una visita de ofrecimiento, nos abstendremos de manifestar nuestro objeto delante de personas extrañas, siempre que vayamos a ofrecer un servicio que indique o pueda indicar carencia de recursos pecuniarios de parte de la persona a quien lo ofrecemos, o que bajo cualquier otro respecto nos aconseje la prudencia reservar de los demás.

46 – En las visitas de felicitación tan sólo están admitidas las expresiones congratulatorias, cuando la visita es originada por el feliz arribo de un viaje, o la cesación de un conflicto.

47 – En una visita de agradecimiento tan sólo manifestaremos nuestro objeto, cuando ella haya sido originada por un servicio importante o una notable demostración de amistad que hayamos recibido, y esto siempre que la persona a quien visitemos no se encuentre acompañada de personas extrañas.

48 – Un hombre de fina educación no se deja arrastrar nunca de sus pasiones hasta el punto de desairar, o de alguna otra manera mortificar, a aquellas

personas con quienes está discorde; pero debe aquí advertirse que cualquier falta de este género cometida en sociedad es un acto altamente indigno y grosero, con el cual se ofende a las demás personas que se hallan presentes, y muy especialmente a los dueños de la casa (párrafo 39, página 57).

49 – Es un acto muy oportuno y obsequioso en una visita, con tal que ésta no sea de etiqueta, el excitar a cantar o a tocar a las personas de la casa que posean una u otra habilidad; mas cuando se nos oponga para ello algún inconveniente, no omitamos instar por una segunda vez, pues semejante omisión manifestaría que apreciábamos en poco el placer que pudiera proporcionársenos; ni en manera alguna insistamos, si aún encontramos renuencia, por ser en todos los casos impertinente e indiscreta una tercera instancia. Si el inconveniente que se nos expone fuere un motivo de sentimiento que exista en la misma casa, en el vecindario, o entre los relacionados de la familia, nos guardaremos de insistir en nuestra excitación, y por el contrario nos excusaremos, manifestando nuestra ignorancia del accidente a que se haya hecho referencia.

50 – Cuando en el caso del párrafo anterior la persona a quien excitemos a cantar o a tocar tuviere la bondad de complacernos, y, en general, siempre que una persona cualquiera cante o toque para ser oída en el círculo donde nos encontremos, le prestaremos toda nuestra atención, sea o no de nuestro gusto lo que oigamos, pues es un acto sobre manera inurbano y ofensivo desatender al que se ocupa en alguna cosa con la intención de agradarnos, y aun de lucir sus talentos. En semejantes casos, no olvidemos las reglas obtenidas en los párrafos 14 y 15 de la página 164.

51 – Es de muy mal tono el pedir en una visita agua para beber. Esto apenas puede ser tolerable en los

climas muy ardientes, y sólo en las visitas de confianza de una larga duración.

52 – Cuando en las visitas se nos ofrezcan comidas o bebidas, y no tengamos ningún impedimento físico para tomarlas, las aceptaremos desde luego en las casas de entera confianza, y las rehusaremos por una sola vez en las de poca confianza. En el campo, donde naturalmente se relaja un tanto la etiqueta, no las rehusaremos sino cuando no tengamos ninguna confianza en la casa, aunque nunca por más de una vez, pues una segunda excusa desautoriza completamente al que ofrece un obsequio para insistir de nuevo, y ella está por lo tanto reservada para los casos en que la aceptación es imposible.

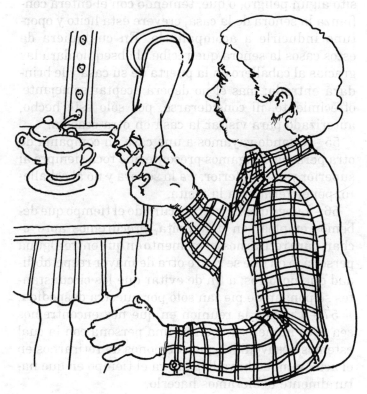

53 – Cuando en las horas de la noche se encuentre un caballero de visita en una casa, y se despidiere una señora de su amistad que no esté acompañada de otro caballero, le ofrecerá desde luego su compañía, la cual será aceptada sin oposición alguna, siempre que sean personas que se traten con plena confianza. Si no existiere esta confianza, la señora rehusará el obsequio por una vez; y sea cual fuere el grado de amistad que medie, cuando la señora lo rehúse por dos veces, el caballero se abstendrá de acompañarla.

54 – Si el caballero que se encuentra de visita no tuviere amistad con la señora que se despide, no le ofrecerá su compañía; a menos que exista en el tránsito algún peligro, o que, teniendo con él entera confianza la señora de la casa, creyere ésta lícito y oportuno inducirle a acompañarla. En cualquiera de estos casos la señora que recibe el obsequio dará las gracias al caballero en la puerta de su casa y le brindará entrada; mas él no deberá aceptar semejante ofrecimiento, ni considerarse, por sólo este hecho, autorizado para visitar la casa en otra ocasión.

55 – Cuando vayamos a una casa en compañía de otra persona, tengamos presente que toca siempre al superior y no al inferior, y a la señora y no al caballero, poner término a la visita.

56 – Luego que haya transcurrido el tiempo que debemos emplear en una visita, procuremos aprovechar, para retirarnos, el momento en que entre alguna persona, o en que se retire otra de mayor respetabilidad que nosotros, a fin de evitar que los circunstantes se pongan de pie tan sólo por nuestra despedida.

57 – Cuando la reunión en que nos encontremos sea poco numerosa, y entre una persona con la cual estemos desavenidos, guardémonos de retirarnos en el acto, aunque haya llegado ya el tiempo en que naturalmente debiéramos hacerlo.

58 – Una vez puestos de pie para terminar nuestra visita, despidámonos especialmente de los dueños de la casa, hagamos una cortesía a los demás circunstantes, y retirémonos en seguida, sin entrar ya en ninguna especie de conversación[1].

59 – Siempre que al despedirse un caballero no pueda acercarse a la señora de la casa sin penetrar por entre muchas personas, se limitará a dirigirle sus expresiones de despedida desde el punto más cercano al círculo, cuidando entonces de emplear las menos palabras posibles. La misma regla deberá aplicar un caballero a su entrada en una sala de recibo; menos en la casa que visite por primera vez después de una larga ausencia, donde le es lícito penetrar hasta el lugar en que se encuentre la señora.

60 – Al acto de retirarnos de una reunión muy numerosa, llamemos lo menos posible la atención de los circunstantes. Así, cuando la tertulia esté dividida en diferentes círculos, nos dirigiremos únicamente a aquel en que se encuentre la señora o el señor de la casa. En este punto deben apreciarse debidamente las circunstancias, sin otro norte que la prudencia y el ejemplo de las personas cultas; en la inteligencia de que, si una señora no puede retirarse

---

1. La costumbre de emprender las señoras al acto de despedirse una larga conversación, es incivil, cuando esto se hace en la misma pieza de recibo y hay otras personas presentes, por cuanto éstas tienen que mantenerse entre tanto de pie; es ofensiva a las mismas personas, cuando la conversación se emprende fuera de aquella pieza, porque privándolas de este modo de la sociedad de las señoras de la casa, se les manifiesta poca consideración; y es en todos casos impropia, porque jamás debe una visita ser causa voluntaria de que las personas de la casa permanezcan de pie, fuera de los actos en que esto es de atención y etiqueta.

de una casa sin despedirse por lo menos de la señora, a un caballero le es lícito, cuando no cree oportuno y delicado llamar la atención de ninguno de los círculos en que se encuentran los dueños de la casa, retirarse silenciosamente y sin despedirse de nadie.

61 – Cuando al despedirse un caballero de otro a quien ha hecho visita, no se encontrare presente ninguna persona que no sea de la casa, el visitante no manifestará oposición alguna a que el visitado lo acompañe hasta la puerta de la casa: allí volverá a despedirse; mas si el visitado pretendiere seguir con él hasta el portón, o hasta la escalera estando en un piso alto, rehusará por una vez admitir este nuevo obsequio, si el visitado fuere una persona para él muy respetable.

62 – Si en el caso del párrafo anterior, el visitante fuere un sujeto de elevado carácter, no rehusará ni por una sola vez ser acompañado hasta el portón o hasta la escalera.

63 – Una señora no rehusará en ningún caso, ni por una sola vez, que se le acompañe hasta el portón o hasta la escalera.

64 – Cuando al retirarnos de una visita de etiqueta quede en la sala un pequeño número de personas, y no seamos acompañados por ninguna de las de la casa, al llegar a la puerta nos volveremos hacia adentro y haremos una cortesía. Y siempre que seamos acompañados hasta la puerta de la sala, al llegar al portón o a la escalera haremos una cortesía a la persona que nos haya acompañado; haciendo lo mismo desde la puerta de la calle, cuando se nos haya acompañado hasta el portón.

G

Del modo de conducirnos cuando recibamos visitas

1 – Procuremos que las personas que nos visiten, sin excepción alguna, se despidan de nosotros plenamente satisfechas de nuestra manera de recibirlas, tratarlas y obsequiarlas; haciéndoles por nuestra parte agradables todos los momentos que pasen en sociedad con nosotros, por los medios que sean más análogos a su edad, sexo y categoría, al grado de amistad que con cada una de ellas nos una, y según el conocimiento que tengamos de sus diferentes caracteres, gustos, inclinaciones y caprichos (párrafo 1, pág. 133).

2 – Cuando se nos anuncie una visita y no nos encontremos en la sala de recibo, no nos hagamos esperar sino por muy breves instantes; a menos que alguna causa legítima nos obligue a detenernos un rato, lo cual haremos participar a aquélla inmediatamente, a fin de que nuestra tardanza no la induzca a creerse desatendida.

3 – Luego que estemos en disposición de presentarnos en la sala de recibo, nos dirigiremos a la persona que nos aguarda, la saludaremos cortés o afablemen-

te, y la conduciremos al asiento que sea para ella más cómodo.

4 – Los dueños de la casa extenderán siempre la mano a todas las personas de su sexo que los visiten, así al acto de entrar como al de salir, aun cuando sean para ellos desconocidas y sólo lleven por objeto tratar sobre negocios (párrafo 12, pág. 271).

5 – Cuando nos encontremos en la sala de recibo al llegar una persona de visita, le ofreceremos siempre asiento inmediatamente después de haberle correspondido su saludo.

6 – El visitado puede invitar al visitante, como una muestra de obsequiosa consideración, a sentarse a su lado y a su derecha, mas si éste, con arreglo a lo prescrito en el párrafo 12 de la página 271, rehusase tomar la derecha, le invitará precisamente a ello por una segunda vez. Cuando el visitante sea un sujeto muy respetable o una señora, el visitado no le ofrecerá otro puesto, sino en el caso de estar aquél debidamente ocupado.

7 – Cuando un caballero reciba a varias señoras, no se sentará en una misma línea con ellas, sino que, colocándolas en los asientos principales, se situará en un lugar desde el cual puede dirigir a todas la palabra, sin necesidad de volverse para ello a uno u otro lado.

8 – Cuando la señora esté acompañada de visitas y se presentase otra señora, luego que ésta haya penetrado en la sala de recibo, se levantará de su asiento y se dirigirá a encontrarla. Lo mismo hará un caballero respecto de una señora; pero no respecto de otro caballero, si se halla él solo recibiendo señoras o sujetos muy respetables, pues entonces se limitará a avanzar hacia él uno o dos pasos al acto de ser saludado especialmente. Un caballero puede, sin embargo, en todos los casos, abandonar el círculo

para dirigirse a encontrar, dentro de la misma sala, a un sujeto constituido en alta dignidad.

9 – Según se deduce de los párrafos anteriores, el dueño de la casa no puede en ningún caso permanecer sentado, ni al acto de entrar ni al de retirarse una visita, sea cual fuere; mas en cuanto a la señora, ella no se pondrá de pie sino cuando sea otra señora la que entre o se retire[1].

10 – Cuando van saliendo sucesivamente las personas de la casa a recibir una visita, es impropio y sobre manera fastidioso que cada una de ellas vaya haciendo a ésta unas mismas preguntas sobre la salud de su familia, sobre sus deudos ausentes, etc. Toca a la primera persona que sale el hacer estas preguntas, y en todos los casos, a la señora y al señor de la casa, cuando quiera que se presenten.

11 – A la persona que hace una visita de ceremonia, o cualquiera otra de etiqueta, no se la invita jamás a apartar su sombrero de las manos, para colocarlo en un lugar cualquiera de la sala de recibo. A las personas de confianza y a las de poca confianza sí puede hacérsele esta sugerencia, la cual podrá repetirse hasta por dos veces.

1. Suele usarse que la señora de la casa se ponga de pie al acercarse a saludarla un caballero que entra o se retira. En esto, como en todo lo demás perteneciente a la etiqueta propiamente dicha, debe seguirse lo que esté admitido en cada país y en las sociedades de buen tono (párrafos 14, 17 y 18; págs. 50 y 51). Por nuestra parte, no recomendamos este uso porque siendo un principio reconocido en todos los pueblos civilizados, que las señoras en sociedad deben estar rodeadas de toda especie de fueros y preeminencias no parece que estén llamadas a rendir a los hombres semejante homenaje. Apenas encontramos natural que una señora dé esta muestra de especial distinción a un respetable anciano, o a un sujeto constituido en alta dignidad.

12 – Si al salir nosotros para la calle, encontráremos ya dentro de nuestros umbrales a una persona que viene a visitarnos, la invitaremos a pasar a la pieza de recibo por una vez, si es un asunto urgente el que nos lleva fuera de nuestra casa, y hasta por dos veces, si nuestra salida puede, sin perjuicio de nadie, diferirse para después. Aun en casos de urgencia, deberemos instar por una segunda vez a una persona que sea para nosotros muy respetable, satisfechos, como debemos estar, de que su visita no habrá de prolongarse indiscretamente (párrafo 7, página 258). Mas puede acontecer que en el curso de ésta entre otra persona que no tenga motivo para saber que no podemos detenernos, y en este caso, como en todos aquéllos en que nos sea dable excusarnos de recibir a una persona, nos es enteramente lícito manifestarle nuestra urgente necesidad de salir, bien que siempre en términos muy corteses y satisfactorios, y expresándole la pena que nos causa el tener que privarnos de su compañía.

13 – Si tenemos en nuestra casa una reunión de invitación especial, y una persona que lo ignora se presenta a visitarnos, guardémonos, puesto que habrá de retirarse prontamente (párrafo 7, pág. 258), de invitarla, por más de una vez, a prolongar su visita.

14 – Cuando seamos visitados en momentos en que nos encontremos afectados por algún accidente desagradable, dominemos nuestro ánimo y nuestro semblante, y mostrémonos siempre afables y joviales. Si hemos experimentado una desgracia, o nos encontramos en un conflicto que pueda estar al alcance de nuestros amigos, nuestro continente será grave y nuestra conversación limitada, pero siempre dulce nuestro trato, siempre suaves nuestros modales, siempre cortés y obsequiosa nuestra conducta.

15 – Guardémonos de presentar en el estrado a los

niños que nos pertenezcan, sea cual fuere el grado de amistad que tengamos con las visitas que en él se encuentren. Son las señoritas y los jóvenes ya formados los que acompañan a sus padres a hacer los honores de la casa; lo demás es una vulgaridad insoportable, de que no se ve nunca ejemplo entre la gente de buena educación.

16 – Es de muy mal tono el iluminar la sala de recibo con una luz demasiado viva, cuando se reciben visitas de duelo o de pésame, y siempre que acaba de experimentarse o se teme una desgracia de cualquier especie.

17 – Siempre que recibamos visitas, aplicaremos las mismas reglas que, en los párrafos 25, 26 y 27 de las páginas 276 y 277, tenemos que observar al hacer una visita, respecto de la manera de conducirnos cuando encontramos o llegan después otras personas. Así, cuando acostumbremos tratar con familiaridad a la persona que nos visita, y entrare otra a quien no pueda ella, o no podamos nosotros tratar del mismo modo, adaptaremos nuestra conducta al grado de circunspección con que deba ser tratada la de menor confianza.

18 – Los dueños de la casa son los que están principalmente llamados a comunicar animación y movimiento a la conversación. Si en los momentos en que suelen quedarse en silencio todos los circunstantes ellos no se apresuran a tomar la palabra, sino que guardan también silencio, podrá creerse que la reunión no les es agradable, o que han llegado ya a desear que se disuelva. Sin embargo, nada de esto es aplicable a los casos en que a la persona que recibe visitas, le haya acontecido recientemente o le amenace una desgracia cualquiera, de la cual están en conocimiento sus amigos (párrafo 14).

19 – Cuando estemos recibiendo visitas, y tomemos la palabra en una conversación general, nos diri-

giremos alternativamente a todos los circunstantes, de la manera que quedó establecida en el párrafo 17 de la página 190; con la sola diferencia de que cuando según el orden allí indicado, debiéramos fijarnos más frecuente y detenidamente en la persona de nuestra mayor amistad, nos fijaremos en aquélla que sea según nuestro criterio de más respetabilidad y etiqueta.

20 – Siempre que una persona se dirija a nosotros a tratar sobre un negocio, guardémonos de incitarla directa ni indirectamente a entrar en conferencia, en momentos en que nos encontremos acompañados, ya sea de alguna otra visita o de personas de nuestra propia familia; a no ser que el negocio nos concierna exclusivamente a nosotros, y seamos dueños de tratarlo sin más reserva que aquella que nos convenga, pues entonces haremos o no la invitación, según lo que en cada caso nos aconseje la prudencia. Pero tengamos entendido que nada hay más incivil que emprender un largo diálogo de esta especie, delante de personas que sean extrañas a la materia sobre la cual se trate.

21 – Procuremos no dejar nunca a solas a dos personas que sabemos se encuentran desavenidas, o que absolutamente no se conocen, por íntima que sea la confianza que tengamos con ellas.

22 – Cuando estemos recibiendo una visita y se nos entregue una carta, no la leamos sino en el caso de que sepamos que trata de un asunto importante y del momento, y siempre con la venia de aquélla. Si la visita que recibimos es de etiqueta, se necesita que el contenido de la carta sea demasiado grave y urgente, para que haya de entregársenos ésta en el estrado, y para que nos sea lícito leerla inmediatamente.

23 – Cuando la persona que nos visite quisiere retirarse a poco de haber recibido nosotros una carta, y

temiéramos que lo haga tan sólo por esta consideración, la invitaremos a que se detenga, y aun la insta-
remos, si el contenido de aquélla no nos impone
algún deber que tengamos que llenar sin demora.

24 – No nos es lícito ofrecer comidas o bebidas a
una persona de etiqueta, sino en el caso de que la
hayamos invitado expresamente a pasar con nosotros un largo rato, o de que nos visite en una casa de
campo. En orden a lo que sea propio y oportuno ofrecer, atengámonos a lo que se estile entre personas
cultas y bien educadas.

25 – Si cuando hacemos visitas de confianza, es un
acto oportuno y obsequioso incitar a cantar o a tocar a
las personas de la casa que poseen una u otra habilidad, no puede serlo menos el hacer esta incitación a
las personas que nos visiten, siempre que en ellas
concurran idénticas circunstancias. En tales casos,
tendremos presentes las reglas contenidas en los párrafos 49 y 50 de la página 282.

26 – Cuando tengamos de visita diferentes personas, seamos en extremo prudentes y delicados al
hacer en nuestros obsequios aquellas distinciones
que merezcan las unas respecto de las otras, según su
edad y representación social; pues no por tributar a
una persona las atenciones que le son debidas, podemos en manera alguna desatender ni menos mortificar a ninguna otra. En cuanto a las preferencias y
consideraciones especiales que se deben al bello sexo,
procederemos siempre con mayor libertad y sin
temor ni escrúpulo, pues jamás podrá un caballero
creerse desatendido, sino por el contrario, compla-
cerse, al verse pospuesto en sociedad a una señora,
sea de la manera que fuere.

27 – La señora de la casa no se debe permitir suge-
rir a un caballero a que acompañe a una señora que
se retira, con la cual no lleve éste amistad, sino en el
caso de tener con él entera confianza, y de mediar al-

guna circunstancia excepcional que pueda racionalmente justificar semejante conducta.

28 – Es enteramente impropio instar a detenerse en nuestra casa, a una persona de etiqueta que ha terminado su visita y se despide; y bien que nos sea lícito hacer esta invitación a una persona de confianza, nos abstendremos de hacerla de nuevo a aquélla que, cediendo a nuestros deseos, haya permanecido ya un rato en nuestra compañía.

29 – Al acto de retirarse una visita, se tendrán presentes las reglas siguientes: 1ª., la señora de la casa acompañará a otra señora hasta el portón, o hasta la escalera siendo el piso alto; pero si al mismo tiempo está recibiendo otras visitas, la acompañará solamente hasta la puerta de la sala; 2ª., siempre que un caballero haya de despedir a una señora procederá del modo indicado en la regla precedente, con la diferencia de que si el piso es alto y ha de salir fuera de la sala deberá acompañar a aquélla a bajar la escalera y hasta el portón; y cuando la señora vaya en automóvil manejado por ella misma, el caballero le abrirá la puerta ayudándola a subir; 3ª., si es una familia la que ha recibido la visita de una señora, y se hallan en la sala otras visitas, una parte de aquélla irá a acompañarla hasta el portón o hasta la escalera; 4ª., un caballero acompañará a otro caballero hasta el portón o hasta la escalera, si se encuentra él solo recibiendo otras visitas, no le acompañará más que hasta la puerta de la sala; y si las demás visitas son de señoras o de sujetos muy respetables, y el que se despide no está investido de un alto carácter, se limitará a avanzar hacia él uno o dos pasos al acto de darle la mano; 5ª., las señoras hacen siempre desde su asiento una cortesía a los caballeros que se despiden.

30 – La persona que acompaña a otra que se despide cuidará de ir siempre a su izquierda; y si son dos

las personas acompañantes; se situará una a su izquierda y otra a su derecha.

31 – En todos los casos en que hayamos de acompañar a una persona hasta el portón o hasta la escalera, podemos hacerle el obsequio, bien por respeto o por cariño, de seguir con ella hasta la puerta de la calle.

32 – Ya sea hasta la puerta de la sala o hasta el portón que acompañemos a una persona nos detendremos algunos instantes después de haberla despedido para corresponderle la cortesía que habrá de hacernos desde el portón o desde la puerta.

EL TRATO CON PERSONAS INHABILITADAS

1. Antes de saltar a ofrecer ayuda a cualquier persona inhabilitada, pregunte primero si la persona lo desea.
2. Cuando sostiene una conversación con una persona que se encuentra sentada en una silla de ruedas, procure sentarse para estar a su mismo nivel. Resulta un poco incómodo y desagradable para algunas personas el tener que mirar hacia arriba por mucho tiempo cuando sostienen una conversación prolongada.
3. Tenga paciencia ante todo con la persona inhabilitada y permítale establecer el ritmo de la caminata, conversación u otra actividad, para que le resulte cómoda y agradable en vez de provocarle temores y ansiedad.
4. Cuando va a comer con una persona inhabilitada no debe ofrecerse para asistirla a cortar la carne o demás, pues si la persona lo necesita, ya se encargará de solicitar la asistencia si bien no de usted, de algún camarero.
5. No debe hacer preguntas indiscretas que puedan resultar embarazosas para la persona. Si ésta desea comunicarle la causa de su incapacidad, ya procurará hacerlo.
6. Los niños muy pequeños tienden a ser algo indiscretos cuando se encuentran por primera vez ante una persona inhabilitada. Esto se debe principalmente a su natural curiosidad y su desconocimiento de lo que es el tacto. Por esto es que los padres o mayores encargados del cuidado y/o educación de un pequeño, deben siempre procurar inculcarles estos principios cuidadosamente, no sólo en lo referente al tacto, sino a la consideración y respeto hacia los sentimientos ajenos.

IV

De las diferentes especies de reuniones

A

De los festines en general

1 – Para convidar a un festín cualquiera nos dirigimos verbalmente o por escrito a nuestros amigos de confianza, y a todos los demás por medio de una esquela, que generalmente se hace imprimir; dando precisamente a los primeros una idea del carácter más o menos serio de la reunión, e indicando a unos y otros la hora a que deban concurrir.

2 – Las señoras no pueden ser invitadas a festines sino por otras señoras, o por un caballero casado en unión de su esposa. Una invitación puede, sin embargo, emanar de una corporación respetable que sólo se componga de hombres; mas como siempre debe haber una señora que presida el festín, será ella quien directamente invite, expresando que lo hace a nombre de la corporación.

3 – Es de todo punto impropio, y en cierto modo ofensivo, el invitar para un festín a personas a quienes amenace o haya acontecido recientemente una

296

gran desgracia, de la cual esté impuesta la sociedad;
y a aquellos de sus relacionados que, con este motivo,
deba racionalmente suponerse no se hallen dispuestos a tomar parte en la alegría de un festín, o no sea
decoroso que aparezcan en reuniones de esta especie.

4 – Las invitaciones se hacen con la anticipación que es propia de cada caso, atendida la naturaleza del festín, la mayor o menor etiqueta que en él haya de reinar, y el mayor o menor número de personas que hayan de concurrir. El mismo día de la reunión y el anterior, no está indicado ni es delicado invitar, sino cuando el círculo ha de ser muy pequeño y de mucha confianza, o cuando se trata de un transeúnte o de otra persona cualquiera que se encontraba ausente en los días anteriores. Para un banquete, no debe invitarse con mayor anticipación que la de cuatro días; y para un baile, o cualquiera otra reunión nocturna muy numerosa, la anticipación no debe exceder de ocho días. Las invitaciones a señoras son en todos los casos las primeras que deben hacerse.

5 – Siempre que dispongamos un festín, calculemos el número de personas que el local pueda contener cómodamente y reduzcamos a él nuestras invitaciones; prefiriendo a aquellos de nuestros amigos que, por la naturaleza de sus relaciones con nosotros, su carácter, sus inclinaciones y sus demás circunstancias personales, estén más llamados a formar parte de la reunión.

6 – Procuremos que los amigos que convidemos a una reunión pequeña sean todos personas que estén relacionadas entre sí, o que por lo menos no haya ninguna de ellas que no tenga amistad con algunas de las demás. En cuanto a personas que se encuentren mal avenidas, jamás las reuniremos en estos casos, si no entra en nuestras miras y nos es lícito ejercer los nobles oficios de aproximarles y cortar sus diferencias.

7 – Cuando la reunión que preparemos tenga por especial objeto obsequiar a un amigo, no sólo procuraremos que las personas con quienes haya de encontrarse sean todas de su amistad, sino que invitaremos preferentemente a aquellas con quienes estuviere

en mayor contacto, y cuya edad, posición social y demás circunstancias personales sean más análogas a las suyas.

8 – Cuando la reunión ha de ser numerosa y seria, nos es lícito invitar a ella a un extranjero respetable que acabe de llegar al país, aunque con él no estemos relacionados. En estos casos, procuraremos que a la invitación preceda el acto de una presentación especial.

LOS VINOS Y LICORES

Vino blanco.
> Siempre se debe refrigerar anticipadamente para que en el momento de servirlo esté bien frío.

El clarete, Oporto y licores.
> Estos vinos, así como el vino de borgoña y demás, deben ofrecerse a la temperatura ambiente, por lo cual deben dejarse en un sitio cálido durante varias horas antes de servirlos. Es aconsejable presentarlos en escanciador de cristal. El clarete debe servirse idealmente en escanciador que tenga asa.

Champagne.
> La botella de champagne debe envolverse en una servilleta de tela antes de abrirse. También es correcto servirlo frío, para lo cual debe haber permanecido en refrigeración por espacio de dos horas como mínimo antes de llevarlo a la mesa. Para dejarlo cerca de la mesa una vez que la botella ya ha sido abierta existen recipientes especiales que suelen llenarse de hielo para que el resto del champagne que permanece en la botella se conserve frío.

Cuándo se sirven.
> El sherry se sirve con la sopa; el vino blanco acompaña los platos a base de pescado; el vino rojo se sirve junto con los platos a base de carne; con el pudín se sirve champagne; se suele servir Oporto con el postre, y los licores se reservan para después del café. No obstante, estas reglas tan estrictas son para cenas o banquetes formales. En casos de una cena menos formal, puede servirse simplemente vino y Oporto.

9 – A la hora señalada para la reunión la señora de la casa se situará en la sala principal, para recibir allí a cada uno de los concurrentes, y el señor de la casa en la antesala, o no habiendo esta pieza, en el corredor inmediato a la sala, para ofrecer el brazo a las señoras que vayan entrando y conducirlas hasta el lugar donde hayan de tomar asiento.

10 – Los dueños de la casa, y las personas de su familia que los acompañen, deben contraerse exclusivamente en todo el curso de la reunión, a colmar de obsequios y atenciones a todos los concurrentes (párrafo 1, pág. 287). Ellos deben encontrarse en todas partes, inspeccionarlo y dirigirlo todo, proveer cuanto sea necesario a la comodidad y al placer de los concurrentes y comunicar, en fin, a la reunión, por todos los medios que estén a su alcance, aquella animación y aquel júbilo que dependen siempre de la habilidad y corrección que se emplean en hacer los honores de la casa.

11 – Cuando la señora o el señor de la casa insten a una señora a cantar o a tocar, le ofrecerán el brazo para conducirla al piano, y lo mismo harán para conducirla después a su asiento.

12 – En las reuniones nocturnas, al acto de servir la cena, se procederá de la manera siguiente: 1°., el señor de la casa ofrecerá el brazo a la señora más caracterizada, e instará al caballero más caracterizado a que tome a su cargo a la señora de la casa, dirigiéndose en seguida al comedor junto con la señora que acompaña; 2°., la señora de la casa indicará entonces a cada caballero la señora que ha de conducir, procurando que sean personas entre sí relacionadas; 3°., el orden de la marcha lo establecerá la categoría de las señoras casadas y las más respetables; 4°, la marcha la cerrará siempre la señora de la casa, acompañada de su caballero.

13 – Es de muy mal tono el empeñarse en que las

personas convidadas se detengan, cuando ya quieran retirarse. Puede, no obstante, en casos especiales, instarse a ello a los amigos de confianza, pero teniendo presente que jamás debe llegarse a una tercera invitación.

14 – Siempre que seamos invitados a un festín cualquiera, contestaremos inmediatamente manifestando nuestra aceptación o presentando nuestra excusa; sin que nos sea lícito hacerlo verbalmente, cuando por no mediar con nosotros ninguna confianza, la invitación se nos haya hecho por esquela.

15 – Al aceptar una invitación para un festín, pensemos que no hemos de ir únicamente a recibir obsequios y a satisfacer nuestros propios gustos y caprichos; sino también a corresponder al honor que se nos hace, contribuyendo por nuestra parte, por todos los medios que sean análogos a nuestras circunstancias personales y a nuestro carácter de convidados, y que no se opongan a las restricciones que aquí se establecen, a la comodidad y al placer de los demás concurrentes, al lucimiento de la función, y a la consiguiente satisfacción de los dueños de la casa.

16 – Dedúcese de aquí que ningún convidado debe manifestar repugnancia, ni menos negarse, a ninguna exigencia directa o indirecta de los dueños de la casa; sino que por el contrario todos deben prestarse gustosamente y aun anticiparse a sus deseos por más que éstos lleguen a contrariar los suyos propios.

17 – A ningún festín, sea de la naturaleza que fuere, y aun cuando se trate de una reunión de confianza, debemos llevar jamás niños, ni criados. Cuando la invitación se dirige a una familia, sólo se consideran comprendidos en ésta los jóvenes y señoritas que, según el párrafo 15 de la página 290, pueden entrar en sociedad.

18 – Al penetrar en el local de un festín, nuestro primer cuidado debe ser presentar nuestros respetos a la señora y al señor de la casa, pudiendo en seguida dirigirnos a saludar a las señoras y caballeros de nuestra amistad que allí encontremos. Mas cuando la reunión sea poco numerosa o tenga por objeto un banquete, y los dueños de la casa y los concurrentes se hallen todos en la sala de recibo, observaremos las reglas establecidas en los párrafos 16 y 17 de la página 272.

19 – Los concurrentes a un festín no promoverán nunca ningún género de entretenimiento, sino que se

sujetarán estrictamente a lo que bajo este respecto, así como bajo cualquiera otro, tengan ya dispuesto o dispusieren los dueños de la casa.

20 – Al dirigirse una señora hacia un lugar donde no haya asientos desocupados y se encuentre sentado un caballero, éste se pondrá inmediatamente de pie y le ofrecerá el asiento que ocupe.

21 – Los caballeros se abstendrán de dirigir la palabra y de ofrecer espontáneamente obsequios de ninguna especie a las señoras con quienes se encuentren en un festín, con las cuales no tengan ninguna amistad y a quienes no hayan sido previamente presentados.

22 – Guardémonos de desatender en un festín a las personas de la casa por ningún motivo, y mucho menos por contraernos exclusivamente a rodear y a obsequiar a las demás personas de nuestra amistad y predilección que en él encontremos. Esto sería una conducta incivil y grosera, y que al mismo tiempo envolvería una muestra de ingratitud hacia aquellos que, contando con proporcionarnos un rato agradable, nos hacen el obsequio de invitarnos a su casa.

23 – Abstengámonos de manifestar directa ni indirectamente en una reunión, el deseo de que llegue el momento de sentarnos a la mesa. El incurrir en semejante extravío, no sólo envolvería una falta de civilidad y de cultura, sino que daría muy mala idea de la dignidad de nuestro carácter, y arrojaría sobre nosotros la fea y degradante nota de glotones, ya que no hiciese pensar que habíamos allí concurrido tan sólo con el objeto de comer.

24 – Los caballeros se retiran generalmente de las reuniones nocturnas muy numerosas sin despedirse de nadie (párrafo 60, pág. 285). Respecto de las señoras, ellas omitirán también despedirse de los demás concurrentes, y aun de los dueños de la casa, cuando no crean prudente distraerlos de sus multiplicadas

ocupaciones. Pero téngase presente que la persona, cualquiera que sea, en cuyo obsequio se haya celebrado un festín, no puede jamás retirarse sin presentar sus respetos y manifestar su agradecimiento a los dueños de la casa.

25 – Está enteramente prohibido a un caballero, como un acto de muy mala educación, el ofrecer su compañía a una señora que se retira de un festín y con la cual no tiene amistad, aunque haya sido presentado a ella ocasionalmente, haya bailado con ella; o le haya tocado obsequiarla en el curso de la reunión.

26 – Debemos una visita de agradecimiento a la persona que nos ha invitado a un festín, hayamos o no concurrido a él. Esta visita se hace dentro de un período de ocho días, el cual empieza a contarse pasado el siguiente a aquel en que se haya celebrado el festín.

SOBRE LAS PROPINAS

Debe darse propina a los conductores de autos de alquiler (taxis), al portero, a la persona que se encarga del baño, al cocinero en una casa particular cuando se es huésped o se ha recibido alguna distinción especial. Por otra parte, existen personas que nos ofrecen sus servicios pero a quienes resultaría ofensivo el ofrecimiento de una propina, como por ejemplo la anfitriona o persona encargada del entretenimiento o recepción en un barco; las aeromozas o azafatas. Tampoco debe darse propina a las recepcionistas que dirigen al visitante hasta su habitación en un hotel, ni a los dueños o supervisores de cualquier establecimiento como tiendas, estaciones gasolineras o restaurantes.

Por otra parte, sí es correcto como dijimos anteriormente, ofrecer propinas a los empleados que cargan nuestras maletas o al mecánico que nos sirve y nos limpia los parabrisas en una estación de servicio, a los camareros en los restaurantes, a personas encargadas de la limpieza y mantenimiento de las habitaciones en los hoteles, etc.

B

De los bailes

1 – Cuando se invita para un baile, debe tenerse un cuidado especialísimo de que, entre las personas que estén en capacidad de bailar, no haya de encontrarse un mayor número de señoras que de caballeros. Y como puede suceder que las excusas, o cualesquiera otros accidentes que no puedan preverse, vengan a producir este resultado, deberá invitarse siempre mayor número de caballeros que de señoras.

2 – A la señora y al señor de la casa no les es lícito bailar sino por un corto rato, y sólo por vía de obsequio a alguna persona respetable; bien que nunca ambos a un mismo tiempo, pues entonces quedaría la reunión enteramente privada de sus atenciones, las cuales no deben sufrir interrupción alguna.

3 – En los intermedios del baile, los dueños de la casa harán circular entre las señoras, por medio de sus sirvientes, aquellos refrescos que hayan preparado para obsequiarlas durante el tiempo que precede a la cena; y en el primer intermedio, instarán a los caballeros a tomarlos por sí mismos en todo el curso de

la reunión, indicándoles desde luego la pieza en donde se hallan.

4 – Las personas que sin poseer la disposición y los conocimientos necesarios toman parte en el baile, no hacen otra cosa que servir de embarazo y de incomodidad a los bailadores realmente hábiles, desordenar y deslucir los bailes, y deslucirse completamente ellas mismas. En esto se cometen a un mismo tiempo varias faltas graves: se molesta a los bailadores, estorbándoles y embrollándoles sus mudanzas, y poniéndolos en el caso de dar lecciones de baile en ocasión en que sólo quieren divertirse; se ofende a los dueños de la casa tomando por un entretenimiento frívolo y propio para aprender y ensayarse, lo que ellos han querido sin duda revestir de seriedad y elegancia; y se manifiesta poco respeto y aun desprecio a la concurrencia entera, pues de otro modo no se concibe que una persona pueda resolverse a presentarse a bailar ante ella, sin haber tomado las necesarias e indispensables lecciones, sin conocer las reglas del baile, sin saber, en suma, lo que va a hacer.

5 – No es lícito a un caballero invitar a bailar a una señora con quien no tenga amistad; a menos que al efecto se haga presentar ocasionalmente a ella, en la forma que quedó establecida en el párrafo 12 de la página 225.

6 – El agruparse varios caballeros a invitar a bailar a una señora con afanoso empeño, deteniéndose prolijamente a distribuirse las diferentes piezas que la señora ha de bailar, ofende a las demás señoras que observan una tan marcada muestra de preferencia que las deprime ante sí mismas y ante los demás, y de que por tanto no dan jamás ejemplo los caballeros de buena educación, los cuales ostentan siempre aquella noble galantería que en sociedad concede iguales derechos a todas las señoras. Y es de notarse

que este acto, así como cualquiera otro que pueda ser mortificante, no ya a una señora, sino a cualquier caballero, compromete la responsabilidad de los dueños de la casa, cuya invitación se acepta siempre bajo la implícita condición de que en ella no habrá de experimentarse ningún género de desagrado.

7 – Cuando una señora no acepte la invitación de un caballero para bailar, manifestándole que no está dispuesta a tomar parte en el baile, se abstendrá de hacerlo en todo el curso de la reunión, pues lo contrario sería una muestra de descortesía, enteramente ajena del carácter amable y eminentemente inofensivo que debe distinguir siempre al bello sexo. Y si la causa de su negativa llega a desaparecer en el curso de la reunión y se siente luego dispuesta a bailar, no lo hará sin hacer llamar a aquel caballero y ofrecerle su aceptación, hecho lo cual, y aunque a él no le sea dable aprovecharse de este ofrecimiento por tener ya otros compromisos, podrá ya libremente tomar parte en el baile con cualquier otro caballero.

8 – Un caballero no puede ceder a otro la señora que ha aceptado su invitación para bailar, o con quien se encuentra ya bailando. Este acto sólo sería inofensivo y admisible, por vía de obsequio a un sujeto muy respetable, que se quedase sin tomar parte en el baile por estar ya comprometidas todas las señoras; mas siempre con previo consentimiento de aquélla, y sin conocimiento anterior de la persona a quien se pretendiese hacer semejante obsequio. Sería muy impropio, y aun ofensivo a una señora, el pedir a su caballero se la cediese para bailar con ella.

9 – Es notable incivilidad en un caballero el bailar consecutivamente, cuando el número de caballeros que se encuentran en la reunión excede visiblemente al de las señoras, y han de quedar, por lo tanto, algunos de aquéllos sin tomar parte en el baile.

10 – Las personas con quienes ha debido contarse y en efecto se ha contado para bailar, no deben dejar de hacerlo sino por motivos evidentemente justificados; pues la inacción de los bailadores debilita siempre en tales casos la animación y el contento de la reunión y no debe olvidarse nunca que a los festines no se va únicamente a satisfacer los propios gustos y caprichos (párrafo 15, pág. 302).

11 – Cuando un caballero sea instado a invitar a una señora a bailar, deberá prestarse gustosamente a ello, aun cuando la señora no sea de su agrado para el objeto; pues toda muestra de repugnancia, sería estimada como una falta de consideración a la misma señora y a los dueños de la casa.

12 – Los caballeros de fina educación ceden siempre en el baile espontánea y gustosamente los puestos más preferentes, a aquellos a quienes la edad u otras circunstancias dan derecho a esta muestra de consideración y respeto. Nada hay más repugnante ni que dé una idea más triste de la educación de un joven, que el verle en estos actos sobreponiéndose a los sujetos que le son superiores. Sin embargo, la pareja en que se encuentra una señora muy respetable, deberá siempre tener la preferencia sobre otra pareja cuya señora sea de menor respetabilidad, sea cual fuere la edad y la categoría de su caballero.

13 – Por regla general, siempre que antes de principiar a bailar se presente una pareja en que se encuentre la señora o el señor de la casa, deberá cedérsele por todos el puesto más privilegiado.

14 – Los caballeros ofrecerán siempre el brazo a sus parejas, al levantarse éstas de sus asientos para dirigirse al lugar del baile, lo mismo que cuando se retiren después a sentarse de nuevo.

15 – Jamás podrán ser excesivos el respeto, la delicadeza y el decoro con que un caballero trate a una señora en el acto de bailar.

16 – Apenas se concibe que haya padres y madres de familia que consientan que sus hijas, cuya inocencia deben proteger y defender con esmerado empeño, sin que para ello los detenga ninguna especie de consideración, se sometan en el baile a ciertas modas que no contemplan lo bastante el pudor de la mujer, y que suelen invadir de cuando en cuando la sociedad para viciarla y corromperla. El imperio de la moda, ya lo hemos dicho, pierde toda legitimidad, todo derecho, todo dominio en los círculos de personas verdaderamente bien educadas, desde el momento en que de alguna manera ofende la moral y las buenas costumbres; y un padre, una madre, un esposo, un hermano, un pariente cualquiera de una

señora, están plenamente autorizados para retirarla del baile y hacerla tomar asiento, cuando no la vean tratada con la extremada delicadeza que le es debida; sin que al sujeto que la acompañe le quede otro partido que sufrir en silencio su bien merecido sonrojo, y aprender para lo futuro a conducirse dignamente en sociedad.

17 – Al tomar asiento una señora que acaba de bailar, el caballero le dará las gracias por el honor que ha recibido, y le hará una cortesía antes de retirarse, limitándose la señora a corresponderle con una ligera inclinación de cabeza.

18 – Desde que los dueños de la casa han instado a algunos caballeros a tomar los refrescos de que habla el párrafo 5, ya cualquiera de los demás puede pasar a tomarlos.

19 – En los intermedios del baile, cada caballero obsequiará a la señora con quien acabe de bailar, ofreciéndole alguno de los refrescos indicados en el párrafo anterior.

COMENTARIOS SOBRE LA COMIDA

El comentar sobre la comida es perfectamente apropiado y correcto, aun cuando hace algún tiempo se consideraba de mal gusto. Ahora es por el contrario. Ya sea la anfitriona la que ha preparado la cena, o bien que ésta haya sido confeccionada por un cocinero, será muy bien recibido cualquier comentario halagador que se haga. También es perfectamente apropiado que la anfitriona presente a sus invitados el cocinero para que ellos lo puedan felicitar personalmente, especialmente cuando le han demostrado sus invitados un interés notable en la comida.

Cuando un invitado se marcha, lo correcto es darle las gracias a la anfitriona no sólo por la cena, sino por el entretenimiento, la grata conversación y la agradable compañía. Al día siguiente debe escribirse una carta o hacerse una llamada telefónica, nuevamente recalcando nuestro agradecimiento y felicitando a la anfitriona por su buen gusto, no sólo por la excelente comida y su selección de invitados, sino también por lo bien que lucía, por su peinado y su vestido, por lo linda que nos pareció la decoración en su hogar, etc.

C

De los banquetes

1 – Siempre que hayamos de dar un banquete[1], prepararemos de antemano todo lo que para ello exija nuestra acción inmediata o nuestra intervención, a fin de que a la hora de llegar los convidados nos encontremos enteramente expeditos para reci-

---

1. Aunque la palabra banquete signifique "una comida espléndida a que concurren muchos convidados", entiéndase que las reglas de esta acción, casi en su totalidad, son extensivas a toda reunión de mesa, por pequeña que sea, y aun cuando las personas que la compongan se traten entre sí con íntima confianza. En el cuerpo de la sección se verán algunas reglas que son peculiares a las reuniones de esta última especie, dejándose a la prudencia de cada cual, al aplicar a ellas las demás reglas, el modificarlas en cuanto sea necesario y de la manera que sea más propia de cada caso.

No está de más advertir que en este lugar, que, según los principios generales que hemos sentado, las reglas que se refieren a aquellos actos que son puramente de etiqueta, y que no emanan directamente de las leyes inmutables de la propiedad y el decoro, están siempre sujetas a las alteraciones que provienen de los caprichos de la moda, y subordinadas a los usos y estilo de cada país.

birlos. Cuando los dueños de la casa, en lugar de permanecer en este acto en la sala de recibo, con aquel aire de tranquilidad que revela el convencimiento de no haber dejado nada por hacer, aparecen inquietos, salen con frecuencia de la sala, oyen y resuelven consultas relativas a la comida y dan disposiciones a los sirvientes; cuando su previsión no ha alcanzado a evitar que en tales momentos se hagan entrar en la casa, a la vista de los convidados, las viandas que se han preparado en otra parte, o cualesquiera otros objetos necesarios para la mesa, no sólo se manifiestan incapaces de desempeñar dignamente los deberes que se han impuesto, sino que ocasionan a la concurrencia el desagrado de ver que el obsequio que recibe cuesta demasiados afanes y fatigas.

2 – No es, sin embargo, una falta, que durante el tiempo en que van llegando los convidados, la señora o el señor de la casa se alejen alguna vez de la sala con el objeto de inspeccionar la mesa; con tal que lo hagan sin manifestar inquietud, y que en su ausencia queden aquéllos acompañados de personas de su familia.

3 – Los dueños de la casa harán poner de antemano en la mesa, junto con cada cubierto, una tarjeta que contenga el nombre de la persona que ha de ocupar aquel lugar, la cual se conservará en él en todos los servicios; teniendo para ello presente: 1°., que las señoras deben estar interpoladas con los caballeros, procurándose que cada uno de éstos que al lado de la señora que conduzca a la mesa; 2°., que las personas entre sí relacionadas por vínculos de inmediato parentesco, deben colocarse a alguna distancia unas de otras; 3°., que la señora de la casa debe ocupar el centro de la mesa, situando a su derecha al caballero más caracterizado y a su izquierda al que siga a éste en respetabilidad; 4°., que el centro del lado

opuesto debe ser ocupado por el señor de la casa, situándose a su derecha la señora más caracterizada y a su izquierda la que siga a ésta en respetabilidad.

4 – Cuando el banquete tenga por objeto obsequiar a una determinada persona, será ésta precisamente la que ocupe el lado derecho de la señora o del señor de la casa según que sea un caballero o una señora; a menos que se encuentre presente alguna persona que por su edad u otras circunstancias sea en alto grado superior a aquélla, pues entonces es de etiqueta el dar a la más caracterizada el lugar más preferente. En estos casos, la persona que es objeto del obsequio será colocada a la izquierda de la señora o del señor de la casa, y nunca en otro puesto, aun cuando sean varias las personas de mayor categoría que se hallen presentes.

5 – en los banquetes a que no concurran señoras, el señor de la casa ocupará el centro de la mesa, del lado que dé el frente a la entrada principal del comedor, situándose a su derecha la persona más caracterizada, y a su izquierda la que siga a ésta en respetabilidad; y el centro del lado opuesto será ocupado por la persona que entre los demás concurrentes sea más caracterizada, la cual quedará en medio de las dos personas que le sigan en respetabilidad, dándose siempre la preferencia de la derecha a aquélla de las dos que sea más caracterizada.

6 – Cuando en un banquete se hallen presentes varios ministros de Estado, la preferencia en los puestos que han de ocupar en la mesa, será establecida por el rango que cada cual ocupe en el Gabinete: si se hallan presentes varios ministros extranjeros, la preferencia será igualmente establecida por el rango diplomático de cada cual; y entre un ministro de Estado y un ministro extranjero, aquél tendrá siempre el lugar más preferente. Siendo el jefe del Estado el que dé el banquete, es de etiqueta que pos-

ponga en la mesa sus ministros a los ministros extranjeros.

7 – Las instrucciones que han de recibir los sirvientes para el buen desempeño de sus funciones, deberán dárselas precisamente antes de llamar a la mesa, pues durante la comida, es altamente impropio que los dueños de la casa se ocupen en dar disposiciones relativas al servicio; y para aquellas órdenes y advertencias que en tales momentos lleguen a ser indispensables, deben procurar, si es posible, hacerse entender por sus sirvientes tan sólo con la vista.

8 – Una vez arreglada la mesa, y dispuesto todo lo necesario para la comida, los dueños de la casa y los concurrentes se trasladarán al comedor; procediéndose en este acto en la misma forma que quedó establecida en el párrafo 12 de la página 300 y procurándose (párrafo 3) que cada caballero conduzca a la señora a cuyo lado ha de sentarse a la mesa.

9 – Las personas que van entrando al comedor, aguardan de pie a que llegue la señora de la casa, y entretanto, cada caballero busca en la mesa su propia tarjeta y la de la señora que ha conducido, a fin de que todos puedan tomar asiento oportunamente sin confusión ni embarazo.

10 – Llegada la señora de la casa al comedor, toma ella asiento, y todos los demás hacen lo mismo inmediatamente; apartando cada caballero la silla que ha de ocupar la señora que ha conducido, para que ésta pueda entrar cómodamente a sentarse, y esperando a que sea ella la primera que se coloque para tomar él después su asiento. Los caballeros acostumbran hacer en este acto una ligera cortesía a las señoras que han conducido, la cual les es correspondida por ellas con otra cortesía.

11 – Al sentarse a la mesa, cada persona toma su servilleta, la desdobla y la extiende sobre las rodi-

llas; teniendo presente que ella no tiene ni puede tener otro objeto que limpiarse los labios, y que el aplicarla a cualquier otro uso es un acto de muy mala educación.

12 – Cuando al llegar los concurrentes a la mesa encuentran ya servido el primer plato, ninguno empieza a tomarlo antes que la señora de la casa.

13 – Los licores que haga servir expresamente el dueño de la casa, no se rehúsan jamás por ninguno de los circunstantes. Cuando una persona tiene algún impedimento físico para tomar en tales casos el licor que se le ofrece, hace siempre al dueño de la casa el acatamiento de aceptarlo, y se limita a tomar una pequeña parte o a llevarlo a los labios.

14 – En la mesa no se hace jamás una segunda invitación para tomar de un manjar, y mucho menos de un licor. La persona que apetezca lo que le ofrecemos, lo aceptará desde luego; y si no lo acepta, es prueba de que le haríamos un mal, lejos de un obsequio, obligándola a tomarlo.

15 – Cuando la señora o el señor de la casa, por hacernos un obsequio especial, nos sirvan o nos hagan servir cosa alguna sin haber consultado antes nuestra disposición o nuestro gusto, aceptémosla desde luego cortésmente, y si nos es absolutamente imposible tomarla, probémosla por lo menos, o hagamos que la probamos, como una muestra de consideración y agradecimiento.

16 – En las mesas de etiqueta no está admitido elogiar los platos. En las reuniones pequeñas y de confianza puede un convidado hacerlo alguna vez; mas en cuanto a los dueños de la casa, ellos apenas se permitirán hacer una ligera recomendación de un plato, cuando el mérito de éste sea tan exquisito que no pueda menos que ser conocido por los demás.

17 – Cuando se esté sirviendo de un plato a toda la concurrencia, no debe principiarse a servir de otro

de diferente contenido. Esta regla, de que muchas veces es necesario prescindir en los banquetes muy concurridos, casi siempre se observa en las pequeñas reuniones.

18 – Dirijámonos siempre a los sirvientes para que nos proporcionen todo lo que nos veamos en la necesidad de pedir, y no ocupemos en nada a las personas que se encuentran en la mesa. Sin embargo, cualquier persona puede pedir a un caballero que se halle a su lado, que le sirva de un plato que tenga éste muy a la mano.

19 – Siempre que encontrándonos en una mesa con el carácter de convidados, tengamos que dirigirnos a los sirvientes con cualquier objeto, hablémosles en voz baja, en un tono suave, y con palabras que así excluyan la familiaridad como la dureza y la arrogancia.

20 – En cuanto a los dueños de la casa, ellos no hablarán tampoco a los sirvientes en tono imperativo y acre, ni les reñirán en ningún caso, por graves que sean los desaciertos que cometan en la manera de servir a la mesa (párrafo 4, pág. 121); y si ocurriere que un sirviente vuelque alguna fuente, o rompa alguna pieza, sea ésta del valor que fuere, aparecerán completamente inalterables en su afabilidad y buen humor, y, si es posible, ni manifestarán haberlo percibido.

21 – Los caballeros deben tener presente que su principal atención en un banquete, es servir a las señoras que tengan a su lado, y con especialidad a aquellas que han conducido al comedor; en la inteligencia de que a este deber, que desempeña siempre con gusto y con exquisita amabilidad todo hombre fino, están enteramente subordinados los placeres materiales que cada cual pueda proporcionarse a sí mismo.

22 – En la mesa debe sostenerse siempre una con-

versación ligera y agradable, que mantenga constantemente viva la animación y la alegría de la concurrencia, y que esté exenta de toda palabra o alusión que en alguna manera sea impropia de las circunstancias. Están por lo tanto severamente prohibidas en ella las discusiones sobre toda materia, las disertaciones serias, las noticias sobre enfermedades, muertes o desgracias de cualquier especie, la enunciación, en fin, de toda idea que pueda preocupar los ánimos o causar impresiones desagradables.

23 – Toca especialmente a los dueños de la casa promover y fomentar la conversación de la mesa, e impedir que llegue nunca a decaer, hasta el punto de entibiar la animación y el contento que deben reinar siempre en esta especie de reuniones.

24 – Cuando la reunión es pequeña, la conversación por lo común es general; cuando es numerosa, cada cual conversa con las personas que tiene a su lado, pues para hacerse oír a una gran distancia sería necesario levantar la voz, y esto no está nunca permitido en la buena sociedad.

25 – La alegría de la mesa debe estar siempre acompañada de una profunda y constante discreción así porque el hombre bien educado jamás se entrega sin medida a los afectos del ánimo, como porque el exceso del buen humor conduce fácilmente en la mesa al abuso de los licores; y nada hay tan vulgar ni tan degradante como el llegar a perder en sociedad la dignidad y el decoro, hasta aparecer bajo la torpe influencia de semejante extravío.

26 – Según esto, sería una grave falta en los dueños de la casa, el empeñarse en hacer tomar a sus convidados mayor cantidad de licor que aquella que voluntariamente quisiesen. En esto no les haría ningún obsequio, antes bien parecería que su salud les era indiferente, o, lo que es peor todavía, que querían atentar contra su dignidad y su decoro.

317

27 – La sobriedad y la templanza son las naturales reguladoras de los placeres de la mesa, las que los honran y los ennoblecen, las que los preservan de los excesos que pudieran envilecerlos; y cual genios tutelares de la salud y de la dignidad personal, nos defienden en los banquetes de los extravíos que conducen a los sufrimientos físicos, y nos hacen capaces de manejarnos, en medio de los más deliciosos licores y manjares con aquella circunspección y delicadeza que distinguen siempre al hombre civilizado y culto. Seamos, pues, sobrios y moderados en la mesa, y pensemos siempre que a ella no debemos ir únicamente a gustar de los placeres sensuales, sino a disfrutar de los encantos de la sociabilidad, y a poner por nuestra parte el justo y necesario contingente para los goces de los demás, y para la satisfacción de aquellos que nos han hecho el obsequio de convidarnos.

28 – Pero debe advertirse al mismo tiempo que es un signo de mala educación y de poco roce con la gente, el mostrar en la mesa cortedad o hastío, limitándose a probar de algunos platos y repugnando todos los demás. Las personas de buena educación, si bien no se exceden nunca en la mesa, tampoco dejan de tomar lo bastante para nutrirse; manifestando de este modo a los dueños de la casa la complacencia que experimentan, y haciéndoles ver que han tenido gusto y acierto en la elección y preparación de los manjares.

29 – Suele usarse en la mesa, como un obsequio especial, el que unas personas inviten a otras a tomar vino junto con ellas. Para esto deben tenerse presentes las reglas siguientes: 1ª., un convidado no hará nunca esta invitación antes que el dueño de la casa haya dado de ello ejemplo; 2ª., las personas invitadas no pueden en ningún caso rehusar la invitación; en la inteligencia de que si alguna de ellas estuviere impedida de tomar licor, lo acercará siquiera a los labios; 3ª., la elección del vino la hace la persona más caracterizada, a instancias de aquella que ha hecho la invitación; y cuando alguna de las demás no puede tomar del mismo vino, es de etiqueta que pida permiso a la que ha hecho la elección, para tomar de uno diferente.

30 – Luego que se ha terminado el servicio de los postres, se pone de pie la señora de la casa, y toda la concurrencia pasa a la pieza donde ha de tomarse el café.

31 – El café se sirve en una pieza separada, donde se sitúa una mesa destinada al efecto, o bien en la sala, como se ve generalmente en las reuniones de confianza.

32 – Sólo en las reuniones numerosas, y en todas aquellas que tienen algún carácter público, oficial o diplomático, están recibidos los discursos llamados

brindis. Las personas que han de pronunciarlos, están naturalmente llamadas a ello por su posición particular respecto del objeto del convite, por su categoría o su representación social, y a veces expresamente designadas con su debido consentimiento. Suele usarse, y es práctica digna de ser recomendada, que el número de brindis de etiqueta o de designación especial se haga saber a los concurrentes por medio de la tarjeta que se coloca en el puesto de cada cual (párrafo 3), a fin de que no sean interrumpidos por alguna persona que espontáneamente quiera también tomar la palabra.

33 – Es una insoportable incivilidad el pedir públicamente a una persona que pronuncie un brindis para el cual no esté preparada. Lejos de hacérsele un obsequio, se la expone a pasar por el sonrojo de deslucirse.

34 – En los banquetes a que no concurren señoras, el dueño de la casa asume naturalmente todas las funciones, y recibe las consideraciones que según las reglas corresponden a la señora de la casa.

35 – Terminado un banquete, los concurrentes deben permanecer todavía en la casa media hora por lo menos, pues sería altamente impropio retirarse en el acto.

PLATILLO	TIPO DE VINO	TEMPERATURA
Antipasto	Jerez, Oporto,	bien frío
(entremeses)	Vermut	frío
Ostras	Rin	frío
y camarones	Sauternes	bien frío
Pescado	Chablis, Riesling	bien frío
Sopa	Jerez	bien frío
Spaghetti, ravioli	Chianti, Borgoña	frío

(ver página 67)

D

De las reuniones de campo

1 – Aunque se ha dicho que en el campo se relaja un tanto la severidad de la etiqueta (párrafo 52, pág. 283), esto no es en manera alguna extensivo a aquellas reuniones que tienen carácter serio; ni quiere decir tampoco que en las que sean de confianza pueda procederse discrecionalmente en todas ocasiones, ni menos quebrantarse ninguna de las reglas establecidas para el buen orden y lucimiento de los festines.

2 – Entre gentes de buena educación, la libertad que brinda el campo se circunscribe siempre a los límites de la moderación y del decoro; y si bien comunica a la sociedad un cierto grado de flexibilidad y soltura, que a veces necesita para armonizar con la amenidad del campo y gozar mejor de los encantos que en él ofrece la naturaleza, jamás llega a sustituirse enteramente a aquella etiqueta que debe reinar en todas las situaciones de la vida (párrafos 7 y 8, pág. 48), ni autoriza otros actos de confianza que los que son naturales y debidos, según los derechos

que la amistad concede, y según las leyes inalterables de la delicadeza y la decencia.

3 – En las reuniones de confianza, donde el carácter de la sociedad puede más fácilmente conducirnos a abusar de la libertad del campo, es en las que debemos poner mayor cuidado y prudencia en la manera de manejarnos, sin perder un solo momento de vista el importante principio, que nunca será excesivamente recomendado, de que nuestra franqueza y esparcimiento deben tener en todas ocasiones por regla y por medida de discreción, la dignidad y el decoro.

4 – En las reuniones de campo, cuando son de larga duración, nacen con frecuencia diferentes proyectos de paseos y otros entretenimientos, los cuales se malogran o se acibaran, cuando algunos de los concurrentes se manifiestan poco dispuestos a tomar parte en ellos, o bien lo hacen con displicencia, o sin todo el interés con que cada cual debe contribuir a la animación y al contento de la reunión. Seamos, pues, siempre fáciles y complacientes, y sacrifiquemos nuestros gustos, nuestras antipatías y aun nuestra comodidad, cada vez que esto sea necesario para evitar que por nuestra causa se entibie o decaiga la común alegría.

5 – Los caballeros deben poner un especial esmero en atender y servir a las señoras y en hacerles agradables todos los momentos que pasen en su compañía, adhiriéndose de muy buena voluntad a todos sus deseos, sus gustos y aun sus caprichos, aunque hayan de privarse de entretenimientos que tengan para ellos un particular atractivo.

6 – Es por lo tanto incivil, y ajeno de la fina galantería, que los caballeros, como suele verse, se separen de las señoras con el objeto de entregarse al juego de naipes, o a cualesquiera otras distracciones en que ellas

no tomen parte, o que abandonen la reunión para ir a paseos a que no puedan conducirlas.

E

De las reuniones de duelo

1 – Cuando en una casa acontece la desgracia de morir una de las personas de la familia, es natural que algunos de los parientes y amigos más inmediatos de ésta, permanezcan a su lado por cierto número de días, para prodigarle los consuelos de que necesita en tan dolorosos momentos, para recibir a su nombre las visitas de duelo y de pésame (párrafos 30 y 31, pág. 246), y para relevarla, en fin, de todas las atenciones de la casa que sean incompatibles con las impresiones de un pesar profundo.

2 – En los casos en que nuestros amigos o parientes pierdan una persona de su familia, seamos muy mirados y circunspectos para considerarnos comprendidos en el deber que impone el párrafo anterior; pues nada habría más impropio ni más impertinente, que el ir a situarnos en una casa en tales circunstancias, sin estar a ello real y evidentemente llamados por la intimidad de nuestras relaciones, y sin tener la certeza de necesitarse en ella de nuestra presencia y nuestros servicios (párrafo 26, página 245).

3 – Las personas que se sitúan en la casa de un difunto, sin estar para ello autorizadas por las consideraciones que acaban de expresarse, dan una idea muy desventajosa de su carácter, por cuanto aparece que han querido convertir en una tertulia un cuadro de dolor y de llanto, o bien que sólo han ido en busca de los placeres de la mesa, adonde suponen que su concurrencia ha de hacer que sea ésta más abundante y selecta que de ordinario; incurriendo, además, en la notable inconsideración de ir a aumentar así los gastos y atenciones de una familia afligida.

4 – Siempre que hayamos de acompañar en tales casos a nuestros parientes y amigos, observemos una conducta que sea enteramente propia de las circunstancias, manifestando en todos nuestros actos que respetamos su situación y tomamos parte en su sentimiento. En cuanto a dirigirles expresiones de consuelo, tengamos presente que se necesita de un tacto exquisito para que ellas no lleguen a ser inoportunas e impertinentes, y para que no contribuyan, como suele verse, a aumentar el dolor, lejos de mitigarlo.

5 – La puntual observancia de estas reglas ahorrará a las personas que sufren por la pérdida de un ser querido, el tormento de ver en su casa, en los momentos más terribles de su dolor, una reunión numerosa y llena de indolencia que conversa, ríe y celebra los chistes de cada cual, y que ofrece el chocante y horrible contraste de la alegría y los placeres de la mesa, dentro de un recinto enlutado y tétrico, en medio de una familia llorosa y desconsolada, y a veces aun al lado de un cadáver.

6 – En las reuniones de duelo habrá una mesa frugal no menos que decente, a que no asistirán jamás los deudos más inmediatos del difunto, y en la cual no se hará otra cosa que satisfacer la más urgente necesidad de alimentarse, sin que en la reunión se note

ningún acto, ni se oiga ninguna expresión que tenga algo de común con la animación y el júbilo de los banquetes, o que en alguna manera desdiga de la naturaleza de las circunstancias.

REGLAS EN LOS DEPORTES
(El esquí aparece en la pág. 363)

El golf

1. Nadie debe moverse, hablar o permanecer cerca de la pelota o inmediatamente detrás de ésta o del hoyo, cuando un jugador afina el tiro o se prepara para lanzarlo.
2. Ningún jugador tirará antes de que los que le han precedido estén fuera del alcance de su tiro.
3. Por el bien de todos, los jugadores evitarán una lentitud excesiva.
4. Los jugadores en busca de una pelota perdida dejarán pasar a los demás jugadores; harán una seña a los siguientes para que se les adelanten y luego dejarán de jugar hasta que éstos estén fuera de su alcance.
5. Antes de abandonar el "bunker" el jugador cubrirá cuidadosamente todos los agujeros que haya hecho e incluso las huellas de sus zapatos.
6. Durante el recorrido, los jugadores procurarán que los pedazos de césped que hayan arrancado se coloquen otra vez en su lugar y se nivelen.
7. Los jugadores y "caddies" al poner las bolas o banderines procurarán no dañar la superficie del terreno. Los banderines deben colocarse de nuevo en el hoyo.
8. Los jugadores despejarán el área tan pronto terminen de jugar ese hoyo.

El tenis

Entre los jugadores debe reinar la máxima cortesía. El tradicional apretón de manos al terminar el torneo, simboliza el juego limpio. La decisión del árbitro es indiscutible. El jugador que no está de acuerdo con alguna decisión del árbitro debe esforzarse por no expresar su inconformidad, sobre todo de manera violenta o gesticulando.

La natación

El nadador debe tener mucho cuidado al lanzarse al agua o durante la práctica del ejercicio, de no salpicar a las personas que le rodean. No debe gritar en la piscina, ni mucho menos echar al agua al compañero o compañera que no tiene ganas de nadar.

1 – Las costumbres de cada país son las que dan la pauta para el ceremonial de un entierro.

En ciertos países las invitaciones para los entierros se hacen por los periódicos. Los familiares hacen una invitación y las entidades comerciales u oficiales, con que el difunto ha estado vinculado, hacen otras tantas invitaciones.

2 – El ataúd es cargado en hombros desde la capilla mortuoria a la carroza por los familiares masculinos o amigos más íntimos, o por personas especialmente contratadas.

3 – Las cintas en número de ocho son llevadas por las personas más caracterizadas oficial o socialmente y son solicitadas por los familiares, o designadas por el protocolo en caso de personajes oficiales. Las cintas se llevan de la capilla mortuoria a la carroza y llegando al cementerio se cambian los portadores de ellas de la carroza al mausoleo o nicho donde se efectuará el entierro.

4 – En la caravana de automóviles que acompaña a la carroza irán en el primer carro las personas más allegadas al difunto que son las que arrastran el duelo acompañadas por el edecán del presidente de la República, si es que éste se ha hecho representar en el acto.

5 – Si hay discursos, éstos se dirán en el cementerio. Después de los discursos y de los servicios religiosos se efectúa la inhumación de los restos con lo cual termina el ceremonial del entierro.

6 – Los acompañantes deben marchar con paso lento, y con aire de circunspección y recogimiento que armonice con la naturaleza del acto y con la situación de los doloridos; pues es siempre una muestra de civilidad y de cultura, el manifestar en la exterioridad que se participa del dolor de las personas afligidas que se acompañan.

7 – Es, según esto, un acto sobre manera incivil e impropio el conversar durante la marcha, y el ir una persona apoyada en el brazo de otra. En cuanto a fumar en el tránsito, esta es una falta en que no pueden incurrir jamás ni las personas que sólo tengan una ligera idea de la buena educación, y de los deberes y prohibiciones que imponen las convenciones sociales.

8 – Los doloridos toman los puestos principales, que son siempre los más próximos al lugar donde se coloca el féretro. Respecto de los acompañantes, éstos se colocarán en los demás puestos, según la edad y la categoría de cada cual.

9 – Una vez terminados los oficios religiosos y la inhumación, los acompañantes se retiran sin despedirse, haciendo sólo una cortesía a los doloridos aquéllos que los encuentren a su salida[1].

1. Apoyados en opiniones muy respetables desaprobamos la costumbre, sobremanera molesta y fastidiosa, de que los acompañantes, que muchas veces son centenares de personas, den la mano en este caso a los doloridos.

CEREMONIAS RELIGIOSAS

La primera comunión

El niño o la niña debe ofrecer al párroco, al asistente, a su familia y amigos una estampilla religiosa, que puede ser una reproducción de cuadros o vitrales célebres relacionados con la temática. Los regalos que mantienen vivo el recuerdo de la ocasión son de carácter religioso: un crucifijo, un misal, una Biblia, un rosario. También puede obsequiar discos de música clásica (quizás de temas religiosos), una suscripción a revistas, o bien, relojes, plumas, aretes, carteras. La recepción es de carácter exclusivamente familiar. Puede ser un desayuno en que se reúne a los amigos íntimos, la familia y los padrinos de comunión. También puede hacerse un pequeño convite amistoso hacia las 5 p.m., pero no debe prolongarse más allá de las 8 ó 9 p.m.

Anuncio del compromiso

Cuando una pareja anuncia un compromiso formal, deben hacerlo en una comida o cena familiar, en la que estén presentes los padres de ambos. Posteriormente, los padres de los novios pueden organizar una recepción para los amigos. Únicamente los parientes cercanos pueden ofrecer regalos con motivo de esta ocasión.

Las bodas

Las personas invitadas a un matrimonio siempre deberán hacer a la pareja un regalo. Este presente suele enviarse después de haber recibido la invitación o comunicación, al domicilio de aquél de los novios a quien más se conoce. Durante los diez días siguientes, los recién casados deberán dar las gracias por escrito a las personas que les hayan hecho un regalo, en la que se pondrá una nota personal.

Segundas nupcias

Ya se trate de personas viudas o divorciadas, las segundas nupcias suelen celebrarse con discreción. Las participaciones se envían después de la boda. A los familiares cercanos y amigos íntimos puede comunicárseles la noticia verbalmente por anticipado. Los que reciben dicha comunicación, no tienen obligación de mandar un regalo, pero sí de enviar una tarjeta de felicitación.

G

De las honras fúnebres

1 – Los parientes y los amigos más inmediatos del difunto, son los que generalmente acompañan a los doloridos cuando se dirigen al templo. Todos los demás concurrentes se trasladan directamente a éste a la hora designada para la función.

2 – En cualquier tiempo en que se celebren las exequias de una persona, o se conmemore su muerte con una función religiosa, el de la ceremonia es un día de duelo para su familia, y así toda reunión bulliciosa, toda comida de invitación, todo acto que produzca algún goce, o que bajo algún respecto incluya la idea del placer, es enteramente impropio y ajeno de las circunstancias, altamente contrario a todo sentimiento de humanidad y de decoro, y al mismo tiempo un ultraje que se hace a la memoria del difunto.

3 – Por lo mismo que en el día de la función religiosa se renueva el dolor de la familia del difunto, es natural que algunos de sus parientes y amigos más inmediatos le hagan compañía.

V

De la mesa

A

De la mesa en general

1 – La mesa es uno de los lugares donde más clara y
prontamente se revela el grado de educación y de cultura de una persona, por cuanto son tantas y de naturaleza tan severa, y sobre todo tan fáciles de quebrantarse, las reglas y las prohibiciones a que está
sometida.

2 – Según esto, jamás llegará a ser excesivo el cuidado que pongamos en el modo de conducirnos en la
mesa, manifestando en todos nuestros actos aquella
delicadeza, moderación y compostura que distinguen siempre en ella al hombre verdaderamente
fino.

3 – Es importante advertir, antes de entrar en el
pormenor de las reglas de esta sección, que la mayor
parte de los excesos y desaciertos en que suele incurrirse en las reuniones de mesa, aun por personas

bajo otros respectos recomendables, tienen origen en los hábitos que hace contraer el gravísimo error de pensar, que en la mesa privada o de familia puede usarse de una amplia e ilimitada libertad. Tan absurda creencia conduce a prescindir de una multitud de reglas que, estando fundadas en los principios inalterables de la delicadeza, la propiedad y el decoro, pertenecen indudablemente a la etiqueta general y absoluta; y hace sacrificar a cada paso la belleza, la dignidad y la elegancia, a una comodidad que no acierta nunca a concebir el que ha llegado a acostumbrarse a proceder en todas ocasiones conforme a los preceptos de la urbanidad.

4 – Las costumbres domésticas a fuerza de la diaria y constante repetición de unos mismos actos, llegan a adquirir sobre el hombre un imperio de todo punto irresistible, que le domina siempre, que se sobrepone al conocimiento especulativo de sus deberes, que forman al fin en él una segunda voluntad y le somete a movimientos puramente maquinales; y así, cuando hemos contraído hábitos malos en la manera de manejarnos en nuestra propia mesa, es imposible que dejemos de deslucirnos en una mesa extraña, por grande que sea el cuidado que pongamos entonces en aplicar unas reglas que no nos son familiares, y que por el contrario, estamos acostumbrados a quebrantar diariamente.

5 – Es, pues, indispensable que contraigamos el hábito de observar en nuestra mesa privada las reglas de la urbanidad, así porque nuestra familia es acreedora a las mismas consideraciones que debemos siempre en la mesa a los extraños, como porque sin este hábito no podremos proceder en los banquetes con aquella naturalidad y aquel despejo que aparecen siempre en las maneras del hombre culto. En cuanto al desahogo que nos permite la íntima confianza que tenemos con nuestra propia familia, él se revela, entre la gente fina, en ligeros e imperceptibles rasgos de nuestro continente y de nuestra conducta, que no pueden explicarse, y que pertenecen a las excepciones y diferencias que sabe siempre establecer un sano criterio.

6 – No tomemos nunca asiento en la mesa antes que lo hayan hecho nuestros padres, o cualesquiera otras personas de mayor respetabilidad que nosotros, de quienes estemos acompañados.

7 – La regla anterior no tiene aplicación en las fondas y restaurantes, donde cada cual toma asiento en la mesa desde el momento en que llega. Mas cuando, mediante una invitación especial, vayamos a comer

en ellas en compañía de amigos nuestros, no es sólo aquella regla la que debemos observar, sino todas las demás relativas a los banquetes, con las modificaciones propias del carácter más o menos serio de la reunión; teniendo presente que entonces la persona que ha convidado debe proceder bajo todos respectos y ser considerada por los demás, como si estuviese en su propia casa.

8 – Situémonos a una distancia conveniente de la mesa, de manera que no quedemos ni muy próximos ni muy separados, y demos a nuestro cuerpo una actitud en que parezcan combinadas la naturalidad y la elegancia, sin inclinarnos hacia adelante más de lo que sea absolutamente indispensable para comer con comodidad y aseo.

9 – No apoyemos nunca en la mesa todo el antebrazo, y en ningún caso pongamos sobre ella los codos en el momento de comer. Y téngase presente que es un acto que manifiesta poca cultura, y que al mismo tiempo comunica al cuerpo un aire inelegante y tosco, el dejar caer sobre las piernas una mano, ocultándola así de la vista de los demás, en tanto que se está haciendo uso de la otra para comer o beber.

10 – No nos reclinemos en el respaldo de nuestro asiento, ni nos apoyemos en el de los asientos de las personas que tengamos a nuestro lado, ni toquemos a éstas sus brazos con los nuestros, ni estiremos las piernas, ni ejecutemos, en fin, otros movimientos, que aquellos que sean naturales y absolutamente imprescindibles. El acto de levantar los codos al dividir con el cuchillo la comida que se pone en el plato, o al tomarla con el tenedor para llevarla a la boca, es singularmente característico de las personas mal educadas.

11 – Jamás nos pongamos de pie, ni extendamos el brazo por delante de una persona o hacia las que se

encuentran en el lado opuesto, con el objeto de alcanzar algo que esté distante de nosotros, o de tomar o pasar un plato o cualquier otra cosa. Valgámonos en todos los casos de los sirvientes, o de las personas que se encuentran a nuestro lado, cuando éstas tengan muy a la mano lo que necesitemos.

12 – Cada uno de los instrumentos y utensilios de que nos servimos en la mesa, tiene su manera peculiar de manejarse; y es observación que no debe omitirse, que las faltas en este punto, de tan poca entidad real, son, sin embargo, características de las personas mal educadas.

13 – El cuchillo y el tenedor se toman empuñando el mango con los tres últimos dedos, y adhiriendo a este el pulgar por el lado interior y el índice por encima, el segundo de los cuales debe quedar más avanzado que el primero, sin que se lleve nunca en el cuchillo más allá del principio de la hoja, ni en el tenedor hasta acercarlo a la raíz de los dientes.

14 – La cuchara se toma del modo siguiente: vuelta la palma de la mano hacia dentro y un tanto hacia arriba, y manteniendo los tres últimos dedos algo recogidos, se hace descansar la cuchara en el dedo cordial; el índice se recoge hasta quedar adherido al canto del mango; y el pulgar cae, por último, sobre el extremo del mango, pisándole con la fuerza que sea indispensable para que la cuchara quede enteramente sujeta.

15 – El vaso se toma por la parte más inmediata a su base, con los dedos índice, cordial y anular, todos unidos por el lado del frente, y el pulgar por el lado interior; recogiendo el meñique de manera que no quede separado del anular, y dejando el mayor espacio posible entre la superficie del vaso y la palma de la mano.

16 – Una copa se toma por la columnilla que une el pie a la parte cóncava, con los dedos índice y cordial

por el lado del frente, y el pulgar por el lado interior, y recogiendo los dos últimos dedos sin que lleguen a tocar la palma de la mano.

17 – Una botella se toma por el centro de su parte más ancha, con los cuatro últimos dedos a la derecha, y el pulgar a la izquierda; siendo de advertir que cuando la botella haya de manejarse con la mano izquierda, los dedos tendrán naturalmente una situación inversa, es decir, que los cuatro últimos dedos quedarán a la izquierda y el pulgar a la derecha.

18 – Cuando no podamos tomar cómodamente la botella de la manera indicada en el párrafo anterior y tengamos, por tanto, que tomarla por el cuello, pongamos un especial cuidado en alejar los dedos del extremo superior de éste cuanto nos sea posible.

19 – La cuchara y el cuchillo se manejan invariablemente con la mano derecha; mas en cuanto al tenedor, tan sólo podrá manejarse con la derecha, cuando se tomen comidas que no necesitan ser divididas con el cuchillo[1].

20 – Suele usarse, al tomar del plato la comida con el tenedor en la mano derecha, auxiliar éste con la otra mano por medio de un pequeño pedazo de pan; pero téngase presente que este acto produce siempre una impresión muy desagradable a la vista. En los casos en que no sea bastante el solo tenedor para

---

1. Los tenedores de cuatro dientes son los que sirven para llevar a la boca, con comodidad y aseo, las comidas que no necesitan ser divididas con el cuchillo; y es por esta razón que los de tres dientes no están en uso en las mesas de buen tono.

tomar la comida, abstengámonos de pasarlo a la derecha y auxiliémonos con el cuchillo.

21 – El uso de la cuchara y del tenedor está siempre indicado por el contenido de cada plato, puesto que natural y necesariamente habremos de servirnos de aquélla para tomar los líquidos, y toda comida que no pueda fácilmente llevarse a la boca con el tenedor, quedando éste, por consiguiente, destinado para todos los demás casos. Pero suele verse empleada la cuchara para tomar comidas que evidentemente pueden tomarse con el tenedor, y conviene, por tanto, advertir que éste es un abuso enteramente contrario a la propiedad y a la etiqueta de la mesa.

22 – No incurramos nunca en la grave falta de llevar el cuchillo a la boca: éste no tiene en general otro uso que el de dividir y servir las comidas sólidas con el auxilio del tenedor, y el de subdividir de la misma manera la parte de estas comidas que viene a nuestro plato.

23 – Respecto del tenedor y la cuchara, no introduciremos en la boca sino aquella parte que es absolutamente indispensable para tomar la comida con comodidad y aseo, teniendo el cuidado de que estos instrumentos no se rocen jamás con nuestros dientes, lo cual produce un ruido sumamente desagradable y chocante.

24 – El tenedor se lleva a la boca por su extremo, dirigiéndose a ella oblicuamente, y la cuchara por su lado interior, de manera que queda paralela a ella, o dándole también alguna oblicuidad, cuando ella sea enteramente indispensable.

25 – Jamás hagamos variar de puesto el pan, que se coloca siempre a la izquierda, ni los vasos, las copas y las tazas, que se colocan siempre a la derecha.

26 – El pan viene a la mesa en pequeños pedazos o rebanadas; y para ir tomando la parte que hayamos

de llevar a la boca, asiremos el pan con la mano izquierda y lo dividiremos con la derecha, sin emplear para ello el cuchillo y sin separar jamás la miga de la corteza. El ejecutar esta operación con el cuchillo, o con sólo la mano izquierda apoyando el pan en la mesa, es enteramente impropio de la gente bien educada[1].

27 – Al partir el pan, situaremos las manos de manera que las migajas que en este acto se desprenden caigan siempre dentro de un plato en que estemos comiendo.

28 – Jamás separaremos de una rebanada de pan un bizcochuelo, etc., una parte mayor que la que de una vez hayamos de tomar en la boca. Es tan sólo propio de gentes mal educadas, el introducir en el café, en el chocolate, o en cualquiera otro líquido, lo que ya se ha llevado a la boca, por más natural que parezca esta libertad respecto de una taza o de un vaso que otro no va a usar[2].

29 – No es de buen tono comer pan, ni beber licor o agua, hasta que no se ha acabado de tomar la sopa.

30 – Abstengámonos severamente de llevar al original, u ofrecer a otra persona, las comidas que

---

1. Donde se acostumbre a comer pan de maíz, el cual se pone en la mesa en piezas indivisas, debe tenerse presente que es un acto vulgarísimo el dividir éstas con el cuchillo.

2. Es verdad que el tenedor y la cuchara se llevan a lo que se está comiendo o bebiendo, después de haberse llevado a la boca; pero esto es inevitable, y la urbanidad, si bien tiene que ceder a lo imposible, aprovecha siempre todo lo que es posible en favor de todos los demás principios que la constituyen.

hayan estado en nuestro plato y el cubierto que hayamos ya usado; así como de ofrecer el pan que hemos tenido en nuestras manos, el licor o el agua que hemos probado, el vaso o la copa en que hemos bebido, etc., etc., y de ejecutar, en fin, ningún acto que en alguna manera se oponga a las reglas anteriormente establecidas sobre el aseo para con los demás.

31 – Por regla general, en la mesa no tomaremos en las manos ni tocaremos otra comida que el pan destinado para nosotros. Respecto de las frutas, jamás las despojaremos de su corteza sino por medio del tenedor y el cuchillo; absteniéndonos de servir y de comer aquellas que para esta operación necesiten de tomarse en las manos, las cuales vienen comúnmente a la mesa tan sólo a constituir fuentes de adorno, o a contribuir a la belleza de otras fuentes. En las mesas bien dispuestas, con excepción de aquellas pequeñas frutas de corteza muy sutil, como el durazno, la manzana, etc., las demás se presentan por lo común despojadas de su corteza o convenientemente divididas.

32 – No comamos nunca aceleradamente ni demasiado despacio; lo primero haría pensar que procurábamos ganar tiempo para comer como glotones, nos impediría tomar parte en la conversación, y nos haría incurrir en las faltas que la precipitación trae consigo en todos los casos; y lo segundo imprimiría en nosotros cierto aire de desabrimiento y displicencia, que entibiaría la animación y el contento de los demás, y nos expondría, o bien a hacer el deslucido papel que hace siempre el que se queda al fin comiendo solo, o tener que renunciar, para evitar esto, a tomar lo indispensable para satisfacer debidamente la necesidad de alimentarnos. En cuanto a la manera de beber, también debemos huir a un mismo tiempo de la precipitación y de la lentitud.

33 – Son actos extraordinariamente impropios y groseros el aplicar el olfato a las comidas y bebidas, así como el soplarlas cuando están en un alto grado de calor y el batir en este mismo caso una bebida, tomando una parte de ella en la cuchara y vaciándola desde cierta altura en la taza que la contiene. Siempre que temamos encontrar en alguna cosa un olor o un sabor desagradable, abstengámonos de tomarla, sin manifestar a nadie el motivo; y respecto de las comidas o bebidas calientes, tomémoslas poco a poco y en partes muy pequeñas, que de esta manera pueden siempre llevarse a la boca, sea cual fuere su grado de calor. No puede recomendarse, por demasiado repugnante, el uso de vaciar los líquidos calientes que se sirven en tazas, en el pequeño plato que las acompaña, para conseguir que bajen más pronto de calor y beberlos con el mismo plato.

34 – Son también actos groseros: 1°., abrir la boca y hacer ruido al masticar; 2°., sorber con ruido la sopa y los líquidos calientes, en lugar de atraerlos a la boca suave y silenciosamente; 3°., hacer sopas en el plato en que se está comiendo; 4°., dejar en la cuchara una parte del líquido que se ha llevado a la boca, y vaciarla luego dentro de la taza en que aquél se está tomando; 5°., tomar bocados tan grandes que impidan el libre uso de la palabra; 6°., llevar huesos a la boca, por pequeños que sean; 7°., tomar la comida por medio del pan, en lugar de emplear el tenedor o la cuchara; 8°., arrojar al suelo alguna parte de las comidas o bebidas; 9°., recoger las últimas partículas del contenido de un plato por medio del pan o de la cuchara; 10, suspender el plato de un lado para poder agotar enteramente el líquido que en él se encuentre; 11, derramar en el plato las gotas de vino que han quedado en el vaso, para poner en éste el agua que va a beberse; 12, hacer muecas o ruido con la boca, para limpiar las encías o extraer de la dentadura partículas de comida por medio de la lengua; 13, hablar con la boca llena.

35 – Si nos desagrada la comida o bebida que ya hemos gustado, o si encontramos en nuestro plato un objeto que por algún motivo nos provoque asco a nosotros, o que sea realmente asqueroso, guardémonos de proferir ni la más ligera expresión sobre el particular, y conduzcámonos de manera que en ninguno de nuestros movimientos ni en nuestro semblante llegue a percibirse nuestro desagrado.

36 – Pongamos disimuladamente a un lado de nuestro plato, sin contacto con la comida que en él se encuentre, las partículas huesosas de las carnes y los huesos de las frutas que no podamos evitar llevar a la boca, las espinas de los peces y cualquiera otra cosa que nos sea imposible hacer pasar al estómago. Pero tengamos presente que este acto, de

cualquier manera que se ejecute, será siempre desagradable a los que nos observen, y evitémoslo, por tanto, cuidadosamente en cuanto nos sea posible, procurando despojar en el plato las comidas de todas aquellas adherencias antes de llevarlas a la boca.

37 – Jamás usemos para nada de la orilla del plato. La mantequilla, la sal, la salsa, y todo lo demás que nos sirvamos para acompañar la comida principal, lo pondremos siempre dentro del plato, en el extremo de su concavidad. Y si conteniendo nuestro plato un líquido, llegáremos a vernos en la forzosa necesidad de poner en él alguna cosa que hayamos tenido ya en la boca, apresurémonos a entregarlo a los sirvientes, pues si es impropio ocupar la orilla, todavía lo sería más el continuar tomando del contenido del plato, después de haber hecho semejante mezcla.

38 – Cada vez que en el acto de comer hayamos de abandonar accidentalmente alguna de las piezas del cubierto, la colocaremos dentro del plato, de manera que el mango descanse sobre la orilla de éste. Y cuando hayamos de abandonar a un mismo tiempo el tenedor y el cuchillo, tendremos, además, el cuidado de cruzarlos, poniendo el primero debajo del segundo.

39 – Luego que hayamos tomado lo bastante de nuestro plato, dejaremos dentro de él el cubierto de que nos hayamos servido, poniendo el tenedor y el cuchillo juntos, con el mango hacia nosotros, por ser este el signo que indica a los sirvientes que deben mudarnos todo esto.

40 – Para tomar líquidos apoyaremos el borde del vaso o de la taza en la parte exterior del labio inferior, y sólo aplicaremos el labio superior cuando sea absolutamente indispensable para beber sin ruido. Es altamente impropio y grosero el introducir el borde del vaso o de la taza en la boca, de modo que el labio inferior quede cubriendo una parte de su superficie, y el superior sumergido en el líquido.

41 – Jamás bebamos licor o agua, cuando tengamos aún ocupada la boca con alguna comida.

42 – No olvidemos nunca limpiarnos los labios inmediatamente antes y después de beber licor o agua, y cada vez que advirtamos no tenerlos completamente aseados.

43 – En el acto de beber, ya sea licor, ya sea agua, fijemos la vista en el vaso o en la copa, y no la dirijamos nunca hacia ninguna otra parte.

44 – En el momento en que una persona está bebiendo, es notable incivilidad el dirigirle la palabra, y todavía más cuando ello tiene por objeto hacerle una pregunta.

45 – Siempre que nos veamos en la forzosa necesidad de toser, estornudar, eructar, o sonarnos, pense-

mos que estos actos son infinitamente más desagradables en la mesa que en ninguna otra situación; y al mismo tiempo que procuremos ejecutarlos de la manera más disimulada y que menos llame la atención de los demás, volvámonos siempre a un lado, para que jamás nos queden de frente las viandas en tales momentos (párrafos 20 y 23, página 64; párrafo 5, página 79).

46 – Muchas veces es imprescindible en la mesa el limpiarse el sudor, sobre todo en los climas cálidos; pero tengamos presente que este acto es siempre desagradable en sociedad, y ejecutémoslo con tal delicadeza que apenas lo dejemos percibir de los demás (párrafo 26, página 65).

47 – En el párrafo 22 de la página 322, quedaron indicadas las condiciones de la conversación que debe sostenerse siempre en la mesa. Mas encontrándose aquel párrafo entre las reglas que deben observarse en los banquetes, pudiera acaso pensarse que las condiciones expresadas perdían algo de su severidad, al tratarse de la conversación en la mesa privada o de familia; y conviene, por tanto, advertir que semejante suposición sería de todo punto absurda. Por el contrario, al lado de nuestra familia habremos de estar todavía más prevenidos que en los banquetes, a fin de no incurrir en ninguna falta contra la propiedad y el decoro de la conversación en la mesa; pues la confianza que nos inspira el círculo doméstico nos expone siempre fácilmente a incurrir en extravíos de esta naturaleza, al paso que la presencia de los extraños nos impone de suyo cierta suma de respeto que presta circunspección a nuestra conducta, y nos ayuda en cada caso a llenar todas las fórmulas y a observar todas las reglas que la urbanidad establece.

48 – Entre los extravíos a que naturalmente nos arrastra en la mesa la confianza con nuestra fami-

lia, aparece desde luego la propensión a reñir a los sirvientes, y la de hacer girar la conversación sobre asuntos privados que, a poco que meditemos, reconoceremos que no es propio ni delicado se trasciendan fuera de nuestra casa. Respecto de lo primero, pensemos que si en todas ocasiones hemos de ser prudentemente tolerables con nuestros domésticos, así por consideraciones que surgen de su misma condición y de sus demás circunstancias personales (párrafo 2, página 120), como por nuestra propia tranquilidad (párrafo 7, página 122), nunca debemos ser en este punto más mesurados que cuando nos encontramos en la mesa; ya porque la presencia de muchas personas hace demasiado mortificantes las represiones, circunstancia que siempre vicia y debilita su efecto; ya porque éstas se oponen abiertamente al buen humor y al contento que son tan propios de la mesa. Y en cuanto a lo segundo, bastará recordar que en el acto de la comida nos encontramos generalmente acompañados de niños y domésticos, cuya ignorancia puede inducirnos a transmitir fácil e indiscretamente lo que oyen, para que nos persuadamos de que en la mesa no debe proferirse jamás ni una sola palabra de que no pueda imponerse todo el mundo.

49 – Cuando tengamos un motivo interior de tristeza, sobrepongámonos a él en la mesa hasta aparecer por lo menos atentos y afables; pues no es justo ni delicado que vayamos en tales momentos a turbar el placer de los demás, con el aspecto y los movimientos siempre desagradables y aun mortificantes del dolor y la melancolía.

50 – Es una imperdonable grosería el separar del pan parte de su miga, para traerla entre las manos y jugar con ella. Respecto de llegar en esto hasta formar pelotillas y arrojarlas a las personas o hacia cualquier otro objeto, este es un acto tal, que no se

concibe pueda verse jamás ni entre personas de la más descuidada educación.

51 – Para levantarnos de la mesa, esperemos a que se ponga de pie la persona que la preside; a menos que por algún accidente tengamos que retirarnos antes, lo cual no haremos, sin embargo, sin manifestar a los demás que la necesidad nos obliga a ello. En los restaurantes, con excepción de los casos en que nos encontremos en reuniones de invitación (párrafo 7), podemos levantarnos siempre libremente, sin esperar a que otros lo hagan primero, y sin excusarnos con nadie cuando tengamos que hacerlo durante las comidas.

INVITACIONES

Cenas: la anfitriona hará este tipo de invitación por teléfono o mediante una carta personal, aunque cuando se trata de una fiesta o cena más formal puede recurrir al envío de una tarjeta. En este caso, el nombre del invitado debe ponerse en la esquina superior izquierda.

Bailes y cocteles: la invitación se hace por tarjeta, pero en este caso el nombre del invitado se coloca en la esquina inferior derecha. Aquí es usual poner 6:30 p.m., es decir, la hora en que espera que se presenten sus invitados.

Hoy en día se hacen tantas fiestas y reuniones informales que muchas veces los invitados se van directamente al salir de su trabajo, sin pasar por su casa, a cambiarse de ropa. Esto hace que sea perfectamente razonable el llamar de antemano a la anfitriona para preguntarle qué tipo de indumentaria será la más apropiada para la ocasión. Es también imprescindible responder con presteza de un modo u otro a la invitación. No hay nada más descortés e indicativo de descuido y falta de consideración que el hecho de esperar al último momento para responder, ya sea en forma afirmativa o negativa, a una invitación. Si debe rechazarse la invitación por algún motivo que está fuera de nuestro alcance, debe darse una explicación apropiada en el momento de comunicárselo a la persona que nos ha extendido la invitación. Por lo general, las invitaciones deben hacerse siempre a nombre de la esposa, aun cuando a quien se conozca bien sea al hombre.

B

Del modo de trinchar, y del servicio en la mesa

1 – En las comidas, con los comensales sentados, los diversos platos son presentados por los sirvientes puestos en fuentes apropiadas y las carnes cortadas en presas fáciles de servir.

2 – Cuando la comida es para más personas de las que caben cómodamente en nuestra mesa se puede invitar a una comida de buffet, en cuyo caso cada invitado se sirve a sí mismo lo que apetece de las diversas fuentes colocadas en la mesa.

3 – También se suele servir una comida de pie, en cuyo caso la dueña de casa o el servicio se encarga de servir y distribuir los platos a los invitados que permanecen en los sitios que más les acomoda.

4 – Generalmente la dueña de casa sirve en la mesa las fuentes que traen del interior ayudada por alguna íntima o pariente y los sirvientes alcanzan los platos a los invitados siguiendo las reglas de servir primero a las señoras por orden de categoría y lo mismo a los caballeros.

5 – Para el servicio de algunos alimentos se pueden seguir las siguientes reglas: para trinchar un ave, se principia por separar de ella el ala y el muslo, prendiéndola y asegurándola con el tenedor, e introduciendo acertadamente el cuchillo en las articulaciones; y ejecutada esta operación, se van cortando longitudinalmente rebanadas delgadas de la parte pulposa, la cual ha quedado ya descubierta y desembarazada.

6 – De las aves pequeñas se deja el caparazón en el trinchero, y se sirven los cuartos y la pulpa, teniendo el cuidado de dividir aquéllos previamente por las articulaciones; pero de las aves grandes tan sólo se sirve la pulpa, dejando todo lo demás en el trinchero.

7 – Las viandas de carnicería se dividen en rebanadas delgadas al través de las fibras musculares; pero de una pieza que trae huesos adheridos se cortan también rebanadas longitudinalmente, cuando se hace difícil el corte transversal.

8 – El jamón, aunque contiene un hueso, no se corta jamás longitudinalmente, sino en rebanadas transversales muy delgadas, y dejando a cada una de ellas la parte de grasa que naturalmente saquen en el corte.

9 – Las rebanadas de todas estas piezas se sirven con el tenedor, auxiliado siempre del cuchillo.

10 – El pescado no se divide con cuchillo: la parte que ha de ponerse en cada plato se toma con una cuchara, o con una paleta de plata a propósito para este objeto.

11 – Para servir un pastel, se corta con el cuchillo la parte de pasta correspondiente al relleno que va a servirse, y todo ello se pasa al plato por medio de la cuchara, cuidando de poner en éste la pasta sobre el relleno.

12 – Todos los demás platos se sirven por medio del tenedor y el cuchillo, o de la cuchara, según la naturaleza de cada uno; y cuando es necesario auxiliar la cuchara, esto se hace con el tenedor.

13 – La forma de las partes que se tomen de un original, y la colocación que se les dé en cada plato al servirlas, deben ofrecer siempre una apariencia agradable a la vista.

14 – La sal y la salsa se toman con una cucharilla que acompaña siempre al salero y a la salsera; y el azúcar, con unas pinzas que acompañan al azucarero, cuando éste se presenta en forma de cubitos, de lo contrario se usará la cucharilla destinada a tal efecto. La sal puede tomarse, a falta de la cucharilla, con un cuchillo que aún no se haya empleado en ningún otro uso.

15 – Jamás tomemos la comida del original haciéndola pasar por la orilla del plato, ya sea que usemos
para ello del tenedor y el cuchillo, o de la cuchara.

16 – Cuando vayamos a servir de un plato a todos
los circunstantes, tengamos presente el número de
éstos, a fin de arreglar las proporciones de manera
que no llegue a apurarse el contenido del plato antes
que todos queden servidos.

17 – Sirvamos siempre los platos con la delicadeza
que es propia de la sobriedad que en todos debemos
suponer, y seamos en esto todavía más escrupulosos
respecto de las señoras, para quienes sería un verdadero insulto un plato servido con exceso.

18 – Siempre que nos toque servir a los demás, cuidemos de destinar a las señoras y demás personas a
quienes se deba especial respeto, aquellas partes de
los manjares que sean más agradables y más fáciles
de comerse.

19 – Cuando hayamos de servir salsa a una persona, pongámosla siempre al lado y nunca encima de lo
que contenga su plato.

20 – Al hacer circular un plato entre los circunstantes, cuidemos de poner en él un tenedor o una cuchara, según que el contenido del plato debe tomarse
con uno u otro instrumento.

21 – No nos sirvamos nunca demasiado de ningún
manjar. Aun en la mesa de familia, vale más servirse dos veces, que ofrecer a los demás la desagradable impresión que produce siempre un plato servido
con exceso.

22 – No pongamos nunca en nuestro plato, ni a un
mismo tiempo, ni sucesivamente, diferentes comidas
que hayan sido preparadas para ser servidas separadamente.

23 – En las comidas sentadas, los vinos son servidos por los sirvientes en la mesa después de cada
plato, en las copas que están colocadas frente a cada

comensal para ese efecto. En las comidas de pie se pasan las copas ya servidas por medio de azafates cuidando siempre que estén acompañadas por copas de bebidas sin alcohol para las personas que no desean tomarlo.

24 – No pongamos nunca en el vaso o en la copa mayor cantidad de licor o de agua, que aquella que vayamos a tomar de una vez. Sin embargo, hay licores que se sirven expresamente para saborearlos, como sucede en general con los licores dulces, y con otros que enseñará la práctica de las sociedades de buen tono.

25 – Es sobre manera impropio que nos sirvamos, o sirvamos a otra persona licor o agua, hasta llenar enteramente el vaso o la copa.

26 – Cuando se nos sirva licor o agua por otra persona, luego que tengamos la cantidad que nos baste, se lo indicaremos por medio de la palabra, o bien levantando suavemente el cuello de la botella con el mismo vaso o con la copa. Y cuando seamos nosotros los que hayamos de servir a otra persona, hagámoslo sin precipitación, a fin de que podamos detenernos fácil e inmediatamente cuando ella nos lo indique, y no vaya a quedar en su vaso o en su copa mayor cantidad que la que quiera tomar.

27 – Al poner en una taza café o cualquier otro líquido, hagámoslo de manera que no llegue a rebosar.

28 – Cuando vayamos a servir licor de una botella, aún no decantada, pongamos primero en nuestro vaso o en nuestra copa una pequeña cantidad, siempre que hayan podido caer dentro de aquélla, al destaparla, algunas partículas de corcho o de lacre.

29 – Siempre que pidamos algo a una persona que se encuentre en la mesa, emplearemos una frase atenta, como *hágame usted el favor, tenga usted la bondad*, etc. Cuando una persona nos pregunte si queremos tomar de algún plato o de algún licor para

servirnos, y estemos dispuestos a aceptar el ofrecimiento contestaremos con la frase *si usted me hace el favor*, u otra semejante; y cuando hayamos de contestar que no aceptamos, daremos siempre las gracias a la persona que nos hace el obsequio de dirigirnos la pregunta.

30 – Cuando una persona nos sirva alguna cosa, ya sea a petición nuestra o por ofrecimiento espontáneo, le daremos las gracias en breves palabras, haciéndole al mismo tiempo una ligera inclinación de cabeza.

HÁBITOS QUE SON DE MAL GUSTO
(viene de la pág. 225)

4. Masticar chicle.
5. Fumar en la calle o hacerlo sin haber pedido permiso a los presentes, especialmente a sabiendas de que el olor del cigarrillo puede ofender o incomodar a alguien.
6. Tener un cigarrillo en los labios mientras habla.
7. Hacer que los demás se sientan culpables o incómodos mientras comen algún delicioso postre solamente porque usted debe abstenerse debido a alguna dieta.
8. Rascarse o pellizcarse la cara.
9. Cometer la indiscreción de hacerle alguna pregunta íntima a alguien en alta voz: "¿Es eso una peluca?"
10. Usar un cepillo o peine sucios.
11. Aplicarse maquillaje o peinarse en la mesa de comer.
12. Usar rulos en el cabello en público.
13. Llevar esmalte de uñas descascarado, uñas partidas o maltratadas o, peor aún, sucias.
14. Una línea demasiado dramática y notable que delimita claramente dónde termina el maquillaje y dónde comienza el color natural de la piel.
15. Hablar demasiado o en detalle de excentricidades personales: operaciones, enfermedades, neurosis, alergias, accidentes, etc. ...
16. Comer ruidosamente o haciendo gestos exagerados.
17. Introducir pedazos de comida demasiado grandes en la boca.

VI

Del juego

1 – El juego es, como la mesa, una piedra de toque de la educación. El amor propio ejerce en él un imperio tan absoluto; tenemos todos tal propensión a enfadarnos cuando nuestra habilidad queda vencida por la de los demás; nos impresiona tanto el ver desconcertados nuestros cálculos y combinaciones y perdidos nuestros esfuerzos; es tan natural, en fin, que nos sintamos contentos y satisfechos cuando salimos triunfantes, que si no poseemos aquel fondo de desprendimiento, generosidad y moderación que es inseparable de una buena educación, imposible será que dejemos de incurrir en la grave falta de aparecer mustios y mortificados en los reveses del juego, y de ofender la dignidad y el amor propio de nuestros contrarios, cuando los vencemos, manifestando entonces una pueril y ridícula alegría.

2 – El juego tiene una etiqueta que le es enteramente peculiar, y consiste en todas aquellas finas y generosas demostraciones que se hacen entre sí las personas que juegan, por medio de las cuales manifiesta cada una de ellas que sólo la anima el deseo de

pasar un rato de honesto entretenimiento, y que no pone por tanto grande ahínco en salir triunfante, ni menos pretender hacer ostentación de su habilidad y su talento, ni oscurecer y deprimir la habilidad y el talento de los demás.

3 – Ya se deja ver que no hablamos aquí de esas reuniones de inmoralidad y de escándalo, donde el azar arrebata el producto del trabajo y lo hace pasar instantáneamente a otras manos; donde se arruinará a la inocente familia, precipitándola despiadadamente de la cumbre del bienestar al profundo seno de la miseria; donde el hombre bien educado va a cambiar sus elevados sentimientos por sentimientos de codicia y de cinismo, sus maneras suaves y elegantes por maneras rudas y vulgares, sus hábitos de delicadeza y de cultura por hábitos groseros y antisociales; donde se metaliza el corazón y se rebajan sus más tiernos afectos; donde se estragan, en suma, las costumbres, y se abre la carrera de todos los vicios. En semejantes reuniones no reina ni puede reinar ninguna especie de etiqueta, pues las sensaciones que se experimentan al ver perdidas en un momento cuantiosas sumas, cuya adquisición ha costado acaso grandes fatigas, y el ansia de entrar a poseer el fruto del ajeno trabajo, no sólo excluyen todo acto de generosidad y de fina cortesanía, sino que excitan en el ánimo sentimiento de indignación y malevolencia; y raro es el hombre que llega a dominarse hasta aparentar serenidad y delicadeza, cuando hierven dentro de su pecho las más crueles y violentas pasiones.

4 – Al ponernos a jugar, demos por hecho que la suerte no habrá de favorecernos, a fin de que este resultado no llegue nunca a sorprendernos, y a hacernos perder la serenidad y buen humor que entonces más que nunca debemos manifestar en sociedad. Nada hay tan desagradable como el ver personas

que han empezado a jugar llenas de animación y contento, ir tomando un aire de reconcentración y displicencia, a medida que van experimentando contrariedades; desluciéndose todavía más, y apareciendo más mezquinas y vulgares, aquellas en quienes alternan los sentimientos de la tristeza y de la alegría, según que la fortuna les niega o les concede sus favores.

5 – Cuando juegan señoras y caballeros, la etiqueta exige aún mayor delicadeza y desprendimiento entre todos los jugadores. Los caballeros muestran entonces, en todos los actos del juego, aquella particular consideración que deben siempre a las señoras; y éstas, por su parte, corresponden a la conducta obsequiosa y galante de los caballeros, manifestándoles siempre una atención exquisita, y absteniéndose, sobre todo, de abusar en manera alguna de las contemplaciones debidas a su sexo.

6 – Al distribuir los naipes en los juegos carteados, los caballeros no arrojan sobre la mesa los que corresponden a las señoras para que ellas los levanten, sino que se los presentan atentamente y con cierta gracia, para que los reciban de sus propias manos. Igual obsequio tributa siempre un caballero de buen tono, a otro caballero a quien por su edad u otras circunstancias debe especial consideración y respeto, y aun a todos los demás con quienes juega, la primera vez que le toca distribuir los naipes.

7 – Las discusiones que suelen suscitarse en el juego no toman jamás, entre la gente fina, un carácter de seriedad e importancia que pueda elevarlas al grado de calor de los altercados; y cuando no puedan resolverse prontamente por la fuerza de la razón y el convencimiento, ellas terminan siempre defiriendo cortés y afablemente los inferiores a la opinión de los superiores, y los caballeros a las de las señoras.

8 – No nos entreguemos exclusivamente al juego, en reuniones que tengan también por objeto otros entretenimientos. Abstrayéndonos de esta suerte del centro de la sociedad, manifestaríamos no encontrar en ella ningún otro placer, faltaríamos al deber de contribuir por nuestra parte a la general animación y a la variedad de las distracciones, y aun excitaríamos la sospecha de encontrarnos dominados por el vicio cuyos funestos caracteres acaban de bosquejarse, el cual no debe irse a ostentar jamás en los círculos que presiden la moral y el decoro.

EL NACIMIENTO DE UN BEBÉ

En cuanto el médico confirme el estado de la joven que espera, la pareja debe comunicárselo a sus padres y a la familia inmediata. Para comunicárselo a los padres de ambos al mismo tiempo, puede invitárseles a una cena. A los que no sean familiares o amigos íntimos, puede esperar para comunicárselo hasta el cuarto mes de embarazo.

VII

Del traje en general

1 – Las formas y demás condiciones del traje que debemos llevar en sociedad, están generalmente sujetas a los caprichos de la moda; y a ellos debemos someternos en cuanto no se opongan a los principios de la moral y de la decencia, sin que nos olvidemos, cuando hayamos llegado a una edad avanzada, de las modificaciones que en este punto aconsejan entonces la circunspección y la prudencia. Pero existen ciertas condiciones a que no alcanza la influencia de la moda, por estar fundadas en la propiedad y decoro, según lo que racionalmente exigen las diferentes situaciones sociales, y pueden por tanto establecerse, respecto de ellas, algunas reglas generales de aplicación invariable y constante.

2 – Los deberes relativos al traje no están fundados únicamente en nuestra propia estimación, la cual exige siempre de nosotros un porte honesto y elegante, sino en la consideración de que debemos a la sociedad en que vivimos, para quien es ofensivo el desaliño y el desprecio de las modas reinantes, así como la impropiedad en el conjunto y los colores de

las diferentes piezas de que consta el vestido. La persona que vistiese caprichosa o negligentemente, se equivocaría si pensase que lo hacía tan sólo a costa de su propio lucimiento y decoro, pues su traje manifestaría en la calle poco respeto a los usos y convenciones sociales del país, y en una visita, en un festín, en un entierro, en una reunión de cualquiera especie, iría a ofender a los dueños de la casa y a la concurrencia entera.

3 – Debemos aparecer siempre en la calle decentemente vestidos; y en todos los casos en que no salgamos de nuestra casa con el objeto de asistir a reuniones, o de hacer visitas que requieran un traje especial, tengamos por regla general e invariable el respetar las convenciones sociales, y armonizar con el espíritu y con los usos generales de la sociedad, usando vestidos que sean propios de cada circunstancia, de cada día, y aun de cada parte del día.

4 – Según esto no es lícito a ninguna persona presentarse en la calle el día de gran festividad con el vestido llano de los demás días; ni puede una señora llevar de tarde el traje propio de la mañana, o viceversa; ni puede un comerciante vestirse de lujo en las horas de negocios, ni fuera de estas horas puede aparecer con el traje sencillo del trabajo.

5 – El vestido que se lleve al templo debe ser severamente honesto y tan sencillo cuanto lo permita la dignidad personal y el respeto debido a la sociedad; no debiendo jamás estar impregnado de aguas o esencias cuya fragancia llegue a percibirse por los demás concurrentes. Las señoras en quienes son tan propios y naturales los afeites y adornos, deben omitir al dirigirse al templo todos aquellos que en alguna manera desdigan de la santidad del lugar, y de la humildad y recogimiento que ha de manifestarse siempre ante la Majestad Divina.

6 – Toda visita de etiqueta y toda reunión de invi-

tación exige siempre un traje enteramente serio. En las reuniones de mesa muy pequeñas y de mucha confianza, puede relajarse un tanto la severidad de esta regla; bien que nunca hasta traspasar los límites de la propiedad y el decoro, y teniendo siempre presentes los principios de etiqueta contenidos en esta obra.

7 – La seriedad del traje en las señoras depende de circunstancias que no tienen un carácter bien definido, uniforme y constante, y que no pueden por lo tanto servir para establecer bajo este respecto ninguna regla fija.

8 – El traje debe ser todo él negro para hacer visitas de duelo y de pésame, y para concurrir a las reuniones de duelo, a los entierros, y a todo acto religioso que se celebra en conmemoración de un difunto.

Aun cuando el traje negro es el más recomendado en los hombres, se tolera, sin embargo, que éstos concurran a los entierros con trajes de colores oscuros, pero la corbata en todo caso será negra. Las damas, si son parientes, asisten de luto riguroso. Las demás invitadas, con traje de calle negro. (N. del E.).

9 – *Para las visitas de negocios y de sociedad, damas y caballeros llevan hoy trajes de calle. Si la visita es de etiqueta y de noche, los hombres usan el smoking o el frac. (N. del E.).*

10 – Es muy elegante y decente, en todas ocasiones, el uso de los guantes.

11 – Es una vulgaridad el excusarse con una persona por haber de darle la mano encontrándose ésta cubierta con el guante; y todavía lo es más el hacerla esperar para despojarlo previamente de él. No sólo no hay motivo para una ni otra cosa, sino que es más propio y más aseado el dar la mano con el guante puesto.

12 – El traje de luto es un signo con que se expresa
el dolor que se experimenta por la pérdida de un
deudo y al mismo tiempo un homenaje de consideración que se tributa a su memoria; y como es tan indispensable que en materias como ésta exista siempre
una manera de proceder uniforme y constante la sociedad ha sancionado las reglas siguientes: 1ª., el
luto se divide en *luto riguroso* y *medio luto:* el primero consiste en un traje enteramente negro, y el segundo en un traje en que se mezcla el color negro con
el blanco o con cualquier color oscuro; 2ª., por los padres, abuelos, hijos y nietos, el luto dura seis meses;
por un tío o un sobrino, un mes, y por cualquiera otro
deudo, dos semanas; 3ª., estos períodos en que se ha
de llevar el luto se dividen en dos épocas de igual duración, en la primera de las cuales se usa el luto riguroso, y en la segunda el medio luto.

13 – El período de luto y medio luto varía según las costumbres de cada país. A ninguno le está prohibido llevar luto, en cualquier caso, por más tiempo de aquel en que deba llevarle según el párrafo anterior.

14 – El viudo o la viuda, que estando todavía de luto, contrae matrimonio, abandona el luto desde el momento de la ceremonia nupcial.

15 – Las personas que están de luto, deben omitir en sus vestidos todo aquello que pueda comunicarles algún carácter de lujo. Son enteramente impropios, en estos casos, los vestidos en que se manifiesta haberse puesto un esmero especial, o en que aparecen adornos que no son absolutamente indispensables.

16 – La diversidad en las piezas de que consta el traje, en las telas que para ellas se eligen, y en las formas que les da la moda y el gusto de cada cual, es una prueba evidente de que nuestros vestidos no tienen por único objeto el cubrir el cuerpo de una manera honesta y decente, sino también contribuir a hacer agradable nuestra persona, por medio de una elegante exterioridad. Y como de la manera de llevar el traje depende en mucha parte su lucimiento, pues en un cuerpo cuyos movimientos sean toscos y desairados, las mejores telas, las mejores formas y los más ricos adornos perderán todo su mérito, es indispensable que procuremos adquirir en nuestra persona aquel desembarazo, aquel despejo, aquel donaire que comunica gracia y elegancia aun al traje más serio y más sencillo.

17 – En los grandes conciertos y funciones de ópera llevan las damas que asisten a palcos y plateas, traje de noche escotado, desnudos los brazos, y luciendo joyas. En la luneta, el traje es menos escotado. Los caballeros que concurran a palcos deben usar frac. En la luneta se lleva el frac o el smoking.

18 – A las veladas musicales y artísticas asisten las damas con vestido de cena (medio escote) sin sombrero y con alhajas. Los caballeros visten smoking, zapatos de charol y guantes claros.

19 – Para los bailes de gala y recepciones oficiales de noche llevan las damas vestido escotado, con los brazos y espaldas desnudos, y luciendo abundantes joyas. Capa bordada, abrigo y pieles, según lo exija la estación. Los caballeros, frac con chaleco y guantes blancos, zapatos de charol, sombrero de claque de seda y mancuernas[1] de perlas. No es muy correcto el traje de smoking en estas ocasiones.

20 – Tratándose de cenas de gran etiqueta, las damas concurren con trajes de noche escotados, con peinados sencillos y sin sombrero, en tanto que los caballeros lo hacen en frac, chaleco blanco, camisa de pechera almidonada con botonadura de oro, platino, o perlas. Los zapatos han de ser de charol y los calcetines negros, de seda.

21 – A los almuerzos concurren los invitados con trajes de visita.

22 – En las partidas campestres (*garden party*) se presentan las damas con vestidos elegantes de ciudad, y los hombres con trajes de calle, a menos que la fiesta sea bailable, en cuyo caso se lleva chaqué.

23 – Para los tés, llevan las damas trajes de tarde y los hombres trajes de calle.

La misma indumentaria que para el té, o para una cena sin mucha indumentaria, usan las damas en los "cocktail party", pero los caballeros concurren con traje oscuro de calle, y aún mejor con smoking.

---

1. Yuntas o gemelos.

24 – Sabido es que en las bodas, el traje de la novia ha de ser blanco, acompañándola las damas de honor con vestidos de uniforme corte y color. El novio y demás invitados visten chaqué negro con chaleco del mismo color, pantalón gris a rayas, camisa de pechera dura, corbata gris y zapatos de charol. Los guantes mate, de gris claro y sombrero de copa. Aun en las clases sociales más modestas se impone en esta ceremonia el vestido blanco de la novia y el saco o americana negro en el novio y chambelanes. (N. del E.).

REGLAS EN EL ESQUÍ
(otros deportes: véase la pág. 326)

1. Todo esquiador debe conducirse de manera que no ponga a otro en peligro o le pueda causar perjuicio.
2. Debe adaptar su velocidad y modo de proceder a su capacidad, así como a las condiciones del terreno y clima.
3. El esquiador de arriba, cuya posición le permite elegir su trayectoria, deberá prever una dirección que garantice la seguridad del esquiador de más abajo.
4. Puede rebasarse por la derecha o izquierda, pero siempre a suficiente distancia del esquiador a quien rebasa para no estorbar sus evoluciones.
5. Todo esquiador que entra en una pista o atraviesa un terreno de ejercicio, debe asegurarse, observando en todas direcciones, que puede hacerlo sin peligro propio o ajeno. Deberá hacer lo mismo cuando vaya a detenerse.
6. Debe evitar detenerse sin necesidad, especialmente en los espacios estrechos y de poca visibilidad. En caso de caída, el esquiador debe desocupar la pista lo antes posible.
7. El esquiador que sube no debe utilizar más que el borde de la pista. Igual debe hacer el que desciende a pie.
8. Todo esquiador debe respetar las señales.
9. En caso de algún accidente, todos están obligados a prestarse mutua ayuda, poniendo a un lado todo posible resentimiento o antagonismo.
10. Cualquier persona que sea testigo de un accidente o haya tenido algún tipo de participación en él, por más mínima que sea, tiene el deber de comunicarlo.

VIII

Del tacto social

1 – El tacto social, cuya definición se dio en los Principios Generales (párrafo 24, pág. 52), debe considerarse como el más alto y más sublime grado de la cortesanía, pues él supone un gran fondo de dignidad, discreción y delicadeza; y por esto es que las personas de tacto son las que mejor conocen los medios de ocupar siempre en sociedad una posición ventajosa, las que tienen el don de agradar en todas ocasiones, las que se atraen en todas partes la consideración y el cariño de los demás, aquéllas, en fin, cuya compañía es siempre apetecida y siempre se echa de menos. En muchos lugares de esta obra se encuentran reglas que tienden evidentemente a fomentar en nosotros el tacto social; y así por esto, como porque esta materia no se presta a ser tratada en toda su extensión en una obra elemental, nos limitaremos a presentar algunos casos que requieran la disposición

de tacto, los cuales sirvan como de paradigma de todos los demás[1].

2 – Hay ciertas reglas que sirven de base y fundamento a todas las demás reglas del tacto, y son las siguientes: 1ª., respetar todas las condiciones sociales, considerando en cada una de ellas la dignidad y el valor intrínseco del hombre, sin establecer otras diferencias que aquellas que prescriben la moral y la etiqueta; 2ª., respetar el carácter, el amor propio, las opiniones, las inclinaciones, los caprichos, los usos y costumbres, y aun los defectos físicos y morales de todas las personas; 3ª., adaptarse con naturalidad, en todas las situaciones sociales, a las circunstancias que a cada una sean peculiares; 4ª., elegir siempre la mejor oportunidad para cada acción y cada palabra, de manera que jamás se produzcan en los demás impresiones desagradables, y que, por lo contrario, no se haga ni se diga nada que no sea respectivamente grato a cada persona.

3 – Es poco tacto hacer costosos y frecuentes obsequios a aquellas personas, cuyos recursos no le permiten retribuirlos dignamente.

4 – Jamás nos detengamos a encarecer las ventajas y los goces que la naturaleza o la fortuna nos hayan proporcionado, delante de personas que se hallen en la imposibilidad de disfrutarlos también; ponderando, por ejemplo, a un pobre nuestra riqueza y nuestras comodidades, a un ciego la belleza de un prado o de una pintura, a un valetudinario nuestra robustez y la salud de que gozamos.

---

1. Dejamos a los maestros el presentar a sus discípulos los cuantos otros casos les sugieran sus propias observaciones, y el conocimiento práctico de la sociedad y del corazón humano.

5 – A las personas demasiado impresionables, de imaginación exaltada o de espíritu apocado, no se les refieren innecesariamente hechos sangrientos, o que bajo cualquier otro respecto causan horror o conmueven fuertemente el ánimo; y cuando la necesidad obligue a entrar con ellas en conversaciones de esta especie, se ahorrarán todos los pormenores que no sean absolutamente indispensables, se procurará emplear un lenguaje que neutralice en lo posible la fuerza de las impresiones, y nunca se elegirán para ello las horas próximas a aquella en que han de entregarse al sueño.

6 – El hombre de tacto tributa siempre especiales consideraciones al amor propio, y aun a la vanidad de los demás; con aquella naturalidad y sencillez que excluyen toda sospecha de afectación o lisonja, toma parte en el placer que cada cual experimenta por sus propios talentos, por su riqueza, o por su posición social; manifiesta delicadeza y oportunamente reconoce la habilidad que el padre atribuye al hijo, el esposo a la esposa, el hermano al hermano, el amigo al amigo; oye o examina atentamente, y luego aplaude, la producción que se lee o el artefacto que se le muestra como objeto digno de alabanza; ensalza el mérito del edificio que otro ha construido, del vestido o la alhaja que ha comprado o adquirido por donación de un amigo; y dejando, en suma, a cada cual en el buen concepto que de sí mismo, de sus obras y de todo lo que le pertenece tenga formado, jamás destruye las ilusiones de nadie, ni contribuye por ningún medio a hacer que en los demás se sustituya el desengaño al error inocente y agradable, el desaliento al fervor, la frialdad al entusiasmo (párrafo 40, pág. 57).

7 – En general es necesario contemplar en los demás las diferentes situaciones en que se encuentren, observando siempre una conducta que sea pro-

pia de cada caso. Así, por ejemplo, al que se halla afligido no se le excita, en los momentos más crueles de su dolor, a dirigir su atención hacia objetos que requieran un ánimo tranquilo; al que se halle alegre, al que se prepara a sentarse a la mesa, a entregarse al sueño, o a tomar parte en un entrenamiento cualquiera, no se le habla de asuntos tristes, ni se le da una noticia desagradable, cuando ello no sea absolutamente imprescindible o pueda diferirse para mejor oportunidad; al que teme una desgracia no se le hacen observaciones que tiendan a aumentar su alarma; al que está próximo a emprender un viaje no se le refieren acontecimientos funestos ocurridos en la vía que ha de atravesar, cuando esto no ha de obligarle a omitir o suspender el viaje, ni le es dable tomar medidas que le precavan de los riesgos que pueda correr; y por último, al que se encuentra preocupado por una idea triste, al que se cree desgraciado, al que posee un carácter melancólico, no se le discurre en términos que exalten todavía más su imaginación, ni menos se le manifieste ver con indiferencia sus padecimientos, aun cuando para esto no anime otra intención que la de probarle que ellos no reconocen causas reales, sino meras exageraciones de la fantasía.

8 – Abstengámonos de encarecer a una persona el mérito que encontremos en algún objeto que le pertenezca, cuando por debernos servicios importantes, sobre todo si éstos son recientes, o por cualquiera otra consideración, debamos temer que se crea en el caso de obsequiarnos presentándonos aquello que ya sabe cuanto nos agrada.

9 – Es falta de tacto hacer detenidos elogios de un profesor delante de alguno de sus comprofesores; lo mismo que de una persona cualquiera delante de otra que sabemos le es desafecta.

10 – Necesitamos poseer un fino tacto para mane-

jarnos dignamente cuando se nos tributan elogios personales. No podemos rechazarlos bruscamente, porque apareceríamos a un mismo tiempo desagradecidos e inciviles; ni aceptarlos sin contradicción como un homenaje que se nos debe; porque ésta sería una muestra del más necio y repugnante orgullo; ni manifestar con empeño que nos creamos enteramente destituidos del mérito que se nos concede y realmente poseemos, porque de esta manera parecería que deseábamos que se nos lisonjease todavía más entrando a probar lo que negábamos. Iguales consideraciones deben guiar nuestra conducta, cuando delante de nosotros se tributan elogios a personas de nuestra propia familia.

11 – Evitemos cuidadosamente el decir de nosotros ninguna cosa que pueda directa o indirectamente ceder en nuestro propio elogio. Verdad es que en ocasiones basta conducirnos en ellas con tal naturalidad, que no aparezcamos inmodestos o presuntuosos, ni por la vehemencia de nuestras expresiones, ni por su excesiva franqueza, ni por el empleo de frases cortadas, de palabras anfibológicas o de reticencias, las cuales se ven siempre en estos casos como signos de aquella fingida modestia que sirve de disfraz al necio orgullo.

12 – Para discurrir en sociedad sobre los vicios, las malas costumbres, las deformidades naturales, etcétera, veamos antes si entre las personas que nos oyen hay algunas a quien nuestras palabras pueden mortificar, no ya por adolecer ella misma de los defectos de que hablemos, sino por hallarse en este caso alguno de sus parientes o de sus amigos más inmediatos. Y en general, siempre que en el círculo donde tomemos la palabra se encuentren personas que no conozcamos, abstengámonos de toda alusión personal, de toda expresión que bajo algún respecto pueda ser a alguien desagradable, circunscribámonos a emitir

ideas generales y de todo punto inofensivas, eludiendo delicadamente cualquiera excitación que se nos haga para que tomemos parte en conversaciones que traspasen estos límites.

13 – Cuando en el círculo en que nos encontremos haya una persona tan grosera, que se resuelva a hacernos intencionalmente alguna ofensa, opongámosle una seriedad inalterable, y dominémonos hasta el punto de que ni en nuestro semblante, se note que nos hemos enojado. Una persona de tacto aparece en estos casos, a la verdad bien raros en la buena sociedad, como si no hubiese advertido que se ha tenido la intención de ofenderla; y esta moderación, esta delicadeza, este respeto a los demás viene ya a ser una vindicación anticipada, por cuanto deja enteramente entregado al ofensor a la reprobación y aun a la indignación de la sociedad, la cual es siempre la mejor vengadora del agravio que se recibe con magnanimidad y con nobleza.

14 – Grande debe ser nuestro tacto para conducirnos dignamente en sociedad, cuando alguna persona tenga la incivilidad de expresarse delante de nosotros en términos ofensivos a alguno de nuestros parientes o amigos. Respecto de nuestros parientes y de nuestros amigos íntimos, nuestro deber es defenderlos siempre, y excitar al imprudente que habla, bien que en términos comedidos y delicados, a respetar nuestros fueros y el derecho que la sociedad tiene a que no se la ocupe jamás en oír los desahogos de la vil detracción. Mas cuando se trate de nuestros demás amigos, y no oigamos que se les calumnia, que se les ridiculiza, ni se dice de ellos ninguna cosa que vulnere su honor, la prudencia nos aconseja que callemos o procuremos hacer variar la conversación; pues como el que habla no reconoce entonces en nosotros títulos bastante legítimos para aspirar a contestarle, nuestra defensa podría más bien excitarle a

extenderse en su ataque, y haríamos a la persona atacada el mal que se dijese de ella lo que acaso iba a quedar omitido.

15 – No manifestemos nunca a una persona la semejanza, física o moral, que encontremos entre ella y otra persona, aun cuando creamos lisonjearla por tener nosotros una alta idea de las cualidades de ésta. Y cuando, habiendo tomado a primera vista a una persona por otra, saliéramos de nuestro error sin haber ella llegado a advertirlo, abstengámonos de imponerla de él indicándole la persona por quien la habíamos tomado.

16 – Cuando no nos sea bien conocido el grado de instrucción de la persona con quien hablamos, guardémonos de introducir en la conversación citas o alusiones históricas, de explicarnos en términos científicos o artísticos, de dar por hecho que aquélla ha leído una determinada obra, y sobre todo de dirigirle preguntas de este género que acaso no pueda satisfacer, y la hagan pasar por la pena de poner de manifiesto su ignorancia.

17 – No basta que un hecho sea notorio, ni que la prensa lo haya publicado, para que nos sea lícito referirlo en sociedad, es además necesario considerar si su relación podrá ser desagradable a alguna de las personas presentes, o bajo cualquier otro respecto inoportuna, ya sea por el hecho en sí mismo o por alguna de sus circunstancias.

18 – Cuando es indispensable y prudente el transmitir a una persona lo que contra ella se ha oído decir, debe silenciarse el nombre de aquella que lo ha dicho. Pero esto se entiende en la generalidad de los casos, y de ninguna manera cuando median consideraciones graves que racionalmente obligan a hacer una revelación de este género. ¿Cómo suponer que se le oculte el de la persona que sabemos le traiciona, le odia, le deshonra y desea su daño, cuando

vemos que la trata con candor e intimidad, le confía sus secretos y le da él mismo las armas con que ha de herirle? ¿Merece acaso mayor consideración el enemigo encubierto y cobarde, el infame detractor, el que traiciona la amistad y la confianza, que nuestro amigo inocente y desapercibido? Difícil es, a la verdad, el saber distinguir en muchos casos el aviso prudente y amistoso, de lo que realmente sea un chisme; y he aquí precisamente en lo que consiste el tacto. El hombre que lo posee, no incurrirá por cierto en la vileza de malquistar a unas personas con otras, por medio de revelaciones imprudentes y malignas; pero sí sabrá en todas ocasiones apreciar debidamente los hechos y sus circunstancias, y en tratándose de las personas a quienes debe consideración y afecto, ya les advertirá el mal que digan de ellas sin indicarles quién lo dice, ya les hará además esta indicación, ya omitirá una y otra cosa, según lo que en cada caso le aconseje la prudencia y su propia dignidad y decoro.

19 – Nada hay más indigno que revelar aquello que se nos ha confiado con carácter de reserva, o que nosotros mismos conocemos debe reservarse, aunque para ello no se nos haya hecho especial recomendación. El que no sabe guardar un secreto, no es apto para entender en ningún negocio de importancia; y aun cuando semejante defecto no tenga origen en un corazón desleal, él arguye por lo menos un carácter ligero y vulgar, que aleja siempre la estimación y la confianza de las personas sensatas. Mas como puede suceder que nos veamos en la necesidad de hablar sobre alguna cosa de naturaleza reservada, conviene desde luego advertir que en esto debe guiarnos una profunda prudencia, y que raro será el caso en que no sea una vileza y una perfidia el transmitir lo que se nos ha confiado bajo la condición de una severa reserva.

20 – En cuanto a imponer a los demás de aquellos asuntos de naturaleza reservada que tan sólo a nosotros nos conciernen, pensemos que cuando esto no esté justificado por graves motivos, apareceremos notablemente indiscretos y vulgares; y que al mismo tiempo habrá de considerársenos como indignos de toda confianza, por cuanto no es presumible que sepa reservar las cosas ajenas quien no sabe reservar las suyas propias.

21 – Todavía deberemos ser más prudentes y reservados respecto de los secretos y disgustos de familia. Es imposible conceder ningún grado de circunspección y delicadeza, a aquel que impone a los extraños de asuntos de esta naturaleza, sin que a ello le obliguen razones muy poderosas y de alta conveniencia para la propia familia.

22 – Cuando una persona nos manifieste las quejas que tenga de sus parientes o amigos, o incurra en la indignidad de hablarnos en términos a ellos ofensivos, guardémonos de proferir ni una sola expresión de apoyo de sus ideas; y si por cortesía debiéramos alguna vez tomar la palabra, hagámoslo de una manera neutral y siempre conciliadora, y procuremos delicadamente hacer girar la conversación sobre otro asunto cualquiera.

23 – No cedamos jamás a las excitaciones directas o indirectas que se nos hagan, para injerirnos en las disensiones que aquejen a una familia, cuando no nos sea dable contribuir eficazmente a restablecer en ella la paz y la armonía.

24 – Cuando la persona con quien hablamos está desavenida con su familia, es poco tacto preguntarle por ésta, o hacer en la conversación alguna alusión que bajo tal respecto pueda ponerla en embarazo.

25 – Cuando después de algún tiempo de ausencia, nos encontremos por primera vez reunidos con dos amigos nuestros que lo hayan sido también entre sí,

no les dirijamos la palabra de manera que los pongamos en la necesidad de hablarse o extenderse amiga-
blemente, mientras no observemos que existe entre
ellos la misma armonía que antes de nuestra ausencia. Y evitemos siempre poner en aquel caso a dos
personas que sabemos se encuentran desavenidas o a
quienes tengamos motivos para creer no les sea agradable el tratarse.

26 – Si una persona de poco tacto llegare a ponernos en el caso de dirigir la palabra a otra con la cual
estemos mal avenidos, hagámoslo de una manera
cortés y afable, pues sean cuales fueren nuestro resentimientos, en aquel acto sería altamente impropia toda muestra de repugnancia o desabrimiento. Y
si nuestro desacuerdo procede por causa de naturaleza grave, y nos costare por tanto un grande esfuerzo el manifestar afabilidad, siempre tendremos el
recurso de retirarnos pasado un breve rato.

27 – Cuando una persona que nos haya ofendido
se dirija a nosotros con el objeto de satisfacernos,
mostrémonos con ella delicados, generosos y afables; y si el asunto de que se trate no valiera la pena
de entrar en detenidas explicaciones, saquémosla
prontamente del embarazo que siempre se experimenta en tales casos, manifestándole que su sola
intención nos deja satisfechos, y excitándola con in-
genuo y amistoso empeño a variar la conversación.
Estas consideraciones hacia la persona que expresa
el deseo de satisfacer a otra, serán todavía más es-
meradas cuando un caballero haya de tributarlas a
una señora.

28 – Ninguna consideración puede obligarnos a
cultivar relaciones que evidentemente hayan llegado
a sernos perjudiciales; pero nada nos autoriza tampoco para cortarlas bruscamente, en tanto que no
sea posible contemplar el amor propio de personas
de quienes hemos recibido muestras de estimación y

afecto. Cuando nos veamos, pues, en tan penosa necesidad, apelemos a las frías fórmulas de la etiqueta, de que usaremos sin dejar nunca de ser afables; y omitiendo todo acto de familiaridad en el trato con la persona a quien nos importa alejar de nosotros, conseguiremos indudablemente nuestro objeto, sin causarle el sonrojo de manifestárselo por medio de un acto explícito (párrafo 11, página 49).

29 – Siempre que una persona incurra a nuestra presencia en una falta cualquiera, usemos de un discreto disimulo, y aparezcamos como si nada hubiésemos advertido.

30 – En los círculos donde veamos que se ignoran las reglas de la etiqueta, limitémonos a observar aquellas que sean absolutamente indispensables para manejarnos con dignidad y decencia; el observar además aquellas que sólo tienden a comunicar gravedad y elegancia a los actos sociales, mortificaría a los circunstantes, por cuanto creerían que íbamos a ostentar entre ellos la superioridad de nuestra educación.

31 – La persona que cante o toque en una reunión, deberá adaptar sus piezas a la naturaleza del auditorio. La música seria y profunda es tan sólo propia para los círculos de aficionados; así como la música brillante y alegre, es la única que agrada entre personas que no poseen los conocimientos necesarios para poder gustar de lo más sublime y recóndito del arte. Y es de advertirse también que en uno y otro caso, cuando la reunión no es exclusivamente filarmónica, sino que tiene además por objeto otros entretenimientos, las piezas que se canten o se toquen deben ser siempre cortas, a fin de que no lleguen nunca a fastidiar al auditorio.

32 – Para nada debemos ser más mirados y circunspectos que para pedir a otro nos informe de algún hecho que deseamos conocer. El hombre de tacto no hace jamás una pregunta indiscreta, ni se expone al sonrojo de una negativa o de una respuesta evasiva; y cuando se ve en el caso de inquirir algo, elige las personas a quienes tiene más derecho de interrogar, y las oportunidades en que sus preguntas han de aparecer más prudentes y naturales, y por lo tanto más dignas de ser satisfechas.

33 – Si vemos que una persona intenta hacer algo contrario a su salud, naturalmente procuraremos impedírselo por los medios que nos sugiera el grado de amistad que con ella nos una; mas tratándose de un hecho ya consumado, abstengámonos de causar a

nadie temores y alarmas, y limitémonos a hacer prudentemente aquellas indicaciones a que estemos llamados, con el objeto de evitar el resultado que sea de temerse.

34 – No digamos nunca a una persona que la encontramos aniquilada o de mal semblante, ni le preguntemos qué enfermedad sufre, tan sólo porque la notemos macilenta y descolorida, ni le manifestemos hallarla con demasiadas carnes. Para que cualquiera de estas manifestaciones deje de ser una falta de tacto, se necesita que la persona a quien se dirige nos la haya sugerido ella misma de algún modo, y sobre todo que no lo acompañemos de sorpresa ni menos de aspaviento.

35 – Evitemos en cuanto nos sea posible el hablar a una persona sobre su edad, y guardémonos de decir a nadie la que creamos representa en su exterior, aun cuando nos excite expresamente a ello. Las conversaciones de esta especie son enteramente ajenas de la buena sociedad, y sobre todo de las personas de fino tacto, las cuales deben siempre contemplar los inocentes caprichos y debilidades del corazón humano.

36 – Delante de personas de edad muy avanzada, no se atribuye jamás a la vejez una enfermedad cualquiera de que se trate; ni hablando de un enfermo, se dice que no podrá restablecerse porque sus años han gastado ya sus fuerzas; ni se emite, en fin, ningún juicio que directa o indirectamente tienda a presentar a la ancianidad como excluida de ciertos actos, goces o costumbres de la vida social, ni como llamada a un género especial de vida, ni mucho menos como cercana al sepulcro.

37 – Cuando una persona tome equivocadamente para sí y manifieste agradecernos un saludo, una expresión atenta, o cualquiera otra demostración obsequiosa que en sociedad dirijamos a otra persona, guardémonos de sacarla de su error, y mostremos, por el contrario, con toda naturalidad, que era a ella a quien nos habíamos dirigido.

38 – La amistad suele imponernos el penoso deber de comunicar a una persona un acontecimiento para ella desgraciado; y si no procedemos en esto con suma delicadeza, si no procuramos atenuar la fuerza de sus impresiones por medio de precauciones juiciosas y oportunas, la entregamos a toda la vehemencia del dolor, y acaso añadiremos a sus sufrimientos morales el quebranto de su salud. Para dar una noticia fatal procuremos preparar gradualmente el ánimo de la persona que ha de recibirla y, si no nos es posible, valgámonos de alguno de sus deudos, que son

siempre los más llamados a ejercer estos tristes oficios, y los que pueden hacerlo de una manera más prudente y oportuna.

39 – Guardémonos de dirigirnos a una persona, por muy amistosa que sea nuestra intención, a pedirle informes ni a hablarle de ninguna manera sobre una desgracia que sabemos acaba de acontecerle, mientras no estemos seguros de que ha llegado ya a su conocimiento; a no ser que seamos nosotros mismos los llamados a participársela, pues entonces nos apresuraremos a llenar nuestro deber, de la manera que queda indicada en el párrafo anterior.

40 – Jamás entremos con nadie en detenidas discusiones sobre aquellas materias en que los hombres profesan generalmente opiniones sistemáticas en las cuales permanecen siempre y aun llegan a aferrarse. Las personas de tacto no sólo respetan las opiniones de todas las demás personas, sino que, para ser siempre agradables en su trato, omiten el defender las suyas propias, cuando alguno las ataca sin una intención ofensiva y maligna; a menos que un ministerio legítimo las llame a sostenerlas y propagarlas, en cumplimiento de un deber profesional y de conciencia. Rara será la ocasión en que la tolerancia no sea en estos casos el mejor partido, y más rara todavía aquella en que la controversia no deje en los ánimos un rastro de malevolencia, o por lo menos de desabrimiento.

41 – A la persona que se dispone a emprender un viaje, no se le hacen encargos que puedan causarle incomodidades, sino cuando se tiene con ella una íntima confianza, o cuando se trata de un asunto muy importante y no puede emplearse otro medio para lograr lo que se desea. El que pretende que una persona se encargue de conducirle a otro punto un objeto cualquiera, no debe creer justificada su exigencia por la sola circunstancia de que éste sea poco volumino-

so; pues fundados en esta razón podrían otros muchos amigos creerse autorizados para hacerle iguales encargos, y nada hay más embarazoso y desagradable que la conducción de un lugar a otro de diferentes objetos ajenos, para ocuparse luego de la penosa tarea de ponerlos en diferentes manos. En cuanto a enviar cartas con la persona que va de viaje, cuando existe una vía pública y segura de comunicación, sin que a ello obligue una necesidad justificada, esto no sólo es indiscreto e inconsiderado, sino que incluye además el mezquino propósito de ahorrar un gasto insignificante.

42 – Sometámonos a todas aquellas privaciones que no nos acarreen graves perjuicios en nuestros intereses, antes que pedir prestados a nuestros amigos los muebles, los libros u otros objetos que tengan destinados a su propio uso, especialmente cuando este uso sea diario y constante, y no puedan fácilmente reemplazar lo que nos presten. El hombre de tacto no pide jamás a su amigo aquello que éste más aprecia, aquello en que particularmente se recrea y se complace, aquello que con el uso o al pasar a otras manos puede sufrir algún daño o desmejora.

43 – Cuando tengamos que entregar dinero a una persona por remuneración de su trabajo, y sea de temerse que este acto pueda en alguna manera causarle pena, no se lo entreguemos delante de un tercero, y, si es posible, valgámonos para ello de un niño o de un doméstico. Esta consideración debe guardarse muy especialmente a las personas que, habiendo gozado de alguna comodidad, han caído en desgracia y han tenido que apelar a una ocupación cualquiera que les proporcione el sustento.

44 – No nos pongamos nunca innecesariamente en actitudes peligrosas cuando nos encontremos con otras personas y especialmente con señoras. Los actos de esta especie producen sensaciones más o menos desagradables y cuando se ejecutan con ánimo de ostentar destreza, agilidad o valor, revelan además un carácter poco elevado y circunspecto.

45 – Nada hay en sociedad más delicado ni que necesite de más fino tacto que el uso de las chanzas. Ellas sazonan a veces la conversación, amenizan el trato, y aun llegan a ser pequeñas demostraciones de aprecio y de cariño; pero, sea dicho en puridad de verdad, la naturaleza no ha concedido a todos aquella discreción, aquella delicadeza, aquel tino que en tan alto grado se necesita para que ellas sean verdaderamente aceptables; y no siempre basta poseer una

buena educación, ni estar animado de la intención más sana y amistosa, para saber dirigir chanzas tan finas y oportunas que dejen de ser bajo algún respecto desagradables o mortificantes. Las personas que no poseen este don especial deben abstenerse severamente del uso de las chanzas. Por omitirlas ninguna experimentará jamás un desagrado; por dirigirlas no será raro ver que se turben las más sólidas y más antiguas relaciones de amistad.

46 – Las chanzas no pueden usarse indiferentemente con todas las personas ni en todas ocasiones; ellas son privativas de la confianza y enteramente ajenas de la etiqueta; rara vez es lícito a un hijo usarlas con sus padres, a un inferior con su superior, a un joven con una persona de edad provecta; en ningún caso son oportunas en círculos serios, en conversaciones que no anime el buen humor, y en momentos en que aquellos a quienes es lícito dirigirlas tengan contraída su atención a un determinado asunto. Y aun atendidos todos estos requisitos, restará siempre consultar el carácter y la educación de las personas, las impresiones que accidentalmente modifiquen y determinen su manera de ser, sus gustos, sus costumbres, sus caprichos, finalmente, la relación que la chanza que se dirige pueda tener con otras personas que se hallen presentes.

47 -- Aun cuando la chanza que se nos dirige a nosotros no esté autorizada por las reglas anteriores, recibámosla con afable tolerancia, y no sonrojemos jamás con un frío desabrimiento, ni mucho menos con palabras destempladas y repulsivas, a aquel que no ha tenido la intención de desagradarnos, y cuya culpa no es otra que carecer de las dotes de una fina educación.

IX

Reglas diversas

1 – Uno de los objetos a que debemos consagrar mayor suma de atención y estudio es el hacer agradable nuestra persona, no ya por el conocimiento y la práctica de los usos y estilos de la buena sociedad, ni por la dulzura de nuestro trato, sino por una noble y elegante exterioridad, por la delicadeza de nuestros movimientos, por la naturalidad y el modesto despejo que aparezcan siempre en nuestro cuerpo, sea cual fuere la actitud en que nos encontremos (párrafo 5, pág. 47).

2 – La moderación es la reguladora de los modales exteriores, así en el hombre como en la mujer; pero la organización física y moral del hombre, la mayor agilidad que adquiere en las faenas industriales su inmediato contacto con los extravíos del corazón humano, la presencia de los peligros, los reveses de la fortuna, y el comercio general de la vida en su constante anhelo por proporcionarse a sí mismo y a su familia una cómoda subsistencia, comunican a su exterioridad un cierto desembarazo, una cierta dureza, un cierto aire de libertad y de franqueza que le

es enteramente peculiar, y que distingue notablemente sus modales de los de la mujer.

3 – Por lo mismo que la diferente naturaleza y el diferente género de vida de uno y otro sexo han de producir estas diferentes propiedades en los modales exteriores, la mujer cuidará de precaverse de aquella excesiva suavidad que degenera en ridícula timidez o rústico encogimiento, y el hombre de aquel excesivo desembarazo que comunica a su persona un aire vulgar y desenvuelto.

4 – Siempre que en sociedad nos encontremos de pie, mantengamos el cuerpo recto, sin descansarlo nunca de un lado, especialmente cuando hablemos con alguna persona.

5 – Al sentarnos, hagámoslo con suavidad y delicadeza, de modo que no caigamos de golpe y violentamente sobre el asiento; y después que estemos sentados, conservemos una actitud natural y desembarazada, sin echar jamás los brazos por detrás del respaldo del asiento ni reclinar en él la cabeza, sin estirar las piernas ni recogerlas demasiado, y sin dar al cuerpo otros movimientos que aquellos que son propios de la conversación, según las reglas sobre ella establecidas.

6 – Es extraordinariamente incivil el situarse por detrás de una persona que está leyendo, con el objeto de fijar la vista en el mismo libro o papel en que ella lee.

7 – Cuando un caballero se halle sentado, y una señora u otra persona cualquiera de respeto o con la cual no tenga confianza se le acerque a hablar sin tomar para ello asiento, se pondrá inmediatamente de pie y así permanecerá hasta que aquélla se retire. Pero una persona de buena educación evita siempre por su parte permanecer de pie al acto de hablar a otra a quien encuentra sentada.

8 – Un caballero que se halla en sociedad no per-

mite nunca que a su presencia se dirija una señora de un punto a otro con el objeto de tomar una silla, abrir o cerrar una ventana, o ejecutar cualquiera otra operación de que pueda él relevarla. Igual atención usa siempre una señora joven respecto de una señora de edad avanzada, y en general un inferior respecto de un superior.

9 – Cuando a una persona se le caiga al suelo algún objeto, el caballero que se halle más inmediato a ella se apresurará a levantarlo, poniéndolo luego en sus manos con cierta gracia y delicadeza en los movimientos. El mismo obsequio tributará una señora a otra señora, cuando no se encuentre un caballero inmediato a ésta. Mas la persona, cualquiera que ella sea, a quien se caiga un objeto, procurará levantarlo ella misma inmediatamente, a fin de evitar que otro se tome el trabajo de hacerlo.

10 – Son actos enteramente impropios y vulgares: 1°., poner un pie sobre la rodilla opuesta; 2°., mover innecesariamente el cuerpo, cuando se está en un piso alto, o cuando se ocupa con otros un asiento común, como un sofá, etc., o un lugar cualquiera alrededor de una mesa, de manera que se comunique el movimiento de los demás; 3°., extender el brazo por delante de alguna persona, o situarse de modo que se le dé la espalda o hacer cualquiera de estas cosas, cuando es imprescindible, sin pedir el debido permiso; 4°., fijar detenidamente la vista en una persona; 5°., manifestar grandes cuidados con la ropa que se lleva puesta, con el peinado o con la barba; 6°., estornudar, sonarse o toser con fuerza, produciendo un ruido desapacible; 7°., reír a carcajadas o con frecuencia; 8°., llevarse a menudo las manos a la cara, hacer sonar las coyunturas de los dedos, jugar con las manos, con una silla, o con cualquier otro objeto.

11 – El acto de bostezar indica infaliblemente sueño o fastidio, o bien un hábito que no ha sabido cortarse en tiempo y se toma después erradamente por una necesidad. Cuando no podemos dominar el sueño, o no nos sintamos ya animados en el círculo en que nos encontremos, retirémonos inmediatamente y sin esperar a que nuestros bostezos vengan a expresarlo, lo cual es siempre desagradable y aun ofensivo a los demás. Y en cuanto al hábito de bostezar, pensemos que él hace insoportable la compañía de la persona más culta y más amable.

12 – Hay algunas personas que por manifestarse siempre afables, se acostumbran a mantener en sociedad una sonrisa constante, la cual comunica a su fisonomía un aire de vulgaridad y tontería que las desluce completamente, y aun llega a hacer su trato empalagoso y repugnante. Es cierto que debemos mostrar a las personas con quienes nos encontramos

una constante afabilidad; pero ésta no consiste en sonreírnos siempre, sino en aquel modo suave y atento con que naturalmente expresamos nuestra satisfacción y buen humor, y el placer que produce en nosotros la presencia y la conversación de nuestros amigos.

13 – Las personas que se reúnen para pasearse en una sala, un corredor, o en otro lugar cualquiera, al cambiar de frente para volver de un extremo a otro, deben observar las reglas siguientes: 1ª., si son dos personas las que pasean, ambas se abren por el centro, describiendo cada una hacia afuera una línea semicircular; 2ª., si son tres personas, la que va en el centro se abre por el lado izquierdo junto con la que va a su derecha, de modo que ésta quede ocupando el centro, y la que va a su izquierda cambia de frente de la manera indicada en la regla anterior; 3ª., si son cuatro personas, se abren en dos alas, de manera que las dos personas del centro queden en los extremos, y las de los extremos en el centro; 4ª., cuando entre las personas que se pasean hay una que notablemente sobresale en respetabilidad, se la deja siempre en el centro; dando ella alternativamente el frente a la derecha y a la izquierda al volver de un extremo a otro, y sujetándose las demás a las reglas precedentes.

14 – Es embarazoso y molesto el paseo de más de cuatro personas juntas; y aun debe procurarse que las reuniones que se formen para pasearse no lleguen nunca a exceder de tres personas.

15 – Cuando varias personas reunidas han de subir o bajar una escalera, deben observar las reglas siguientes: 1ª., el caballero cede siempre a la señora el lado más cómodo, y lo mismo hace el inferior respecto del superior; 2ª., si no puede subir o bajar más de una persona a un mismo tiempo, las personas de un mismo sexo se van cediendo entre sí el paso, según

su edad y categoría y las señoras y caballeros reunidos, proceden de la manera que quedó indicada en el párrafo 35 de la página 279.

16 – Cuando una señora es acompañada por un caballero a un festín, a un espectáculo, o a otro lugar cualquiera donde ambos han de permanecer, no puede admitir el brazo de otro caballero para regresar a su casa, si aquél se halla presente a su salida y cumple con el deber en que naturalmente se encuentra de acercársele para acompañarla de nuevo.

17 – Cuando nos encontremos cerca de personas que hablen entre sí de una manera secreta, huyamos cuidadosamente de llegar a percibir ninguna de sus palabras. Nada puede haber más indigno que poner atención a lo que otros hablan en la persuasión y la confianza de no ser oídos.

18 – Siempre que saludemos a una persona, además de hacerle una cortesía (pág. 268, nota 2), mostrémosle un semblante afable y más o menos risueño, según el grado de amistad que con ella tengamos. Los saludos desdeñosos, los que apenas pueden ser percibidos, y aquellos en que se muestra cierto aire de protección, son exclusivamente propios de gentes inciviles y que tienen la desgracia de vivir animadas de un fatuo y ridículo orgullo. La persona a quien debemos la atención de saludarla, es también digna de que le manifestemos en este acto que su presencia nos es agradable.

19 – Siempre que hayamos de nombrarnos a nosotros al mismo tiempo que a otras personas, coloquémonos en último lugar; y tengamos, además, el cuidado de anteponer en todas ocasiones el nombre de la señora al de la señorita, el de la mujer al del hombre, y el de la persona más respetable al de la menos respetable.

20 – Es enteramente vulgar y grosero el tutear a una persona con quien no se tiene una íntima con-

fianza. Y aun mediando esta confianza, cuando por nuestra edad o categoría estemos seguros de que la persona con quien hablamos no habrá de tutearnos a nosotros, abstengámonos de usar con ella de semejante tratamiento, el cual podría aparecer entonces como una vana ostentación de superioridad. Está, sin embargo, admitido el tutear a los inferiores, entre las personas de una misma familia, y cuando las relaciones entre superior e inferior son tales, que éste no puede ver en ello sino una muestra de especial cariño.

21 – Tan sólo en conversaciones privadas, y autorizadas por una íntima confianza, podemos permitirnos tutear o tratar de usted a aquellas personas a quienes por su carácter o por su empleo se deba un tratamiento especial. En orden a esto, tengamos presentes las prescripciones contenidas en los párrafos 25 y 17 de las páginas 276 y 291.

22 – Seamos severamente puntuales en asistir siempre a toda reunión de que hayamos de formar parte, a la hora que se nos haya señalado y en que hubiéramos convenido. En ningún caso tenemos derecho para hacer que los demás aguarden por nosotros; y siempre será visto como un acto de irrespetuosa descortesía el concurrir tarde a un aplazamiento cualquiera.

23 – Mientras una persona que ha perdido uno de sus deudos se halla en la época de luto riguroso (párrafo 12, pág. 360), es altamente impropio y ofensivo a la memoria del difunto, que asista a festines u otras reuniones de placer, que cante, toque o tome parte en cualquier pasatiempo que se promueva en la sociedad en que se encuentre; y según sean los lazos que la hayan unido a las personas cuya pérdida ha experimentado, las circunstancias que hayan hecho esta desgracia más o menos lamentable, y la naturaleza del entretenimiento a que pueda verse

excitada, así deberán ser las privaciones de esta especie a que deba someterse aun en la época del
medio luto. Sería, por ejemplo, no sólo impropio,
sino extravagante y odioso, el que una mujer o un
hombre a quien la muerte ha arrebatado su consor-
te, apareciesen en esta época tomando parte en un
baile.

24 – Acostumbrémonos a ejercer sobre nosotros
todo el dominio que sea necesario para reprimirnos
en medio de las más fuertes impresiones. Las personas cultas y bien educadas no se entregan jamás con
exceso a ninguno de los afectos del ánimo; y sean
cuales fueren los sentimientos que las conmueven,
ellas aparecen más o menos serenas, con más o
menos fuerza de espíritu, pero siempre moderadas y
discretas, siempre llenas de dignidad y decoro. Los
gritos desacompasados del dolor, de la sorpresa o del
miedo, los saltos y demás demostraciones de la alegría y del entusiasmo, los arranques de la ira, son
tan característicos de las personas vulgares, como la
impasibilidad, la indiferencia, y el indolente estoi-
cismo, de las personas de mala índole y de un alma
innoble y sombría.

25 – Es altamente impropio que los esposos se
hagan en sociedad demostraciones de preferencia y
de ternura, que hablen a solas detenidamente, o que
aparezcan siempre el uno junto al otro, ya sea que se
encuentren en su casa o fuera de ella.

26 – Evitemos incurrir en la vulgaridad de deprimir las cosas del tiempo presente, considerándolas
siempre inferiores a las de los tiempos pasados. A
medida que se avanza en edad, se va adquiriendo
mayor propensión a contraer esta mala costumbre.

27 – Huyamos de toda propensión a la suspicacia
y a la cavilosidad. Éstas son propiedades antisociales, que endurecen el carácter del hombre hasta el
punto de hacer su trato insoportable; y condenándo-

le al tormento de no encontrar nunca sinceridad ni aun en sus más adictos amigos, convierten su corazón en un depósito de amargura que envenena su existencia entera. Bueno es que nos pongamos a cubierto de las insidias y traiciones de los hombres, por medio de una juiciosa y prudente desconfianza, y no entregándonos ciegamente a una amistad aún no probada en el crisol del tiempo o de la adversidad; mas no por eso nos es lícito alimentar respecto de nadie prevenciones y sospechas, por actos precipitadamente juzgados, o por un mero espíritu de desconfianza universal.

28 – También debemos huir de impresionarnos fácilmente de los relatos exagerados o calumniosos, con que las almas viles gustan de malquistar a las personas que se tratan con amistad. El que procura inspirarnos desconfianza de nuestros amigos, sin tener para ello una misión legítima y una intención evidentemente sana, no merece por cierto que demos crédito a sus palabras; y aunque encontremos verosimilitud en los hechos que nos refiera, procedamos con calma y con prudencia, pues el calumniador es rara vez tan torpe y tan precipitado que no cuide de vestir sus calumnias con todas las apariencias de la realidad.

29 – Tiene el hombre tal inclinación a vituperar los defectos y las acciones de los demás, que sólo el freno de la religión y la moral y los hábitos de una buena educación, pueden apartarle del torpe y aborrecible vicio de la murmuración. Y en efecto, una persona verdaderamente culta y bien educada jamás se ocupa en decir mal de nadie; y ve por el contrario con horror, y como una ofensa hecha a su propia dignidad, las expresiones que directamente ceden en menoscabo de la reputación y buen nombre de los ausentes, así como aquella falsa compasión tras la cual oculta el murmurador su malignidad, cuando por respeto a los presentes, se lamenta de los ajenos defectos con la intención encubierta y alevosa de publicarlos (párrafo 4, pág. 176).

30 – La vanidad y la ostentación son vicios enteramente contrarios a la buena educación. La persona que hace alarde de sus talentos, de sus virtudes, de sus riquezas, de su posición social, de la extensión e importancia de sus relaciones, etc., manifiesta poseer un carácter poco elevado y se desconceptúa completamente para con aquellos que saben medir el mérito por la moderación, el desprendimiento y la modestia que son sus nobles y verdaderos atributos.

31 – Nada puede haber más indigno de una buena educación que el faltar a la verdad, sobre todo cuando esto se hace por costumbre. La mentira, no sólo degrada y envilece el carácter del hombre, y lo despoja del derecho de ser creído aun cuando hable la verdad, sino que le dispone naturalmente a la calumnia, que es una de las más torpes y odiosas faltas con que puede injuriarse a Dios y a la sociedad. Y es por esto que el acto de desmentir a una persona, o de dudar siquiera de la realidad de lo que afirma, se ha considerado siempre como un insulto gravísimo que no hace jamás a nadie el hombre culto y bien educado.

32 – La franqueza es una virtud social que estrecha los corazones unidos por lazos de afecto y benevolencia y patentizando los verdaderos sentimientos del hombre, constituye la más sólida garantía de la amistad. Pero pensemos que esta virtud degenera en un vicio desde el momento en que se la exagera, y que la persona que llegue a acostumbrarse a manifestar a los demás todo lo que sobre ellos piensa, ofenderá a cada paso el agente más delicado e impresionable del alma, que es el amor propio, alejará a sus más adictos amigos, y concluirá por hacer su trato insoportable. La franqueza, para que sea una virtud, debe estar siempre acompañada y dirigida por la prudencia.

33 – La generosidad es otra virtud social, enteramente inseparable de la buena educación. Y a la verdad, ¿qué impresiones agradables puede producir en sociedad el hombre mezquino, el miserable que prefiere ver sufrir al indigente, dejar de obsequiar a sus amigos, y carecer de las comodidades más necesarias de la vida, a desprenderse de una cantidad de dinero de que puede disponer sin quebranto? ¿Y cuán digna no es, por el contrario, la conducta de aquel que, sin exceder los límites de la prudencia, socorre al necesitado, proporciona goces y distracciones a sus amigos, y se trata a sí mismo con aquella decencia que sus facultades le permiten? La prodigalidad y la disipación son ciertamente contrarias al bienestar de las familias, y a los intereses de la industria y de la riqueza pública; mas, sea dicho sin rebozo, la mezquindad y la miseria degradan completamente al hombre, endurecen su carácter, vulgarizan sus modales y le hacen indigno de pertenecer a la buena sociedad.

34 – La igualdad en el trato es uno de los más importantes atributos de la buena educación. Es altamente desagradable y embarazoso cultivar relacio-

nes con una persona que se muestra a veces afable y complaciente, a veces displicente y terca, ya comunicativa y sociable, ya silenciosa y reconcentrada.

35 – Tambiés es propio del hombre bien educado el ser consecuente en la amistad. Son únicamente las personas versátiles y vulgares las que, sin mediar causas legítimas, abandonan o interrumpen el trato con sus amigos, u omiten aquellas demostraciones que en determinadas circunstancias exige la etiqueta, o se esperan naturalmente de los sentimientos de afecto y benevolencia.

36 – Jamás nos manifestemos ofendidos con una persona porque no se muestre dispuesta a estrechar relaciones con nosotros. A más de ser esto de muy mal tono, y de indicar que aceptamos como posible el que se nos rechace por un sentimiento de menosprecio, lo cual revela siempre poca seguridad de merecer la ajena estimación, semejante conducta sería injusta en la generalidad de los casos, por cuanto el que, sin hacer ninguna ofensa a la dignidad y al carácter de una persona, rehúsa estrecharse con ella, tiene siempre en su favor la presunción de que no procede por desafecto, sino por la imposibilidad de aumentar los deberes especiales que tiene contraídos en la sociedad, ya por inconvenientes privados, que a ninguno le es lícito investigar ni menos suponer le sean ofensivos.

37 – No veamos nunca con indiferencia la discordia entre personas que se han tratado y a quienes tratamos nosotros con verdadera amistad. Procuremos siempre enterarnos discretamente de la historia de sus disensiones, y si vemos que su reconciliación no es absolutamente imposible, no desaprovechemos ocasiones tan bellas de servir a nuestros amigos ejerciendo entre ellos los nobilísimos oficios de mediadores. ¡Cuántas veces desearán ellos aproximarse y echar al olvido sus diferencias, y tan sólo se en-

contrarán detenidos por puntillos de honor y de amor propio, que fácilmente puede hacer desaparecer la mediación de un tercero! Grande, en verdad, debe ser nuestro tacto para proceder en tales casos de manera que las personas desavenidas queden por una y otra parte satisfechas, y que un paso mal meditado, una sola expresión imprudente no vaya a producir una sensación desagradable en ninguna de ellas; pero objeto tan noble bien merece que le consagremos especiales cuidados, y que no omitamos esfuerzo alguno por llenarlo digna y decorosamente, eligiendo para ello los medios más propios y aprovechando las más favorables coyunturas (párrafo 9, pág. 135; párrafo 6, pág. 298). La indiferencia en los casos de fácil o posible avenencia, probará siempre poco afecto hacia los amigos que se encuentran enemistados.

38 – Es tan sólo propio de personas vulgares y desprovistas de todo sentimiento o moralidad y pundonor el pedir dinero prestado, o hacer compras a crédito en los establecimientos mercantiles o industriales, sin tener la seguridad de pagar oportunamente. La propensión a usar de un lujo superior a aquel que permiten los propios recursos, y el absurdo conato de elevarse sobre la posición que realmente debe ocuparse en la sociedad, son los móviles de esta indigna costumbre, que a veces llega a precipitar al hombre en la carrera de los crímenes, y que tan funesta influencia ejerce en los intereses generales del comercio y de la industria.

39 – Uno de los más sagrados deberes que la religión, la moral y la misma naturaleza nos imponen, es el de dar a los niños que nos pertenecen una educación que les abra y allane el camino de su felicidad, y los haga al mismo tiempo útiles a su familia y a su patria. Nuestra educación se refleja siempre en la educación de los niños que dirigimos; así es

que cuando éstos observan una conducta desarreglada, cuando faltan al respeto debido a sus mayores, cuando de alguna manera se hacen molestos a sus vecinos o a cualquiera de las personas a quienes se acercan, cuando visten con un lujo impropio de su edad, cuando maltratan a los animales, cuando fuman o aparecen dominados de algún vicio y por último, cuando no poseen aquellos conocimientos que son indispensables en los primeros años, con razón se forma una idea altamente desventajosa de nuestro carácter, de nuestra educación y de nuestras costumbres.

LA ANFITRIONA Y LA CONVERSACIÓN DE SUS INVITADOS

Muchas veces la anfitriona tiene que servir como animadora en las conversaciones de sus invitados. Debe mantenerse muy alerta para intervenir si ve que alguno de sus invitados empieza a mostrar señales de antagonismo. En el caso de una persona que está prolongando un discurso demasiado aburrido, la anfitriona puede interrumpir con mucho tacto y decir: "Perdónenme la interrupción, pero me gustaría robarles a la señora X por breves instantes".

Nunca trate de presentar a una persona que recién ha llegado a la fiesta a todos los invitados presentes. Debe acompañarlo hasta algún grupo donde considere que se sentirá a gusto y presentarlo allí, de manera que esta persona pueda moverse entre la gente y presentarse a sí misma, o ser presentada a otras personas por los mismos miembros del grupo al que ha sido introducida.

Otra regla importante es que nunca debe interrumpir una conversación animada y amena, aunque sea de la opinión de que una de las personas que participa en dicha conversación se sentirá mejor en otro grupo o en compañía de alguna otra persona.

Capítulo Sexto

DIFERENTES APLICACIONES
DE LA URBANIDAD

I

De los deberes respectivos

1 – Las personas entre quienes existen relaciones especiales, ya sean accidentales o permanentes, se deben respectivamente ciertas consideraciones también especiales; y aunque sobre este punto se encuentren nociones suficientes en los principios generales de moral, civilidad y etiqueta contenidos en esta obra, no hemos creído superfluo el presentar aquí algunas reglas particulares que fijen de una manera más determinada y concreta el carácter de estas consideraciones.

2 – *Deberes entre padres e hijos.* —La afabilidad y franqueza del padre, y el respeto y la sumisión del hijo, forman un sublime concierto que hace de sus relaciones el encanto de la vida doméstica. Ni el padre hace sentir innecesariamente al hijo la fuerza de su autoridad, ni el hijo abusa jamás de los derechos que le concede la amistad y el obsequioso cariño del padre (párrafo 6, pág. 114). Unidos y entrelazados ambos por el vínculo más dulce y más sagrado que existe en la natu-

raleza, sus relaciones están siempre sustentadas por un afecto inextinguible, y amenizadas por las demostraciones de la más exquisita civilidad, que son las que nacen naturalmente de un sentimiento profundo de amistad y benevolencia.

3 – *Entre esposos.* —Las relaciones conyugales son las que exigen mayor suma de prudencia, delicadeza y decoro; así porque la conducta recíproca de los esposos ejerce una directa y poderosa influencia en el orden y la felicidad de las familias, como porque la indisolubilidad del vínculo que los une no les deja otro arbitrio que el escándalo, una vez perdida entre ellos la consideración que se deben, a la cual se sustituye siempre la discordia con todos sus abominables caracteres.

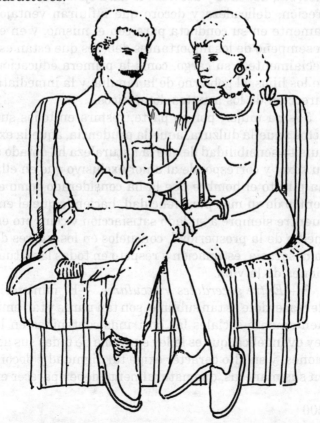

4 – El hombre de buenos principios se manifiesta siempre atento, afable y condescendiente con la compañera de su suerte, con aquella que abandonando las delicias y contemplaciones del hogar paterno, le ha entregado su corazón y le ha consagrado su existencia entera; y sean cuales fueren las contrariedades que experimente en la vida doméstica, sean cuales fueren los disgustos que conturben su ánimo, jamás se permite ninguna acción, ninguna palabra que pueda ofender su dignidad y su amor propio. Colmándola por su parte de consideración y respeto, le atraerá indudablemente la consideración y el respeto de hijos y domésticos y de todas las demás personas que la rodean; y apareciendo en todas ocasiones discreto, delicado y decoroso le dará ejemplos de discreción, delicadeza y decoro que influirán ventajosamente en su conducta para con él mismo, y en el desempeño de los importantes deberes que están especialmente a su cargo, como la primera educación de los hijos, el gobierno de la familia, y la inmediata dirección de los asuntos domésticos.

5 – La mujer, por su parte, respira en todos sus actos aquella dulzura, aquella prudencia, aquella exquisita sensibilidad de que la naturaleza ha dotado a su sexo; y corresponde al amor exclusivo que en ella ha puesto el hombre que la ha considerado como el centro de su más pura felicidad, haciendo que él encuentre siempre a su lado satisfacción y contento en medio de la prosperidad, consuelos en los rigores de la desgracia, estimación y respeto en todas las situaciones de la vida.

6 – *Entre sacerdotes y seculares.* —El ministerio del sacerdote es tan sublime, son tan puras y tan eminentemente sociales las doctrinas contenidas en la ley evangélica, que es la ley suprema de todas sus acciones; y su alto carácter exige tal dignidad y decoro en sus maneras, que naturalmente debe aparecer en

él en todas ocasiones comportamiento fino, delicado y atento.

7 – Cuando el sacerdote suba a la cátedra del Espíritu Santo a explicar el Evangelio, a predicar las sublimes doctrinas del Divino Maestro, a censurar los vicios y las malas costumbres, a encaminar, en fin, a los fieles por el sendero de la religión y la moral, no puede salir de sus labios ninguna palabra que no sea culta y decorosa, ninguna palabra que de alguna manera pueda alarmar el pudor y la inocencia, y vaya a producir efectos contrarios a los que él mismo se propone.

8 – El tribunal de la penitencia es el asiento de la discreción, de la delicadeza y de la decencia. Allí se postra frecuentemente la inexperta joven, que no se ha acercado ni con el pensamiento al intrincado laberinto de las debilidades humanas, a implorar la remisión de aquellas ligeras culpas que son propias de su edad, y a pedir consejos saludables a la paternal solicitud del sacerdote; y toca a la ilustrada prudencia de éste el contemplar los fueros de inocencia, omitiendo, en sus preguntas y en sus advertencias, todo aquello que pueda ir a estar de más en las impresiones de un alma tierna y candorosa. En general, el lenguaje del confesor será siempre dulce, consolador y caritativo, atrayendo las almas al camino de la bienaventuranza por medio de la persuasiva elocuencia de la virtud, sin emplear jamás la acritud y la dureza, de que por cierto nos dio ejemplo el mismo Hijo de Dios con los pecadores arrepentidos.

9 – Una de las más augustas funciones del sacerdote es la de prestar al moribundo los últimos auxilios espirituales, en los cuales encuentra éste la mayor de las felicidades, que es la prenda de la salvación eterna. ¿Y cuánta no debe ser la prontitud y la eficacia del sacerdote en prestar estos auxilios? ¿Cuál no debe ser el espíritu de caridad y de sacrifi-

cio de que se revista para desempeñar esta obligación en cualquiera oportunidad, en cualquier hora del día o de la noche, y aun cuando para ello tenga que sufrir privaciones, incomodidades y fatigas? El sacerdote que, por no interrumpir el sueño, o por ahorrarse una penalidad cualquiera a que no le fuese imposible someterse, desoyese la voz del moribundo, hollaría el más sagrado de los deberes de la caridad evangélica, derramaría el desconsuelo y el escándalo en las almas piadosas, y se haría indigno de representar sobre la tierra a Aquél en quien todo fue amor a los hombres, abnegación profunda, sacrificios sin reserva.

10 – Las consideraciones que los seculares deben a los sacerdotes, quedaron suficientemente indicados en la parte moral de esta obra (cap. I, pág. 13), pero debe aquí advertirse que en los actos puramente sociales, es de muy fina educación el considerarlos siempre como superiores, y tributarles todas las atenciones que como a tales les son debidas. Sucederá muchas veces que un sacerdote, en su calidad de hombre, no reúna todas las circunstancias que en general determinan la superioridad intrínseca, y que, bajo este respecto, sea él inferior a las personas con quienes se encuentre en sociedad; mas como la preeminencia absoluta que la urbanidad concede al sacerdote está fundada en el sagrado carácter de que se halla investido, éste suple en tales casos en él los fueros de la edad, de la categoría y de la representación social.

11 – *Entre magistrados y particulares.* —Los magistrados, así como no tienen otro norte que la conciencia y la ley para el ejercicio de su ministerio, tampoco pueden apartarse, en su trato con los particulares, de las reglas de la moral y de la urbanidad, de cuya observancia no los releva en manera alguna la posición que ocupan.

12 – El magistrado que, prevaliéndose de la autoridad que ejerce, atropella los fueros de la decencia y de alguna manera ofende la dignidad de las personas que ante él se presentan, abusa vil y torpemente de su posición, hace injuria a su propio ministerio, y manifiesta además una educación vulgar y grosera. Aun el desgraciado que con sus crímenes ha horrorizado a la sociedad, tiene el más perfecto derecho a ser respetado en su carácter de hombre; y el magistrado que le hace experimentar los rigores del desprecio, o le niega las consideraciones que la humanidad y la ley no le han negado, no sólo falta a sus deberes legales y sociales, sino que viola los más sublimes principios de la caridad cristiana, la cual cubre con su generosa égida la miserable condición del infeliz cuyos excesos le han entregado al brazo de la justicia.

13 – En cuanto a los particulares, en todos los casos en que hayan de ventilar y sostener sus derechos, y aun en aquellos en que se vean desposeídos de la justicia, ellos deben circunscribirse a los límites de la moderación y la decencia, sin faltar jamás al respeto debido a los magistrados, y sin usar de otro lenguaje ni valerse de otros medios, que los que están autorizados para las leyes civiles y sociales.

14 – *Entre superiores e inferiores.* —El hombre de sentimientos nobles y elevados, es siempre modesto, generoso y afable con sus inferiores, y jamás deja de manifestarse agradecido a los homenajes de consideración y respeto que éstos le tributan. Lejos de incurrir en la vileza de mortificarlos haciéndoles sentir su inferioridad, él estrecha la distancia que de ellos le separa, por medio de un trato franco y amistoso, que su prudencia sabe contener dentro de los límites de su propia dignidad, pero que un fino tacto despoja de aquel aire de favor y protección de que se reviste

el necio orgullo, cuando a su vez pretende obsequiar la inferioridad.

15 – El inferior tratará siempre al superior con suma atención y respeto; pero téngase presente que todo acto de sumisión o lisonja, que traspase los límites de la dignidad y el decoro, es enteramente ajeno del hombre bien educado y de buenos sentimientos, por cuanto la adulación es la más grosera y ridícula de todas las bajezas, y, como hija de la hipocresía, revela siempre un corazón poco noble y mal inclinado.

16 – Nada hay más indigno entre superiores e inferiores que un acto cualquiera de indebida o excesiva confianza; en los primeros, esto aparecerá siempre como una muestra de poca dignidad, y a veces de menosprecio; en los segundos, como una falta de consideración y respeto, y al mismo tiempo como un signo de la más necia vulgaridad. Cuando el superior usa de una oportuna y delicada confianza con el inferior, le manifiesta por este medio una estimación especial, a que debe corresponder el inferior con aquella cordialidad y franqueza que el hombre discreto sabe siempre hermanar con la moderación y el respeto.

17 – *Entre abogados y clientes.* —El abogado debe poseer un fondo inagotable de bondad y tolerancia, para que pueda ser siempre cortés y afable con sus clientes. La persona que se encuentra empeñada en una litis, considera de grande importancia la eficacia de su patrocinante, y naturalmente le busca con frecuencia para suministrarle datos, para informarle de los incidentes que ocurren, y a veces, sin otro objeto que estimularle a obrar con la actividad que ella desea y recomendarle más y más su negocio. Y como las variadas ocupaciones de un abogado no le permitirán siempre entrar de muy buena voluntad en estas conferencias, especialmente cuando no las

encuentre oportunas e indispensables, es necesario que se arme en tales casos de paciencia y considere que éstas son incomodidades inseparables de su profesión, a fin de que no se manifieste nunca enfadado, y no incurra en la brusca descortesía de recibir mal a aquél que ha depositado en él su confianza, y le ha creído capaz de defender hábil y honradamente sus intereses.

18 – Un cliente no debe, por su parte, abusar de la tolerancia y cortesanía de su abogado, haciéndose pesado en la narración de los hechos de que necesite imponerle (párrafo 1, pág. 200), ni con frecuentes visitas, con consultas fútiles e impertinentes, o con recomendaciones innecesarias que pueda interpretar como una ofensiva desconfianza de su lealtad y su eficacia. Es una vulgaridad, y al mismo tiempo una señal infalible de un entendimiento vacío, el entregarse exclusivamente a un pleito, sea cual fuere su entidad, haciéndolo constantemente la materia de la conversación, y manifestándose preocupado de esta única idea; y de aquí nace esa ofuscación que conduce a un cliente a molestar y fastidiar a su abogado, manejándose a veces como si éste no tuviese otra ocupación que atender a su negocio.

19 – *Entre médicos y enfermos.* —La caridad y la paciencia son las virtudes sobresalientes del médico en su manera de conducirse con el enfermo. Como la salud es el bien más apreciable de la vida, el que llega a perderla se preocupa de tal suerte de la idea de recuperarla, y se siente tan fuertemente impelido a invocar para ello a cada paso el interés y la asistencia del médico, que si éste no está animado de una caritativa consideración y de una profunda tolerancia, le negará naturalmente el consuelo de un trato cariñoso y afable, y los sufrimientos morales vendrán entonces a aumentar los sufrimientos físicos, llegando

acaso hasta enervar la acción de las aplicaciones medicinales.

20 – La necesidad en que se encuentra el médico de entrar con los enfermos en multitud de pormenores sobre las causas y efectos de sus dolencias, y sobre todo lo demás relativo a éstas, no le autoriza ni puede obligarle jamás a faltar en tales conferencias a la delicadeza del lenguaje; pues sin omitir nada de lo que sea indispensable para su objeto, él podrá siempre fácilmente, por medio de expresiones cultas y de buen sonido, echar, sobre las ideas que tengan en sí mismas algo de repugnante, un velo que las suavice a los ojos del pudor y del decoro (párrafo 7, pág. 195; párrafo 10, pág. 196).

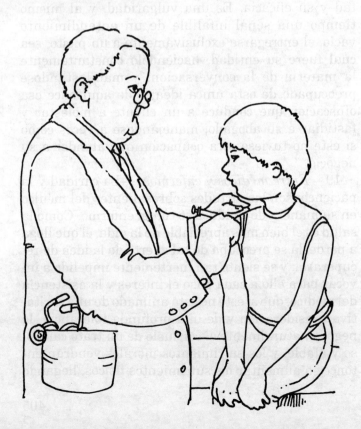

21 – En las enfermedades graves, cuando los medicamentos no alcanzan a disminuir la fuerza del mal y el conflicto se aumenta, un médico, de buena conciencia y de sentimientos humanos y generosos, apela él mismo a los conocimientos de otros profesores, sin esperar a que se le indique este recurso, y sin manifestarse desagradado cuando el enfermo o sus dolientes se anticipen a proponérselo ellos mismos. El peligro de la vida no da entrada en el ánimo a otra idea que la de la salvación; y un médico bien educado y que tenga el convencimiento de su propio mérito, debe ver con indulgencia que en medio de la angustia y ansiedad, que trae consigo el temor de la más grande de todas las desgracias, se le haga una indicación de este género cuando él crea todavía que su sola asistencia puede triunfar de la enfermedad.

22 – Cuando la muerte es inevitable, y ha llegado ya la oportunidad de que el enfermo se contraiga a arreglar sus intereses temporales y espirituales, el médico deberá emplear una exquisita prudencia, un fino tacto al hacer tan terrible declaración; procurando dirigirse   para ello a los deudos menos allegados del enfermo, los cuales pueden excogitar fácilmente los medios de transmitirlo de la manera más prudente a los más allegados, y guardándose en todos los casos de hacer sobre este punto al mismo enfermo una manifestación brusca y sorprendente.

23 – Fácil es comprender que las consideraciones que el médico debe guardar al enfermo son extensivas a las personas de su familia; así porque ésta se identifica siempre con su situación y sus padecimientos, como porque muchas veces su postración no le permite exigir nada a la tolerancia del facultativo, y son entonces sus deudos los que a cada paso pueden ponerla a prueba.

24 – El ministerio del médico tiene de común con

el del sacerdote aquel espíritu de caridad y de sacrificio que debe animarle, para atender en cualquier
oportunidad y en cualquier momento al enfermo que
invoca su asistencia, aun cuando para ello tenga que
someterse a duras privaciones. El médico que, por
atender a su propia comodidad desoyese el clamor
del enfermo, manifestaría un corazón indolente y
cruel, haría injuria a la humanidad y a su propio ministerio, y, lo que es peor todavía, echaría sobre sí la
horrible nota de ver con desprecio la vida de sus semejantes.

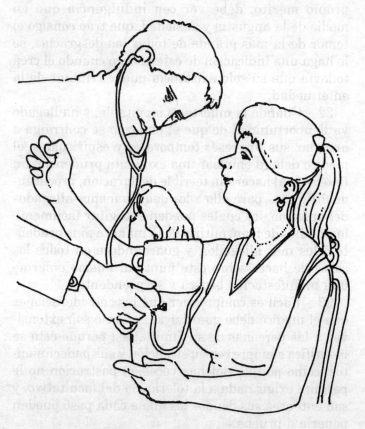

25 – Respecto al comportamiento del enfermo y de sus deudos, es excusado entrar a encarecer cuánta debe ser su prudencia para con el médico, y cuán grande la suma de consideración que han de tributarle. Las exigencias indiscretas, las discusiones sobre el plan curativo que el médico prescribe, las manifestaciones de desagrado que suele arrancar el mal efecto de una medicina, la solicitación, en fin, sin su debida anuencia, de las opiniones o de la asistencia de otros facultativos, son todos actos que arguyen mala educación, y falta de estimación y agradecimiento hacia aquél, que pone su esmero en hacer eficaces sus servicios profesionales.

26 – *Entre los preceptores y los padres de sus alumnos.* —La persona que recibe de un padre el grave y delicado encargo de la educación de sus hijos, debe tener presente que éste no ha podido depositar en él tan alta confianza, sin haberle considerado capaz por su moralidad, la pureza de sus costumbres, la dignidad de su carácter, sus finas maneras y la cultura de su entendimiento, de ejercer dignamente esta honrosa delegación por medio de la doctrina y el ejemplo, sembrando en el corazón de sus hijos la preciosa semilla de la virtud, y preparándolos a ser útiles a sí mismos, a su familia y a su patria. Y como las almas nobles prescinden siempre de los propios merecimientos y de la material retribución del trabajo, cuando el encargo que reciben encierra un homenaje de consideración, el maestro no podrá menos que añadir al estricto cumplimiento de sus deberes todas las particulares demostraciones de especial atención y aprecio, con que pueda manifestarse agradecido a los padres de sus alumnos por el elevado concepto que les ha merecido.

27 – Pero los padres de los alumnos deben hacer a su vez una completa abstracción del mérito que el preceptor haya podido reconocer en su elección; con-

siderando tan sólo que los afanes y desvelos que éste consagra a sus hijos son de orden tan elevado, y tan sublime, que un corazón paternal no los ve jamás recompensados con una simple retribución pecuniaria, le colmarán de honor y consideración, y no omitirán medio alguno para manifestarle el agradecimiento que merece siempre de un padre todo el que trabaja por el bien y la felicidad de sus hijos.

28 – Un padre no tiene ningún derecho para reconvenir al preceptor de sus hijos por actos que estén autorizados por los estatutos, la disciplina y las prácticas generales que éste haya establecido, todo lo cual ha debido consultar antes de confiarle un encargo que supone siempre el completo sometimiento a las reglas comunes. En un establecimiento de enseñanza no puede haber otras distinciones que aquellas que estén fundadas en la virtud y el mérito, y es exclusivamente su director el que se halla en capacidad de descubrir en sus alumnos estas dotes, así como de conceder los premios y aplicar las penas que la posesión o la carencia de ellas exijan. Toda injerencia, pues, de un padre en estos asuntos, toda reclamación, toda advertencia que se permita, es un acto del todo extraño a sus derechos y evidentemente contrario a los verdaderos intereses de sus mismos hijos, cuya educación estará viciada desde que, en las pequeñas contrariedades que experimenten, puedan contar con una segura apelación a la autoridad paterna.

29 – Según esto, la mediación de los padres para librar a sus hijos de las prudentes y provechosas correcciones que se les impongan, la pretensión de que se les exonere de alguna obligación, o se les alce alguna prohibición, y en general toda exigencia que tienda a relajar la disciplina de los establecimientos de enseñanza son otros tantos semilleros de disgustos entre padres y maestros, que la civilización condena,

y que traen funestas consecuencias a la educación, a la moral y al porvenir de los jóvenes.

30 – No quiere esto decir que a un padre le esté vedado velar sobre el trato que un preceptor dé a sus hijos; mas desde el momento en que éste incurre en un grave abuso de autoridad, desaparece la confianza en que está basado el pacto que entre ambos existe, y el disolver este pacto será siempre preferible a toda reconvención, a toda discusión que no pueda dar por resultado sino mayores disgustos.

31 – Los padres, y sobre todo las madres, cuya indefinible ternura nubla a veces su razón y las hace demasiado exigentes, deben medirse mucho en calificar de abuso de autoridad un acto cualquiera del preceptor de sus hijos, que haya producido en ellos una impresión demasiado desagradable; y en todos los casos tendrán como una regla importante el abstenerse de dirigir a aquél ninguna expresión ofensiva a su carácter y a su dignidad, pues en esto se harían ellos mismos una grave ofensa, apareciendo como inciviles y groseros, y quizá como ingratos. El ministerio del preceptor ejerce una grande influencia en los destinos de la sociedad; y para que pueda ser desempeñado siempre en bien de los intereses generales de la educación, es indispensable rodearlo de aquella consideración, de aquel respeto, que da autoridad y eficacia a la enseñanza, y que haciendo de él una profesión honrosa, estimula a abrazarla al verdadero mérito, a la virtud y al talento.

32 – *Entre los jefes de oficinas públicas y las personas que entran a ellas.* —El jefe de una oficina pública debe recibir con afable atención a cualquier persona que en ella le solicite, e invitarla inmediatamente a tomar asiento; mas no está obligado a ponerse de pie, ni al entrar aquélla ni al despedirse, sino en el caso de que sea una señora, un amigo, o

un sujeto a quien deba especial consideración y respeto.

33 – El jefe de una oficina, después de haber contestado verbalmente a las expresiones de despedida de la persona que se retira, corresponderá con una inclinación de cabeza a la cortesía que ésta habrá de hacerle desde la puerta de la sala; y al despedirse alguna de las personas indicadas en la excepción del párrafo anterior, la acompañará precisamente hasta el medio de la sala; o hasta la puerta.

34 – La persona que entre a una oficina pública se abstendrá de tomar asiento mientras no se la excite a ello; y no se acercará a ningún bufete de modo que le sea posible leer los papeles que en él se encuentren, sin haber sido autorizado para ello de una manera expresa. En cuanto a las demás reglas especiales que deben observarse en estos casos, ellas están contenidas en los párrafos 1 y 4 de las páginas 167 y 168, debiendo sólo añadirse que al retirarse una persona de una oficina, y después de haberse despedido verbalmente del jefe de ella, debe hacer siempre a éste una cortesía desde la puerta de la sala.

35 – *Entre los comerciantes y las personas que entran a sus establecimientos.* —La afabilidad en el comerciante es no sólo un deber de urbanidad, sino un elemento eminentemente mercantil. El que necesita un género ocurre naturalmente, en igualdad de circunstancias, al establecimiento donde sabe que será recibido con mayores muestras de atención, y huye, por lo contrario, de aquél en que un semblante adusto y un trato áspero y descortés han de lastimar su dignidad y su amor propio, y aun servirle de embarazo para examinar detenidamente los objetos y hacer una elección que le deje satisfecho. Y como quiera que el progreso del comerciante está en razón directa de la propia realización de sus mercancías, se deduce

que aquél que sea más afable y político hará una carrera más próspera y feliz.

36 – El comerciante ofende a la persona de consideración que se le acerca, y se ridiculiza él mismo, cuando emplea con ella halagos indebidos, cuando le hace elogios desmesurados de sus mercancías, cuando se esfuerza en hacerla concebir sobre éstas cualquiera idea manifiestamente contraria a la realidad, y cuando, sin tener con ella ninguna amistad, le asegura que hace una pérdida por venderle lo que solicita.

37 – Es sobre manera incivil e impropio el conservar un comerciante su sombrero puesto, cuando se dirige a él en su establecimiento una señora, u otra persona que sea para él muy respetable, lo mismo que aparecer en cualquiera ocasión desaliñado o mal vestido, como en mangas de camisa, sin corbata, etc.

38 – La persona que entra a un establecimiento mercantil, no debe ir a molestar inútilmente al comerciante manifestándose impertinente y descontentadiza, ni contradecirle abiertamente bajo ningún respecto, ni maltratar las mercancías al examinarlas (párrafo 5, pág. 168), ni deprimir éstas delante de otras personas y en ninguna ocasión con palabras fuertes y descorteses, ni entrar, en fin, en prolongados y fastidiosos regateos que indican siempre un carácter vulgar y mezquino. El proponer a un comerciante un precio notablemente menor del que ha pedido, es un acto ofensivo a su dignidad y buena fe, de que no dan jamás ejemplo las personas de buena educación.

39 – *Entre ricos y pobres.* —Las consideraciones que el rico debe al pobre están fundadas en los bellos y liberales principios de la sana filosofía; pero ellas tienen un origen todavía más puro y más sublime en la ley de Aquel que amó y santificó la pobreza y la situó en el camino del cielo. El Evangelio, sin excluir a los ricos de los premios futuros que ofrece a la virtud dondequiera que se encuentre, designa a los pobres como los más llamados a gozarlos, por sus privaciones, sacrificios y sufrimientos; y mal puede el hombre, a quien la fortuna ha favorecido con los tesoros de la tierra, mirar con indiferencia o menosprecio a aquel a quien están especialmente prometidos los tesoros de una gloria eterna.

40 – Un rico no deberá jamás lamentarse con un

pobre, de pérdidas, privaciones o faltas de recursos, cuando a ello no se vea obligado por la necesidad de justificar una negativa, pues el pobre podría interpretar ésta como una precaución contra la exigencia de algún servicio, lo cual sería altamente ofensivo a su carácter y a su amor propio; a menos que entre ambos exista una amistad tan cordial y estrecha que excluya toda sospecha de este género, y las quejas del uno deban ser naturalmente recibidas por el otro como un inocente desahogo en el seno de la confianza.

41 – El pobre debe considerar que así como el premio de sus sufrimientos se encuentra en el cielo, así durante su mansión en la tierra su subsistencia, las comodidades que puede alcanzar, el alivio de sus penas, dependen en gran parte, ya directa, ya indirectamente, de las empresas que crea y fomenta el rico, y muchas veces de la generosidad con que éste se desprende de una parte de sus rentas para socorrer sus necesidades. Mirando la riqueza individual como uno de los más importantes elementos de las artes y de la industria, del progreso material y aun moral de los pueblos, y sobre todo, como el amparo de la indigencia, el pobre deberá honrar y respetar en el rico tan nobles atributos, prodigándole todas las atenciones a que sus virtudes le hagan acreedor. Y cuando el peso de la miseria llegue a oprimirle, lejos de contemplar los ajenos goces con el ojo de la torpe envidia, se someterá con religiosa resignación a la voluntad divina; pues si la pobreza puede ser una virtud, si ella puede abrirnos las puertas del cielo, no es ciertamente por el solo hecho de vivir condenados a ella, sino por el de aceptarla como la aceptó el Hijo de Dios, amarla como Él la amó, y acompañarla de todas las virtudes de que Él mismo quiso darnos ejemplo.

42 – *Entre la persona que exige un servicio y aquella a quien se exige.* —Una persona delicada, cuando necesite con urgencia alguna cosa que no puede absolutamente proporcionarse por sí misma, y se ve por lo tanto obligada a solicitarla entre sus amigos, se dirige siempre a los de su mayor intimidad, y no ocurre a aquéllos con quienes no tiene confianza, sino en casos extremos y en que la fuerza de la necesidad justifique plenamente su exigencia.

43 – Las exigencias indiscretas son del todo ajenas de la gente bien educada y así, jamás debe pedirse un servicio a una persona que, para prestarlo, haya de

hacer un sacrificio de cualquiera especie, cuando pueda ocurrirse a otra que se encuentre en diferente caso, o bien prescindirse enteramente de aquello que se desea.

44 – Según la naturaleza y entidad del servicio, el grado de amistad que medie con la persona a quien se exige, y el mayor o menor esfuerzo que ésta haya de hacer para prestarlo, así serán más o menos vehementes las expresiones de excusas que acompañen la súplica, y aquella con que haya de manifestarse el agradecimiento que debe inspirar la prestación del servicio.

45 – La gratitud es uno de los sentimientos más nobles del corazón humano, y por desgracia el que se ve más frecuentemente combatido por las malas pasiones. Es imposible encontrar una buena educación y una completa honradez en quien es capaz de olvidar los servicios o corresponderlos con ruindades; y acaso no ha habido en el mundo ningún malvado que no haya principiado por ser ingrato. Debe cuidarse esmeradamente de cultivar el sentimiento de la gratitud, no borrando jamás del alma el bien que se reciba, por pequeño que sea, y aprovechando siempre las ocasiones que la fortuna ofrezca para recompensarlo.

46 – En los corazones que aún no están enteramente corrompidos, la ingratitud conserva una especie de pudor, que la hace ávida de pretextos para desencadenarse y mostrarse en toda su fealdad; y así se ve muchas veces que el hombre, que ha recibido un beneficio, busca un motivo de queja respecto de su benefactor, o afecta creerse ofendido cuando éste no se presta a una nueva exigencia, para romper el vínculo de gratitud que a él le une, y considerarse relevado de los deberes que para con él tiene contraídos.

47 – A la persona a quien recientemente se ha

hecho un servicio, no se le puede exigir otro sin incurrir en una grave falta de delicadeza a menos que se necesite urgentemente una cosa que tan sólo ella puede proporcionar, o que medie una amistad estrecha y un comercio de recíprocos servicios.

48 – En cuanto a la persona a quien se exige un servicio, si está en capacidad de prestarlo, lo hará con tal delicadeza que parezca más bien que desempeña un deber; y si ha de negarlo, procurará atenuar la pena que causa siempre la ineficacia de una súplica, contestando con razones sólidas y convincentes, en términos muy afables, y deteniéndose más o menos en manifestar el sentimiento que experimenta, según sea la entidad del servicio exigido, y según los deberes que la amistad le imponga.

49 – Nada hay más innoble y mezquino que hacer un servicio por interés de verlo recompensado, ni nada más grosero que abusar de la posición de aquel a quien de alguna manera se ha obligado, por medio de exigencias tales que pongan su agradecimiento a una dura prueba.

50 – Muchos menos deberá abusarse de la posición de la persona a quien se haya servido, con actos que en alguna manera ofendan su carácter y amor propio. La gratitud impone ciertamente deberes muy sagrados, y entre ellos existe el de una especial tolerancia para con aquellos que han debido inspirarla; mas sería absurdo suponer que ella obligase a sacrificar el honor o la dignidad personal, y a tratar con amistad al que pretende esclavizar y envilecer un corazón a precio de un servicio.

51 – *Entre nacionales y extranjeros.* —El que se encuentra en su propio país, rodeado de las personas que le son más caras en la vida, en medio de los amigos de la infancia, y gozando de cuantas comodidades ofrece siempre el suelo natal, debe recibir y tratar con la más fina atención al extranjero que, al abando-

nar su patria, no cuenta con otras ventajas ni con otros goces que los que le proporciona una franca y cordial hospitalidad.

52 – Es una vulgaridad, y sobre todo una violación de los sagrados derechos de la hospitalidad, el negar al extranjero un trato afable y generoso, cuando él observa una conducta leal e inofensiva, y cuando viene a consagrarse a una industria honesta contando con el amparo de leyes liberales, y con la buena acogida que da siempre una sociedad civilizada y culta.

53 – La distinción entre nacionales y extranjeros, tan sólo deja de ser odiosa en cuanto es indispensable para el orden y la felicidad de los diferentes pueblos que constituyen la gran familia humana; por lo demás, debemos siempre recordar que todos somos hijos de un mismo padre, y que el Redentor del mundo al entregarse al bárbaro suplicio de la cruz por el rescate de la humanidad entera, nos dejó a todos los hombres la más sublime prenda de amor, de unión y de confraternidad (pág. 32).

54 – El que lejos de su patria ha encontrado en suelo extraño una acogida hospitalaria y benévola, y en posesión de todos los derechos que aseguran la vida, la industria y la propiedad a los asociados, puede consagrarse libre y tranquilamente al trabajo y disfrutar de todos los goces y comodidades que ofrece el país en que se encuentra, contrae no sólo aquellos deberes que impone la legislación civil, sino también los que nacen naturalmente del noble sentimiento de la gratitud; y al mismo tiempo que contribuya por cuantos medios estén a su alcance al orden, al progreso y al bienestar de la sociedad que le han admitido en su seno, observará una conducta franca, leal y amistosa en su trato con los nacionales aprovechando todas aquellas oportunidades en que pueda comprobarles que ama su país y respeta sus costumbres.

55 – La urbanidad impone a nacionales y extranjeros un deber especial de recíproca y fina galantería, el cual consiste en elogiar siempre, con oportunidad y delicadeza, todo lo que pertenece y concierne al ajeno país, en excusar de la misma manera lo que en él pueda ser vituperable, y en usar de un lenguaje sobre manera cortés y comedido, cada vez que en una amigable y pacífica discusión sea inevitable el hacer observaciones que bajo algún respecto le sean desfavorables.

56 – El emitir juicios que hayan de herir el amor propio nacional de la persona con quien se habla, el manifestarle desprecio hacia su país, el proferir expresiones que, sin un motivo justificado, tiendan a demostrar el estado de atraso en que en él se hallen las ciencias, las artes, o cualquiera otra rama de la civilización, son actos tan inciviles y groseros, que bien pueden por sí solos revelar una carencia absoluta de educación y de cultura. Y respecto de un extranjero, es necesario declarar que, cuando incurre en faltas de esta especie, descubre además un sentimiento de ingratitud para con el país que le ha abierto sus puertas, que le ha dado una fraternal acogida, y que, en la escala de su civilización y de sus recursos, le ha ofrecido todas las garantías, comodidades y conveniencias de la vida social.

REGALOS COLECTIVOS

En las oficinas a veces se recauda dinero para hacer un regalo colectivo a un compañero con motivo de un matrimonio, el nacimiento de un hijo, el cumpleaños, etc. En la elección del presente debe tenerse tanto cuidado como si se tratase de un amigo íntimo. Las largas horas de trabajo nos habrán ofrecido la oportunidad de conocer a la persona lo suficiente como para seleccionar un objeto que resulte adecuado para la ocasión y para los gustos de la persona.

II

De la correspondencia epistolar

1 – Siempre que tenemos que comunicarnos con una persona a quien no podemos dirigirnos verbalmente, ya sea para cumplir con alguno de los deberes de la amistad, ya para tratar sobre algún negocio, ocurrimos al medio de transmitirle por escrito nuestras ideas. Y como de esto se sigue que una carta hace en todas ocasiones las veces de una visita, es necesario que ella represente dignamente nuestra persona, así en el lenguaje como en todas sus circunstancias materiales, revelando nuestra finura y delicadeza, la atención y respeto que debemos a la persona a quien nos dirigimos, y nuestro conocimiento de las reglas de la etiqueta.

2 – Con excepción de las cartas científicas, y de todas aquellas que versan sobre asuntos graves, las cuales admiten un estilo más o menos elevado, una carta no es otra cosa que una conversación escrita, y no debe por tanto emplearse en ella otro estilo que aquel que se emplearía en la expresión verbal de su contenido. Mas como debe suponerse que el que escribe tiene más tiempo que el que conversa para escoger

421

las palabras y las frases, y expresar las ideas del modo más propio y más ajustado a las reglas gramaticales, el estilo en las cartas deberá ser siempre más correcto que en la conversación.

3 – La extensión de las cartas familiares no puede ser limitada si no por el grado de amistad que medie entre las personas que se escriben, y la naturaleza e intensidad de los sentimientos que en ella hayan de expresarse.

Mas no puede decirse otro tanto con relación a las cartas de negocios, las cuales, no sólo deben contraerse exclusivamente al asunto sobre que versen, sino que no han de contener ni una sola frase que de él se aparte, o no sea indispensable para la inteligencia de las ideas que han de transmitirse. La correspondencia mercantil tiene un estilo rápido, claro y conciso que les es enteramente peculiar, y que deben estudiar atentamente las personas que se dedican a la carrera de comercio.

4 – Cuando se escribe a una persona de respeto, o con quien no se tiene ninguna confianza, no se le encarga de saludar ni dar recados a otras personas que las de su familia, y en una carta de negocios, sea cual fuere la persona a quien se dirija, se omite todo encargo de esta especie, aun respecto de su propia familia.

5 – El inferior no dará nunca al superior el título de amigo al principio de una carta, ni se despedirá al fin de ésta titulándose su amigo, sino cuando exista entre ambos una íntima confianza, añadiendo siempre en este caso alguna palabra que exprese su respeto. Si entre las personas que se escriben no media una especial amistad, el título de amigo es enteramente impropio y aun ridículo en uno u otro lugar.

6 – Las faltas gramaticales dan siempre una mala idea de la educación de la persona que en ellas incurre; pero las más características de una mala educa-

ción son aquellas que se cometen contra las reglas de la ortografía.

7 – La letra debe ser clara, y si es posible, elegante. Sólo las personas de poco entendimiento son capaces de creer que pueda dar importancia una mala forma de letra o una firma ininteligible.

8 – El papel que ha de emplearse en una carta será tanto más fino, cuanto menor sea la confianza que se tenga con la persona a quien se escribe, o mayor la consideración y respeto que se le deba; mas en ningún caso podrá emplearse un papel demasiado ordinario, pues esto sería visto como una falta de atención aun en medio de la más estrecha amistad.

9 – Cuando se escribe a una persona respetable o de etiqueta, y siempre que una carta tiene por objeto el tratar sobre una materia de consecuencia, se emplea un pliego de papel llamado comúnmente *papel de cartas*. En todos los demás casos puede usarse, bien de este mismo papel, o de cualquier otro más pequeño; mas para las invitaciones a festines y a otras reuniones, y para las *notas verbales*, de que se hablará más adelante, se emplea siempre un pliego de papel del que se conoce generalmente bajo el nombre de *papel de esquela*.

10 – La forma interior de una carta está sujeta a las reglas siguientes: 1ª., al principio del papel y hacia el lado derecho, se pone la fecha de la carta; 2ª., en la línea siguiente y hacia el lado izquierdo, se pone el nombre de la persona a quien se escribe, precedido de la palabra *Señor* o *Señora*; 3ª., en la línea siguiente y precisamente debajo, bien que dejando algún espacio hacia la izquierda, se pone el nombre del lugar en que aquélla se encuentra, o la palabra *Presente*, si se halla en el lugar donde se escribe; 4ª., dejando una línea en blanco, y un espacio más o menos ancho hacia la izquierda, se ponen las palabras *Muy señor mío, Estimado señor, Mi querido amigo*, o cualesquiera otras que sean propias de las relaciones que se tengan con la persona a quien se escribe; 5ª., en la línea siguiente, y un tanto hacia la izquierda del renglón anterior, principiará el contenido de la carta; 6ª., cuando se escribe a una persona respetable, se deja a todos los renglones del contenido de la carta un margen hacia la izquierda, más o menos ancho, según el grado de respeto que quiera manifestarse.

11 – Cuando se escribe una carta en papel de esquela, la fecha y el nombre de la persona a quien se escribe se ponen después de la firma y hacia el lado izquierdo.

12 – Las cartas deben cerrarse en sobre separado, siempre que un caballero escriba a una señora, y una persona cualquiera u otra con quien no tenga confianza o a quien deba especial consideración y respeto.

13 – Es sobre manera incivil el dejar de contestar oportunamente una carta, lo mismo que contestarla por medio de un recado, sin presentar para ello una excusa legítima a la persona de quien se ha recibido.

14 – Es igualmente incivil el contestar una carta al pie de ella misma, cuando esto no se exige expresamente por la persona que la dirige.

15 – Para contestar una carta de naturaleza reservada, valgámonos del mismo conducto por el cual la hayamos recibido; a menos que esto nos sea imposible, o que la persona que nos ha escrito nos designe expresamente para ello un conducto diferente.

16 – Hay una especie de correspondencia conocida generalmente con el nombre de *notas verbales*, las cuales son de mucho uso entre agentes diplomáticos, entre personas de etiqueta, y aun entre personas de poca confianza, y regularmente tienen por objeto provocar una entrevista, hacer invitaciones, aceptar o rehusar las que se han recibido, o hablar, en suma, de algún asunto que por su poca entidad no exige ser tratado en una carta. Se emplea para estas *notas* el papel de esquelas y su forma ordinaria es la siguiente: *N. de N. tiene el honor de presentar sus respetos (o manifiesta)*, etc.; poniendo al fin la fecha y omitiendo la firma.

III

De nuestra conducta respecto del público

1 – El hombre de buenos principios no sólo sabe conducirse dignamente con las personas con quienes está relacionado, sino que tributa también sus consideraciones a la sociedad entera, de manera que su comportamiento no es tampoco ofensivo bajo ningún respecto a los que le tratan, ni aun a aquellos que no le conocen personalmente.

2 – Nuestros deberes para con el público están todos refundidos en el respeto a la sociedad y a la opinión. Respetando la sociedad nos apartamos de todo acto que pueda profanar sus fueros, turbar la paz de las familias, o llamar la atención general de un modo escandaloso; respetando la opinión, nos adaptamos a los usos y prácticas sociales del país en que vivimos, armonizamos con las modas reinantes, ajustamos nuestra conducta moral al espíritu de verdad y de justicia que existe siempre en el criterio público, el cual nos sirve como de faro en medio de los escollos de que está sembrado el mar de las pasiones, y nos aprovechamos, en suma, de todas las ventajas que

ofrece el hábito de contemporizar con las convenciones sociales, de que la opinión es el hábito supremo (párrafos 20 a 24, páginas 51 y 52).

3 – El respeto a la opinión exige que nos abstengamos de todo aquello que, a pesar de ser intrínsecamente bueno, no ofrece al mismo tiempo una apariencia de bondad. Como la sociedad es nuestro único juez en todo lo que mira a nuestra conducta externa, y ella generalmente juzga por las apariencias, claro es que por más inocentes que sean los móviles a los ojos de la moral y del decoro, la sociedad nos condenará irremisiblemente; y entonces, el escándalo que habremos causado, vendrá a turbar completamente la satisfacción que hayamos podido encontrar en la pureza de nuestra conciencia.

4 – En materias morales, el respeto a la opinión debe ser siempre mayor en la mujer que en el hombre. Este podrá muchas veces verse obligado a quedarse a solas con su conciencia y a aplazar el juicio del público, sin arrojar por esto sobre su reputación una mancha indeleble; aquélla rara vez hará dudosa su conciencia, sin haber hecho también dudosa su justificación. Tal es la diferencia entre la condición social de uno y otro sexo, fundada en el diferente influjo que el honor de uno y otro ejercen en el honor y la felicidad de las familias[1].

5 – Muchos son los casos en que nuestra conducta puede ser ofensiva al público, como se comprenderá fácilmente por medio de un atento examen de los deberes morales y sociales que hemos apuntado en el curso de esta obra; pero nunca nos ponemos en mayor

---

1. El hombre debe arrastrar la opinión: la mujer debe someterse a ella. —Mme. Stael.

riesgo de incurrir en esta grave falta que cuando hacemos uso de la imprenta para censurar las acciones de los demás, por cuanto es tan fácil atacar al hombre en su vida privada por atacarle en su vida pública, y todo insulto personal hecho de este modo es un desacato contra la sociedad entera.

6 – Si no puede ofenderse a una persona en un círculo privado, sin hacer por este solo hecho una ofensa a todos los circunstantes (párrafo 39, pág. 57; párrafo 48, pág. 281), ¿cómo pensar que no se injuria a la sociedad entera convirtiéndola en palestra de la difamación y suponiéndola tan poco civilizada, o mejor dicho, tan salvaje, que acepte como un hecho honesto y decente, como un hecho digno de llamar su atención, el torpe desahogo de las malas pasiones?

7 – Ya se deja ver cuán injuriosa no será para la sociedad la publicación por la prensa de toda producción que en alguna manera ofenda la moral y las buenas costumbres. Ningún grado de civilización, de decencia, de decoro, de respetabilidad, concede a la sociedad el que la considera dispuesta a ocuparse en leer semejantes producciones, y mal puede tomarse la pena de publicarlas quien no haya contado de antemano con esta disposición.

8 – En vano buscaríamos palabras con que expresar la magnitud del ultraje que se hace a la sociedad, de la vileza en que se incurre, de la malignidad que se revela, cuando directa o indirectamente se ataca en público la reputación moral de una mujer. En el bello sexo están vinculados los más altos intereses sociales, y no hay civilización, ni hay felicidad posible, no hay porvenir ninguno, donde los fueros de su honor y de su delicadeza no tengan un escudo en el pecho de cada ciudadano. La injuria dirigida por la prensa a cualquiera de los asociados, es, como hemos dicho, una injuria a toda la sociedad; cuando se dirige a una mujer, es además una herida profunda que se hace

en el corazón de la moral, y rara vez un hecho aislado que no comprometa el honor y el reposo de toda una familia, y que no incluya por lo tanto el mayor de todos los crímenes, el sacrificio de la inocencia.

BIOGRAFÍA

Manuel Antonio Carreño nació en Caracas (Venezuela) en 1812. Político y escritor. Se educó en España. Cultivó de palabra y obra lo que comúnmente se conoce como *urbanidad*. Impecable e implacable practicante de lo que fue su gran preocupación pedagógica: los buenos modales.

Su apellido es sinónimo ya en la cultura hispanoamericana de bien educado y cortés.

Su *Manual de urbanidad y buenas maneras* le ha merecido reconocimientos que rebasan el marco de su nacionalidad. Esta obra, en la cual se dedica a preparar y formar a cada persona para su vida, resalta los valores de cada individuo, elevándolos al plano de la dignidad, decoro y buena educación, los cuales deben caracterizar a cada ciudadano respetuoso de su familia y de su patria.

En la *Urbanidad* de Carreño confluyen todos los rasgos, niveles y competencias del ser humano. Es, sin temor a equivocación, la antropología de la gallardía, la caballerosidad y la gentileza.

Para Carreño, la urbanidad es una práctica constante y urgente; es el compromiso del escritor preocupado por mostrar a sus lectores de manera clara y excelsa su obra.

Manuel A. Carreño fue ministro de Hacienda de su país natal, cargo que desempeñó con responsabilidad y honradez. Murió en Caracas a la edad de 62 años, en 1874. Por las características universales de su obra y por la utilización de esta última en escuelas y colegios, se le conoce también como *educador* en el buen sentido de la palabra.